高校思想政治工作研究文库

教育部思想政治工作司　组编

高校书院发展与
学生社区建设

周远 ◎著

人民出版社

目　录

下　篇 ｜ 学生社区建设探索

前　言

　　习近平总书记指出，要保护好、传承好、利用好中华优秀传统文化，更有效地推动中华优秀传统文化创造性转化、创新性发展。书院是中国古代社会特有的教育组织和学术研究机构场所，一直以来被视作中华民族独特的精神文化标识。千载沉浮，历久弥新。在当代中国高等教育体系中，书院被赋予了新的时代内涵，在承袭古代书院传统的基础上，融合现代住宿学院制专长，构建起以通识教育为特征的大学人才培养模式。其在近20年不断挖掘、探索和阐发下，萌发出新时代中国特色社会主义大学学生教育管理的新范式新经验——"一站式"学生社区综合管理模式建设。"一站式"学生社区综合管理模式，不仅成为中国特色社会主义大学治理体系下学生管理模式改革的重要抓手和实现途径，更是彰显中国特色社会主义大学根本属性和独特优势的有益探索。

　　高校书院与"一站式"学生社区之间存在着紧密而深刻的逻辑联系。一方面，两者育人理念高度契合，书院和学生社区建设都是旨在构建集学生思想政治教育、师生交流、文化活动、生活服务于一体的育人场域。其中，书院多通过实施导师制、开展多元活动等促进师生"深度链接"，形成"共同在场"的时空交往状态；学生社区则多从空间拓展和布局优化入手，突出党建引领与一线规则，提升思政引领力和学生获得感。另一方面，两者育人功能互补融合，书院作为教育理念的载体与教学实践的平台，通过培养方案制定与课程设置，引导学生在知识的广博和专精上相得益彰、公民素养和行为养成上知行合一，推动学生社区文化的涵蕴；学生社区则通过实体空间的文化氛围营造、师生活动入驻、交流频次增长，推进社会主义先进文化与书院精神落地生根、开花结果。两者相辅相成，共同构建起一个全方位、多层次的育人环境，成为高校与学院制课程教育为主的教学管理体系相匹配的完整而富有活力的学生思想政治教育生态系统。应该说，在书院基础上打造"一站式"学生社区或者书院与"一站式"学生社区的深度融合和共同发展，建立起一种更加灵活、高效的管理机制，实现资源的优化配置和共享，能够为学生的全面发展提供更加优质的服务和支持。

本书上篇"高校书院发展实践"共四章，侧重于"历史与现实的对话"，剖析书院模式的历史演变、现实境况与未来视域，分析其与现代大学教育的融合路径，探讨其在当代社会中的价值定位与功能重塑。第一章探讨了高校书院历史的起源与发展，从中国古代书院的兴起与改制，到现代书院的继承与创新，全面梳理了高校书院的历史脉络和发展变迁。第二章阐释了高校书院建设的现状与要素，包括高校书院的建设进展、命名分析以及建设要素等多个方面，深入剖析了当前高校书院建设的现状和特点。第三章分析了高校书院设置的类型与功能，从组织管理形式、双院协作模式、书院选拔机制和学生覆盖范围等角度进行分类，并展示了不同类型书院的功能定位和分布变化。第四章讨论了高校书院育人的机遇与方向，结合高等教育教学改革的时代际遇、书院联盟扩增情况，探讨了高校书院育人的未来发展方向。

本书下篇"学生社区建设探索"共四章，侧重于"理论与实践的结合"，聚焦"一站式"学生社区的发展历程、构成要素和现实意义，探讨其如何通过机制创新与文化营造，成为第一课堂之外的重要教育阵地，进而推动高等教育管理模式的创新发展。第五章探讨了"一站式"学生社区的发展定位，从历史演进、理论依据和实践逻辑等多个方面进行细致分析，揭示了"一站式"学生社区作为新时代高校育人平台的重要性和意义。第六章讨论了"一站式"学生社区的结构要素，包括价值引领、空间建构、队伍进驻、资源下沉、学生参与、技术支撑和制度保障等多个维度，全面阐述了"一站式"学生社区的运行体系和构成要素。第七章解析了"一站式"学生社区的建设探索，包括党建引领的实践样态、"三全育人"的工作格局、智慧服务的创新模式和平安社区的治理图景等多个角度，展示了"一站式"学生社区建设的实践探索和成效。第八章总结了"一站式"学生社区的现实意义，从培养时代新人的崭新场域、高等教育改革的承接载体以及教育强国建设的实践探索等方面进行深入论述，凸显了"一站式"学生社区在高校育人事业中的重要地位和作用。

面向未来，高校书院与"一站式"学生社区的建设需要更加前瞻性的思考与规划。"一站式"学生社区是学生学习、生活、交往的重要空间，已然成为学生交流互动最频繁最稳定的场所，是深入探索高等教育普及化背景下实现高校治理体系和治理能力现代化的新方法新路径。从智慧书院的构建、跨学科交流的促进、国际化视野的拓展，到学生社区文化的深度培育、管理机制的创新优化，力求为高校书院与"一站式"学生社区的未来发展描绘一幅清晰而美好的图景，为中国特色社会主义教育强国建设贡献力量。

上　篇

高校书院发展实践

| 第一章 |

高校书院历史的起源与发展

一、传统书院的兴起与改制

书院，最早起源于唐代，是指用于治学的私人书斋或者负责整理典籍的官府衙门。在宋代由藏书机构演变成为讲学授业之所，并逐渐成为学术研究和教育的中心。书院具备教学、学术研究、藏书等功能，实施藏书、教书、讲书、修书、刻书等活动，是"藏书、讲学、育贤"三位一体的文化教育机构；除此之外，书院是推动儒家文化思想发展成熟的重要场所，以儒家思想为宗旨，为读书人提供学习、交流和研究的平台，具有学习、休闲、交流、研究的功能。"每一家书院都是中华优秀传统文化一张闪亮的名片"[1]，作为中华民族传统文化传承的重要标识，书院对促进中国学术思想史、中国文学史、中国图书事业发展，对促进中国教育史的发展尤其具有重要意义，具有极高的文化价值和历史价值。

---

[1] 张丹丹：《"文化建设的正心诚意"——学习时报"书院寻踪"栏目编辑手记》，《学习时报》2023 年 1 月 13 日。

（一）中国古代书院的历史沿革

1. 书院缘起

作为中国古代教育的历史见证者，"书院"一词最初是指"私学"中开展读书治学活动的场所，而后逐渐演变成为中国古代特有的一种承担教育教学和学术研究的机构，通常兼具官方办学和民间创学的"二元制"特征，既是官府弘扬"正统文化"的传播媒介，也是民间接触士人文化的重要渠道。事实上，书院是融合官学与私学之长而避其短的创新产物①，最早萌芽于唐代时期，应运而生于当时高度繁荣的经济社会，但"书院"首次出现的确切时间和应用场景尚无定论，主要原因在于缺少可靠、可考的追溯性记载。由此，本书将从官办书院和民间书院两大分野回溯书院缘起，这在学界也是具有普遍共识的。

（1）官办书院的创设

丽正书院是我国最早的官办书院，创设于公元717年，位于唐东都紫薇城（今河南洛阳）。丽正书院的由来几经辗转演进，其前身"乾元院"是用于编撰经、史、子、集等书籍的乾元殿，因设置"乾元院使"一职担任主要负责人而得名；第二年，"乾元院"改名"丽正修书院"，作为官方的编修机构，并增设检校官，成为中国官办书院的标志性开端；再到公元723年，唐玄宗在长安（今陕西西安）大明宫光顺门外设立丽正修书院新址；而后到公元724年，"丽正修书院"正式更名"丽正书院"；至公元725年，为庆祝著书告成，唐玄宗在集仙殿大宴群臣，由"集仙"而思"集贤"，因此，将"丽正书院"更名为"集贤书院"，意在要实现"聚集贤能之士以振兴当代社会"的目标。在当时，有三所同名但位于不同地点的"集贤书院"

---

① 参见肖永明：《古代书院教育的理念与方法》，《人民论坛》2022年第16期。

同时开展工作，分别是兴庆宫集贤书院、乾元殿集贤书院和华清宫集贤书院，在统一更名后，其数量增加到了第四所和第五所。有意思的是，兴庆宫集贤书院位于唐长安108坊中的兴庆坊，南边毗邻道政坊、常乐坊，即如今国内现代高校书院制探索"先行者"——西安交通大学兴庆校区的所在地，恰好形成了面向千年书院遗址开门办学的格局。

清代诗人、散文家、文学批评家袁枚曾在《随园随笔》中写道："书院之名，起唐玄宗时，丽正书院、集贤书院皆建于朝省，为修书之地，非士子肄业之所也"。我国官办书院最早的主要功能在于"修书"，即搜书、校书和藏书，并配备诸多官职，如修书使、检校官、修书学士、校理官、勘书官等，依照管理制度组织进修、考核。例如，所有承旨编撰整合文章、校对梳理经籍的学士，每逢月底、年末都要进行内外考核，就如《旧唐书·职官志二》中所说："月终则进课于内，岁终则考最于外"，朝廷主要根据修书使的记载来裁定考核结果。根据不同官员的学识水平和具体的工作情况，按月或按年逐一进行考核和登记，最终决定其去留。

与此同时，因藏书众多、文学之士齐聚，书院还兼做"以质史籍疑义"的皇帝侍读和"诵诗闻国政，讲易见天心"的咨政顾问，而后由于广纳贤士，使得讲学论道也成为书院最重要的活动，正所谓"刊辑古今之经籍，以辨明邦国之大典，而备顾问应对，凡天下图书之遗逸，贤才之隐滞，则承旨而征求焉"。需要说明的是，丽正、集贤书院在当时确实还不具备教学职能，其职责主要在于学术文化事业，但它们确实发挥了桥梁的作用，将国家藏书、校书、修书以及辨章学术的经验传授给士人。

（2）民间书院的溯源

中国民间书院源于著名学者个人的书斋，供私人读书学习所用。但为了实现读书人治国平天下的抱负，个人书斋逐渐向社会开放，成为公众活动的场所，儒生、道士、僧人可以自由出入，显示了中华文明自古以来的包容之风。根据对各地地方志的查阅和历史遗存的对比，发现坐落在陕西蓝田的瀛洲书院、山东临朐的李公书院、河北满城的张说书院和湖南攸县的石山书院被认为是我国最早的四所民间书院。

第一，陕西蓝田的瀛洲书院。根据雍正版的《陕西通志（卷二十七）》记载，瀛洲书院位于蓝田县的南部，由唐代学者李元通创办。李元通在陕西蓝田县南部创建了瀛洲书院，作为他进行私人讲学和教授学生的场所。第二，山东临朐的李公书院。据学者研究，李公书院是李靖读书学习、研习兵法之地。明嘉靖版的《青州府志（卷九）》记载，该书院坐落在临朐县的西南方位，当时李靖曾在此读书。另一种说法是，为唐朝的统一而南征北战的李靖在太宗时期曾征战于闾左地区，并在此阅读了司马兵法。第三，河北满城的张说书院。张说书院也被称为张相公堂，本是唐燕国公张说未发迹之时率弟子修建的讲堂，曾经在唐朝举办的制科考试中被评为策论天下第一，后来官居丞相，当地乡人在该址上修建房屋以纪念。值得一提的是，张说与官办书院的创设渊源颇深，曾任丽正书院修书使并主持工作，在有人提出"书院有害论"时，张说出言驳斥，"自古帝王于国家无事之时，莫不崇宫室，广声色，今天子独延礼文儒，发挥典籍，所益者大，所损者微。陆子之言，何不达也！"故此有人将河北满城张说书院视作唐代官办书院的肇机。第四，湖南攸县的石山书院。石山书院又称光石山书院，据传是南齐司空（官名）老臣张岊不愿与贪官污吏同流合污而辞官隐居期间所建，原是其读书之处。唐代刺史苏师道在《司空山记》中记载："司空山在山之西，去观十一里，今殿宇有像，坛净基图，宛然在焉。宅左有光石山书院，故基尚在。"有学者根据史料碑文推断，石山书院的创立时间最迟在南梁初期，早于官办书院200年左右，很可能是"中国第一书院"。

总体来看，书院起源于"官民二途"使其兼具官办和民办传统，二者在唐代汇合。其中，"书"是其藏书、修书本源的特色表征，"院"是其从独栋书斋到房舍联排显示的规模扩大，将"庙堂之高"与"江湖之远"有机结合。

2. 书院兴盛

书院经历唐代200余年"盛世"的孕育发展后，进入五代十国后饱受战乱割据磨难，多数政权的中心机构沿袭唐朝的制度，设立了集贤书院，但由于政权更迭频繁，难以开展真正的工作，因此官学逐渐衰落。根据文献资料统计，在五代十国时期，民间有13所书院，其中恢复唐代书院1所，新建书院12所，让身处乱世的读书人看到了希望——"托斯文于不坠"，正如钱穆在《五代时之书院》中所言，"它是黑暗中的一线光明，潜德幽光，必大兴于后世"，书院历经磨难，终于在宋、明迎来了快速发展的鼎盛时期。

（1）教育革新

宋代初期，国家财政因连年战乱军费支出庞大，对官学系统投入严重不足，导致"中央官学不振，地方文教瘫痪"，这与北宋"以文立国"、扩大科举名额之间显然不相协调。为了缓解现实矛盾、推动文化建设，采用"民办官助"的民间书院办学模式，即由私人出资创办，政府负责提供资源和政策支持，成为当时教育机构的主流形式，而且在很长一段时间里都是超越官学的存在，承担着从地方到中央的国家教育任务。民间书院的勃勃生机带动了书院教育广泛推行，在整个教育行业都形成了革新之风。

从平民教育普及来看，宋代书院通过突破生源限制、丰富教师队伍、重振教学导向，打破绅士贵胄的"知识垄断"，拓宽普通民众接受教育的有效途径，进一步提升书院的教育教学水平和质量。特别是，科举制的发展为接受过良好教育的平民实现阶层跨越提供了重要可能，也极大促进了书院教育的繁荣。此外，宋代书院的蓬勃发展也与雕版印刷术的普及推广密切相关，主要体现为活字印刷术使得制作书籍的生产力大幅提升，基本形成了平常之家皆可"视简而诵"的社会环境，极大促进了书院及文化教育领域的发展。

从会讲与讲会制度来看，宋代书院确定形成以"会讲"为研讨形式的教育教学和学术研究方法，这一"学术论辩"传统可以追溯到战国时期稷下学宫的"期会"、汉代太学精舍中的"师弟子相问难"、魏晋名士的"清谈"等，而后在明代又进一步发展为"以研促教、自由讲学、质疑思辨"为内核的讲会制度，成为文化传播的重要载体。随着"会讲""讲会"的发展，为学界带来一股新风，倡导知行合一、践行大众教化、推崇平等教育、追求学术自由、善用通俗易懂，对后代教育的社会化、大众化、通俗化产生了重要影响。

（2）文化繁兴

第一，学术批判繁兴。书院作为学术研究的重要场所，其独特的学术批判精神是书院文化的重要组成部分。书院不仅仅是知识的传播地，更是思想碰撞、学术交流的场所。在古代书院中，学者们不仅致力于经典文献的研读与传承，更在学术研究中展现出批判性思维。

一是书院对经典文献的阐释与批判。书院学者在学术研究过程中，注重对经典文献的阐释与批判。书院学者通过对经典的反复研读，发现其中的疑点和不足，进而提出自己的见解和修正意见。他们通过对经典文献的深入解读，挖掘其内在的思想价值和文化内涵，同时结合时代背景和社会实践，对经典文献进行批判性反思。这种阐释与批判不仅有助于深化对经典文献的理解，还能够为当代社会提供有益的借鉴与启示。例如，宋代的朱熹和白鹿洞书院就是学术批判的典型代表。朱熹在书院中讲学，不仅传授儒家经典，还对经典进行深入的批判性解读，其学说在书院中得到了广泛的传播和讨论，推动了儒家思想的创新发展。

二是书院中的学术争鸣与学派交流。书院作为一个开放的学术平台，吸引了来自不同地域、不同学派的学者。他们在这里交流思想、切磋学问，形成了多元而包容的学术氛围。在这种氛围下，学术批判成为推动学术发展的重要动力。以白鹿洞书院为例，该书院在宋代时期曾是学术交流的重要场所。在《白鹿洞书院揭示》中，朱熹提出书院以"五教"为教育政策，主持人可以根据自己的所长自行授课，也可以邀请其他名师来讲学，书院不设门槛，想要听讲的学生都可以来听讲，这也是后来"讲会"制度的前身。在白鹿洞书院中，不同学派的学者齐聚一堂，共同探讨学术问题，形成了浓厚的学术氛围。他们通过对儒家经典的阐释与批判，推动了儒学的发展与创新。同时，白鹿洞书院还注重与其他书院的交流与合作，通过举办学术讲座、开展共同研究等方式，促进了学术思想的广泛传播与深入交流。书院也是学术思想碰撞的重要场所。在明代，书院成为理学发展的重要阵地，朱熹与陆九渊的理学之争，就是在书院中展开的。他们通过讲学、著书立说等方式，阐述各自的学术观点，形成了理学内部的两大派别。这种学术批判不仅推动了理学的发展，也为后来的学术创新提供了思想基础。

三是书院对批判性思维的培养。书院高度重视培养批判性思维，通过要求学生在学习过程中以辩论的形式对产生的疑问进行提问、反思和质疑，启发其独立找到答案并形成自己独有的见解，这样的教学方法被称为"质疑问难"，一般会贯穿整个教学过程，既有利于培养学生在思考方面的主观能动性，也为老师开辟了多元的思考维度，实现教学相长。以岳麓书院为例，它将培养学生批判性思维作为教学目标之一，鼓励学生勇于向教师提出问题，在一问一答中锻炼思维的活跃性。对"质疑问难"教学方法的推崇，还体现在院内讲堂"半学斋"一名，即指《尚书·说命篇》中的"惟教半学"，"半教半学，教学相长"，使得岳麓书院涌现出一大批具有怀疑精神和独立思考能力的个性化人才。

第二，精神价值追求。书院精神价值是指书院在长期的办学过程中形成的独特的精神追求和价值观念。这种精神价值追求体现了书院对人才培养、文化传承和社会发展的深刻认识与独特贡献。

一是独立自主。据史料记载，书院最初多为民间自行设立。古代书院的发展中，虽然政府的支持也有一定的作用，但书院产生和发展的主要力量还是来自民间。值得关注的是，书院能够独立自主也离不开稳定的经费来源，书院经费的筹措主要依赖于官府拨款、官家资助、民众捐赠以及书院自身的经营收入。此外，书院师生实行的自主管理与自我教育，是其自主性的重要展现。具体而言，书院有权自主聘请教师、设定发展目标、设计课程体系、制定学规以及自主招生。虽然书院有时也会受到官府不同程度的支持，但始终保留了其独立自主的基本属性，并由此形成了独特的书院教育模式和教学特色，基于这样独立自主的特性，衍生出了书院独特的教学特色和多样化发展的学术派别。

二是学术自由。其一，开门办学，不设门槛。书院生徒的多样性，是书院开放性的真实写照。宋代书院在招收学生时，不设籍贯地域的限制，广纳四方之士，都可以前来居学肄业，这与同时期的官学在学生的身份、资格上大做文章并有严格限制相比，是一个巨大的进步。其二，不同学派共同讲学，倡导百家争鸣。书院的"讲会"制度具有开放包容的特色，允许不同学派进行会讲，就各异的学术观点展开争辩，促进了学术的繁荣与交流，学术氛围十分浓厚，不存在门户之见，不同学派的大师各抒己见，在一定程度上体现了"百家争鸣"与"兼收并蓄"的精神。其三，求学自由，开放教学。书院普遍采用开放的教学模式，在当时的中国，名师大儒们常常巡回于各地不同的书院进行讲学，这一盛况屡见不鲜。学生们则根据自己的实际需求，不辞辛劳，远道而来，到书院求学听讲。书院对前来求学的学生不设任何门槛，无论来自何地、出身何阶层，均可登门求学。此外，师生关系也并非固定不变，学生可以根据自己的具体需求和情况，自由选择老师，并在学习过程中有权更换老师或书院。

三是批判创新。书院的教学侧重于学生个人的阅读与研究，旨在培育学生的自主学习与独立探究能力。在此过程中，书院特别注重将学生自学研究与教师的教学指导紧密结合，以期达到最佳的教学效果，书院学生们大量的时间是在教师指导下认真读书、自行理会，学生们可以自由钻研经典文献，提出自己的见解和疑问，老师对学生的疑问进行一一解答，学生可以在此基础上进一步质疑，此即书院教学中一直倡导的"质疑问难"，通过这样的方式，师生在平等交流的基础上教学相长，互相进步。朱熹于白鹿洞书院中，时常亲自与学生共历质疑问难之过程，他深信："往复诘难，则辩论愈为详尽，其义理亦愈见精深。"正是借助这样一次次的质询与解答，方能有效地促进学生批判性思维的养成，进而使他们成长为具备独立思考能力的杰出人才。

四是尊师重道。书院倡导尊师重道、亲师取友的精神。在书院中，师生之间的关系不仅仅是教与学的关系，更是一种相互尊重、相互学习的关系。

学生们通过向老师请教、与同学切磋，不断提升自己的学术水平和道德修养。此外，书院强调德育为先的教育理念。在书院中，学生们不仅要学习经典文献，更要注重道德修养。书院通过举办讲座、祭祀等活动，引导学生们树立正确的道德观念，培养高尚的道德品质。

3. 书院改制

书院制度一直延续到清代，与官学和私学并立，成为封建社会时期三种主要教育模式之一。它承载了中华优秀传统文化的精髓，孕育了许多具有极高价值的教育理念、社会理念和办学经验。然而，在清朝的统治下，书院经历了清初对"反清复明"思想的高压严控，以及康乾时期"兴文教、崇经术、开太平"的办学中兴。此后，书院逐渐转变为清政府笼络知识分子、巩固政权统治的工具，官学化成为清代书院最显著的特征。随着1840年鸦片战争的爆发，在救亡图存的主旋律下，改革传统教育、培养新式人才的教育救国思想不绝于耳，中国近代书院变革的序幕也正式开启。

（1）书院改革

洋务运动期间，洋务派推动了西方文化和技术的引进，包括建立新式学校和派遣留学生。随着西方侵略加深，中国开始重视学习西方，书院改革随之兴起。1884年，郑观应最早提出改革书院，但直至1894年才广为人知。甲午战争后，熊希龄等人强调改革的紧迫性，使"整顿书院，尤刻不容缓"的思想意识达到最高潮。书院改革主要包括内外两个方面，对内改革传统书院，对办学章程进行修订，并针对教学、课程、师资、经费等多个方面实施改革与整顿措施；对外建立新式教育机构，新设新型实学书院，旨在培养实用型人才。此外，与"书院改革"异曲同工的还有"新设学堂"的热潮，比如天津中西学堂、湖北自强学堂等。在这一时期，书院和学堂通用并行，名称虽异但实质相同，在本质上没有新旧之分。

（2）书院改制

维新变法时期，康有为奏请推动"书院改革"进入"书院改制"，建议将现有的书院、义学、社学以及学塾均转变为融合中西学教学的学校，即改制省会的大型书院为高等学府，郡城的书院为中等学府，而州县的书院为小学，不过随着戊戌变法的失败，书院改制也遭到镇压扼杀，宣告破产。而后，清末新政时期，义和团运动和八国联军侵华致使民族危机不断加剧，慈禧终于认识到借鉴西方先进文化的必要性，开始宣布实施书院改制，于1901年采纳张之洞等人建议，颁布《改书院为学堂谕》，随后推行壬寅学制和癸卯学制，这也被视为我国师范教育和"义务教育"的开端，为书院改制提供制度保障。据不完全统计，清末新政后，近1600所书院改为各级学堂，标志着书院在形式和内容上完成了近代化转型。

（二）中国古代书院的体系结构

作为中国古代独具特色的文化教育组织，书院的发展虽几经沉浮，但在我国教育发展史中一直举足轻重，具有鲜明的教育教学与学术研究特色，承担起延续、传播、创造中华文明的重要使命。特别是，古代书院的组成要素、运行结构等管理体系结构，不仅对当代教育事业影响深远，而且对当今我国乃至世界的教育改革和发展都有诸多借鉴意义。

1. 书院的组成要素

自唐代创立至清末改制，古代书院的功能定位经历了不断丰富与拓展的过程。在中国古代，书院的作用不仅限于藏书，更成为众多学者讲学论道、学子质疑问难以及各学派进行学术交流的重要场所。"一双幽色出凡尘，数粒秋烟二尺鳞。从此静窗闻细韵，琴声长伴读书人。"这是唐代李群玉在七言绝句《书院二小松》中对书院环境的描摹，如此优雅的意境离不开山长、院监、董事、师长、学生、书籍、院舍、主事等重要元素，这些重要元素各司其职，形成合理的运行结构。

2. 书院的运行结构

古代书院应用最广的管理制度是"山长制",即山长担任书院的总主持人,多由知名的学术大儒出任,具有极高的社会地位,比如理学大家朱熹就曾是白鹿洞书院、岳麓书院的山长。在行政管理方面,监院是地位仅次于山长的书院职事,分管书院的行政、财务及品行稽查等工作;董事则是具体负责书院的财务工作,掌管"财政大权"。在教育教学方面,学长承担某门学科的教职工作;讲书负责讲解经书;堂录主要是记录教学情况。在学生管理方面,有直学、掌德业簿、掌书、书办、掌祠等人负责开展管理学生、监察德行、管理图书、整理档案、组织祭祀等工作。古代书院还推崇学生进行自我管理,斋长由选拔出的品行端正、学业优异的学生担任,其中"斋"是指书房、学舍,斋长负责帮助开展查课考勤、事务管理等,下设时务斋和刊书斋,"时务"是指当前的重大事情或客观形势,"刊书"则指刻印书籍。此外,以清代陕西味经书院为例,还设有院长、贴写为代表的文秘系统负责文书抄录,院夫、门夫、灶夫为代表的后勤系统,为书院正常运转提供保障服务。

书院在千年的发展历史中,组织管理水平日趋成熟,尤其是内部的运行结构愈加复杂化、系统化、科学化,形成了一套书院独有的管理制度,通常由行政管理部门、教学部门、学生管理部门和学生自我管理组织组成。

3. 书院的基本规制

书院的运行结构归结起来就是古代书院的四大基本规制——讲学、藏书、祭祀和学田。"讲学"活动分为日常教学与传道讲学两种形式,其教学内容广泛涵盖经学、史学、文学等多个领域。这一活动兴起于宋代,通常由学派的大师级人物主持,而普通百姓也有机会参与聆听与观摩。至于"书院藏书",它实际上是书院固有的功能之一,与官方藏书、寺院藏书以及私人藏书并列为古代藏书事业的"四大支柱"。然而,书院藏书与其他类型的藏书面向群体有所不同，它具有公共性的特征，不仅面向书院学生，其他外来者也可按照书院规定借阅书籍。"书院祭祀"是指在每年开学之日、春秋仲丁以及每月月初和月中，书院都会举行祭祀活动，通过祭祀书院的山长、知名学术大师、关心书院建设的乡贤和地方官员以规正其学统和学术追求。"学田"是书院运行和发展的重要基础，其经费来源一般分为政府拨款和民间捐赠，书院会将部分经费用于购买田地耕种，学田收获时由官府帮助收缴粮食，碾成米后和膏火银一起发放给书院。这四大基本规制贯穿于书院发展历史，揭示了书院"使一方之望专理一方之学"的本质和"惟自修与研究"的精神。

（三）中国古代书院的大学雏形

作为我国封建社会时期高等教育的重要组织形式，纵观古代书院的发展轨迹，创新创造、辩证批判和社会关怀贯穿始终，"自由、兼容、开放、多元"的办学格局与现代大学之精神高度契合。除了使命愿景，古代书院在教学课程设置、人才培养理念等方面，都具有现代大学制度的"身影"。

1. 教学课程设置

课程内容是为实现课程目标而按照一定逻辑序列编排的知识和经验体系。古代书院的教学课程设置多以儒学经典为基础，但也根据学派渊源、历史环境、现实需求等的不同，因时、因事、因势而异，呈现出"人文性"的特点，都是所处时代社会思想文化前沿的重要凝结。

（1）宋代书院课程

书院在宋代才真正具备了"学校"的特性，并开始承担教育教学的功能。宋代书院是最早开始探索课程体系设计的，其教育旨在培养出"希贤希圣之士"，强调"为己之学"，即以封建伦理观念养成和内在道德品质完善为核心，主张"进德"与"修业"并重。

在宋代书院的课程内容中，"四书五经"占据着绝对突出的地位。"四书"中的《大学》与《中庸》两部作品，原是《礼记》中的两篇，经南宋理学家朱熹分别单独整理成书。由此可见，宋代书院对伦理关系和礼法制度的重视程度。"圣贤所以教人之法，具存于经。有志之士，固当熟读深思而问辨之。"书院大师对儒学经典尤为重视，要求学生必须熟读。更有朱熹严格要求弟子"反复读之，更就自己身心上存养玩索，著实行履"，并考虑到知识本身的作用和理解的难易程度指出，学习《四书》应该先读《大学》，再读《论语》，然后学习《孟子》，最后研究《中庸》。通过研习儒学经典，能够帮助学生树立封建伦理观念、完善道德品质，进而使得秩序井然，达到社会和谐自然的目的。

因书院自主办学的特点，在宋代书院发展的过程中，具体的教学内容基本由院长和主讲人来决定，教学内容以主讲人专长为主，因此，不同的书院，其课程设置也是千差万别，各学派大师各有所长，以书院为载体，讲授自己的学术心得。例如，北宋"湖湘学派"的创始人胡安国在碧泉书院讲授他的《春秋传》。与此同时，不同学派大家因认识论、哲学基础等各异，导致其对儒学经典的理解阐释也各有侧重，形成了叙事语录、注疏讲义等多种形式的研究成果，并将其纳入教学课程体系中，其中包括北宋周敦颐所著的《太极图说》与《通书》，以及王安石主持编纂的《三经新义》与《易义》等，都成了书院教学的重要内容。宋代书院课程还包括以《诗经》《楚辞》为代表的诗赋、以《左传》《史记》《汉书》为代表的历史典籍，丰富知识储备，强化思想冶炼。值得注意的是，宋代课程内容中还涉猎实用技术，宋代经济高度发达推动科技进步，致使农业、商业、手工业等全面兴起、行业划分不断细化，催生了对"实用型"人才的现实需求，算术、农田、水利等实用性技能也成为宋代书院的授课内容。

由此来看，宋代书院的教学课程设置在不同时期、不同学派、不同地域等都有较大差异，但其主要内容都是围绕儒家经典、研究心得、诗词歌赋、历史典籍和实用技术展开，基本形成了以"经义、诗赋、论策"为核心的教学课程体系，强调"德行"的决定性意义，同时强调"经世致用"，与社会发展结合紧密。

(2) 清代书院课程

书院发展至清代，官学化成为其突出的特征，其职能已经是集学校、图书馆、出版社、研究所、智库、文联、作协等于一体的综合性文化组织机构。当然，清代书院也难逃成为"科举制度的附庸"的命运，其教学课程设置主要以"举业训练"为主，确实存在一定学风卑俗、学殖浅陋的问题，但书院也采取了许多纠偏的积极举措。书院对于应试之学（如时文、类书等）的态度是反对平庸之作，推崇研习优秀的时文，并提倡以阅读经典为主、阅读类书为辅。而对于传统四部之学，书院既设定了理想的阅读目标，也划定了最低的阅读范围，其目的在于引导士子更接近原著，避免二手知识和"碎片化"的影响，同时也充分考虑了士子的个体差异。清代书院曾试图极力挽回僵化的应试学风，倡导培育士子健全的知识体系，虽在历史车轮之中"大势已去"，但也"功不可没"。

与以往书院不同的是，清代书院的发展轨迹伴随着近代"泰西之学"的浪潮，尤其是晚清书院面临时代的知识新变。19世纪70年代前后，"识时通变之士飙起云集，尊西法而抑中学，侈经济而陋词章，崇策论而卑八股"成为社会风尚。这一时期的书院课程设置"俗学""古学""新学"混杂，多数书院顺应时代潮流，以有用之学设置考课内容，如上海格致书院，课程内容以研习时务西学为主。

清代书院课程内容，总体而言呈现出"重视时务，分设课程"的特点。以清代陕西味经书院的课程表为实例，其课程主要分为十大类，格致类课程以理学为主，还特别设有"格致总说"，即一门跨学科的概论课程；富强治术类课程，是以工学为主，强调实务应用；此外，还有语文、教育、人才、边防、农产水利、社会救济、国际形势和其他类课程，通过全课和专课相结合，夯实中国传统文化功底，面向西方先进实用技能，培养综合性的知识分子。不仅如此，清代书院的课程内容中已经设有"实验课"。以上海格致书院为典型，

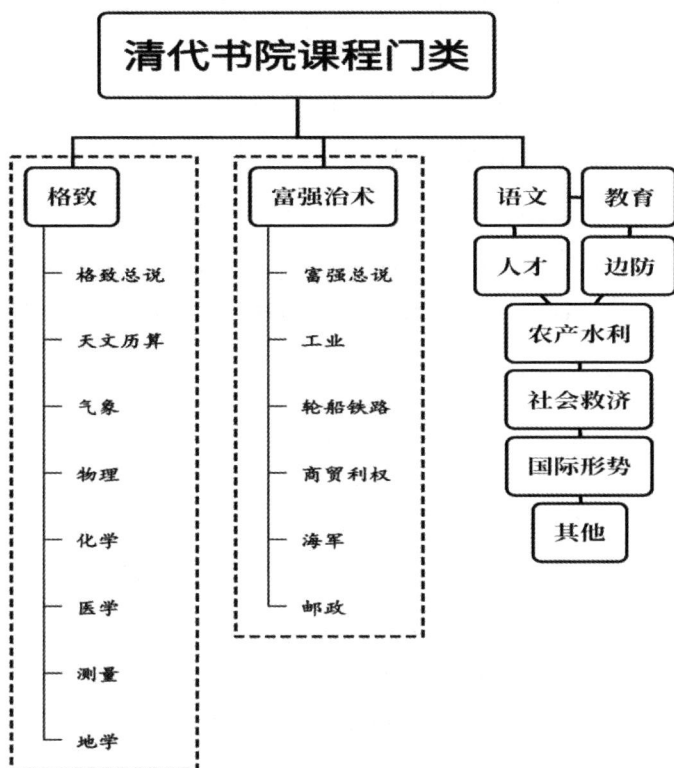

图 1-1　清代书院课程门类

书院开设化学课，并率先开展实验教学，一方面，正如主讲教师栾学谦在《格致书院教演化学记》中写道："初试养气，以钾养绿养与锰养粉（华名无名异）等分相和研细，置于铜壶内，就地新制者烧焖，取得养气，盛于藏气筒，换以玻璃瓶，燃烛入瓶，验之……烛极亮……"这可谓是中国近代化学实验教学之先导；另一方面，根据书院章程规定："学课中遇有须演示者，拟用院内已有之器，订期在院依法试验，或用影戏灯等法，显明其理。以上各事，一概不取分文。"书院的学生还可以免费在书院进行实验。

与课程相关的考试制度也有革新。如上海格致书院的考试采用格致考课和格致学分两种形式。格致考课采取"季课"和"春秋特课"，与现今的"学科竞赛"类似。记录当时先进中国人对西学基本认识的经典文献——

《格致书院课艺》，汇集了格致学分的考试试卷和评分记录，展现了当时的教学计划和考试方法。该文献多次被刊行，并作为宣传新知识、新思想的读物，对于启发新思潮产生了深远的影响。格致学分要求学生按照教学计划逐门研修并考试，考核通过则给予凭据换新课修读，直至修完全部课程。当学生能够修完一学全课或一门专课并考试合格，院方将颁发证明，证明其已精通此门学业，足以谋职。这样的考试形式是对以前传统的科举考试的突破，引进了西方近代教育考试方式，促进了教育制度的革新，推动了中国教育近代化。

2. 人才培养理念

（1）因材施教

孔子的"有教无类"。春秋时期的孔子被誉为"万世师表"，有教无类、因材施教就是其核心的教育思想，千百年来福泽后世有识之士。"有教无类"这一理念，开创了教育普及和教育公平的先河，让每个人都有接受教育的机会，比如孔子招收具有不同财富、智力、地域和年龄背景的学生，不偏不倚，一视同仁。"因材施教"是根据不同学生的不同特点，采用适合该学生的教学内容和方法，以最大限度地发挥每个学生的潜力，进行有针对性的教育，比如孔子将学生的天赋分为三等，对不同水平的学生教授不同难度的知识，并根据学生性格特点提供个性化指导。

胡瑗的"分斋教学"。北宋杰出教育家胡瑗首次提出的"分斋教学"理念，是在集体教学的基础上实施分科教学的一种方法，被视为近代教育中文理分科及必修、选修课程结合制度的先声。在书院教学中设置经义与治事二斋，其中经义斋专注于六经的学习与研究，而治事斋则细分为治民、讲武、堰水（水利）和历算等多个专业方向。学生有权根据自己的专长与兴趣，自主选择主科与副科，实现个性化的分科学习。

（2）立德树人

"立德树人"的育人思想由来已久，最早出现于春秋时期《左传·襄公》和《管子·权修》，"树人"早于"立德"。《礼记》曾言，"大学之道，在明明德，在亲民，在止于善"，突出强调教育的宗旨在于正品行、塑人格、养精神，彰显正大光明的品德和弃恶扬善的道德，培养知行合一、德才兼备之人。所谓"道德"，即"志于道，据于德"，"道"是志向，引领前进的方向；"德"是根据，评判正直的标准。由此可见，"立德树人"这一理念深深植根于中国传统文化的理论精髓之中，并始终贯穿于中国教育的发展历程之中，是中国教育发展始终坚持的价值取向。

一是环境"蕴德"。中国古代书院很早就开始实践"环境育人"，将"立德树人"的人才培养理念寓于书院选址、布局之中。书院选址通常会考虑环境、文化和历史因素。或建于依山傍水之地，或建于城乡接合之地，或建于文人遗迹之地，旨在潜移默化地推动学生学业精进、道德养成和全面发展。书院内部建筑布局一般都严格遵循礼制，讲堂、祭殿和藏书楼等主体建筑一般沿着中轴线依次摆布，整体呈现"中轴对称"的特点，主次分明、尊卑有序、内外有别，体现对传统礼乐思想的遵从。书院装饰和景观布置多崇尚清新典雅，一砖一石、一草一木都有其寓意和象征，如梅、兰、竹、菊、柏、松、莲、荷等具有君子气节意蕴的植物，也是书院思想文化的载体。

二是课业"修德"。在古代书院的教育体系中，"德育为先"的理念被深刻地融入课程设置与教材编纂之中，从而塑造了一种独具特色的教育模式。在课程设置方面，古代书院不仅对传统经学、文学、史学等课程给予高度重视，还特别增设了德育课程，传递"仁爱""忠诚""诚信"等核心价值观。在教材编纂方面，不仅涵盖了丰富的学术知识，还深度融入了道德教育的内容，通过解读道德故事和箴言，引导学生深刻感悟人生哲理和道德真谛。此外，书院还格外注重教材的实用性，力求将道德教育与学生的日常生活紧密相连。教材中不仅包含了理论知识的系统阐述，还融入了大量的生活案例和道德实践建议，以帮助学生们将所学知识灵活应用于实际生活中。

三是规诫"树德"。在具体实践上，书院采取了多种措施来落实"德育为先"的教育理念，书院通过设立严格的规章制度，对学生的言行举止进行规范，培养学生的自律意识。古代书院的学规和"课考"制度充分展示了书院道德教育和管理的内容，特别是明清时期，书院考课达到鼎盛，一般每月进行两次课试，分别为官课和师课。课卷经过山长品评后，送知府审查，确定等第，并据此发给奖金。这不仅是对学生学术水平的检验，更是对学生德育成果的体现，书院通过簿书登记，即每个宿舍配备一本劝善规过的簿子，详细列出品德修养和道德实践的各项规定和条目，每月朔望之会讲解时，各斋舍长会将记录呈交院长，院长会面对面给予劝诫和警示。这种簿书登记制度能够在日积月累中敦促学生重视德行，并将品德修行化进自己的日常实践中，在日复一日的实践中实现自我修身养性。

（3）开放包容

书院与官方学校在办学宗旨及模式上存在显著差异，具体表现在不设入学门槛、全面开放，并倡导教学自由。书院致力于培养学术精英，而非政治领袖。特别是，书院始终与官学间维持一定距离，主要是为保持独立性——教授们坚守独立的学术操守，学生们则推崇自主的求知精神。

一方面，坚持开门办学。当时，著名学者轮流在各书院讲学，学生们不畏艰辛，远道而来，只为探求真理，寻师问道，致力于"探究性命之理的要义，询问治国之道的本源"，为社会各阶层提供了平等的求学机会，极大地丰富了书院学生的社会背景与人生经历，为书院注入了新的活力，并为其后续的繁荣与发展奠定了坚实的基础。另一方面，坚持自由讲学。内容自由意味着教师可以自由决定自己的子弟要阅读的书籍，以及要接受教育的科目；方式自由则是指学生可以自由选择学习方式，包括自主选择长期或短期的学习，这种自由的学习方式和学术氛围，使得古代学者能够自由地追求学术进步，随着时间的推移，这种自由的学术氛围逐渐形成并得以传承。

3. 书院精神涵养

从唐代书院的初设到晚清书院的改制，绵延一千余年之久的中国书院成为孕育和滋养古代精神的资源宝库。其中，知识追求是书院的精神内核，价值关怀和文脉传承给予了书院发展以现实经纬和历史视野，从而得以在兼顾传统和现代的正确轨道上行进，凝结出了一种融学术思想、价值追求、教育理念、文化传承等于一体的独特精神价值——书院精神。

1923 年 12 月 10 日，胡适曾以《书院制史略》为题发表演讲："书院之真正精神惟自修与研究，书院里的学生，无一不有自由研究的态度，虽旧有山长，不过为学问上的顾问，至研究发明，仍视平日自修的程度如何。"在中国书院研究的历史上，这也是首次明确提出"书院精神"概念。胡适将其概括为三个方面：一是时代精神，以书院祠祀为代表，其中崇祀者都是各时代民意民情的趋向和寄托。二是讲学和议政，"书院既为讲学的地方，但有时亦为议政的机关"，如宋代朱子学者、明朝东林学派，力参国家政治、仗义执言。三是自修与研究，自由讲学、自由研究是书院师生一以贯之的态度。1921 年，毛泽东在《湖南自修大学创立宣言》中对"书院精神"进行了深刻阐述："其一，师生间情感深厚；其二，虽无繁琐的教授管理，却注重精神交流，鼓励自由研究；其三，课程设置精简而研讨周详，使学生能够从容不迫地深入学习，体悟真谛。这些既是书院的优势所在，也是其有待改进之处。"因此，他主张"借鉴古代书院的形式，融入现代学校的教学内容"，以此为基础创办自修大学，推动教育改革的进程。

当然，书院精神在不同时代、不同书院都有不同的具体表现，但总体而言，其内涵有以下几个方面：一是价值关怀与人文精神。儒家讲求"士志于道"，以"道"修身，完善自我人格、以"道"治世，塑造卓越社会秩序。书院致力于在人才培养过程中，将个体道德修养与经世济民的社会责任感相互融合，彰显出独特的人文情怀与价值追求。二是知识追求与学术精神。宋代书院之所以能成为各学派大师探讨高深学问的场所，是因为儒家文化强调知识追求是形成个人和社会信仰的基础，程朱理学、陆王心学、乾嘉汉学等的研究与传播都与书院息息相关，师生互文互问、思想碰撞催生了书院的学术创新精神。三是文化传承与文脉延续。千年书院见证了中国传统文化的高潮迭起，而文献典籍则是书院文化的重要载体，书院收藏着众多研究中国古代教育史、学术史、思想史、区域社会史的重要依据的珍贵文献。它们是中华民族的精神血脉的载体之一，是珍贵而不可再生的文化资源。

在中国文化发展的长河中，书院精神润泽启迪了无数仁人志士追寻真知与理想，至今为人津津乐道。"书院精神"的魅力源于其深厚的文化自觉、自信与担当，以及"为天地立心，为生民立命，为往圣继绝学，为万世开太平"的豪情壮志与追求。这种精神源于对传统文化的珍视与传承，善于取其精华，古为今用，推陈出新。正是这种精神，使得书院历经千年沧桑而依然熠熠生辉，如同潺潺流水，滋养着文化的命脉，贡献着生活的智慧，撑起了心灵的绿荫。

二、现代书院的继承与创新

（一）现代书院的创建源发

1. 书院精神的新延续

自 21 世纪以来，中国社会发生了巨大的变化，这也给教育领域带来了新的挑战。在这个背景下，中国现代书院精神的延续也开始呈现出新的特点。为了适应新时代的需求和发展，现代书院精神的延续不仅吸收了传统书院的优点，还融入了现代教育的理念和元素，为培养更多优秀的人才作出了重要贡献。

现代书院更加注重教育的独立性和自主性。这种独立性和自主性表现在多个方面，例如在管理体制上，许多新书院开始实行自主管理，摆脱了传统的官僚体制束缚。同时，在教学方面，现代书院也开始关注培养学生的独立思考能力和自主学习能力，进而提高学生的综合素质。

现代书院更加强调教育的开放性和包容性。这种开放性和包容性也表现在多个方面，例如在招生方面，许多书院开始实行开放招生制度，不再局限于某一地区或某一阶层的学生。同时，在教学方面也开始注重学科交叉和多元化教学，以拓宽学生的知识面和视野。

现代书院更加注重教育的实践性和创新性。这种实践性和创新性也表现在多个方面，例如在课程设置方面，许多书院开始增设实践课程和创新创业课程，以培养学生的实践能力和创新意识。同时，在教学方面也开始注重学生的参与和合作，以提高学生的团队合作能力和领导能力。

2. 导师传统的新启发

导师制度最早出现在英国的牛津大学和剑桥大学，这两所大学以研究生导师制为特征的导师制度最为有名。而书院作为中国传统教育的重要形式，千余年来积累了丰富的教育经验。将书院建设与导师传统相结合，将会更好地推动现代教育事业的发展。

在书院建设方面，首先要明确书院的教育目标和定位。书院应立足于传承中华优秀传统文化，同时融入现代教育理念，打造具有国际视野的文化教育场所。其次要制定完善的规章制度，确保书院的正常运转。此外，还需精心分配导师和学生，为书院提供强大的师资力量和生源基础。最终营造一个良好的学习生活环境。

导师在书院教育中也具有十分重要的作用。在导师的指导下，学生可以获得更有针对性的学习方法和学术指导，从而更好地理解和掌握学科知识。此外，导师还可以通过引导学生参与科研项目、社会实践等方式，培养学生的创新能力和实践能力。将书院与导师制度相结合，不仅能弘扬中华优秀传统文化，还能提升现代教育的质量。书院建设应积极借鉴导师制中的有益成分，让书院成为传承文化、培养人才的摇篮。同时，导师们也应关注书院建设和学生自身的发展，共同营造一个良好的教育环境，为培养德才兼备的人才贡献力量。

（二）现代书院的创办类型

1. 按性质划分：社会书院与高校书院

2005 年 6 月，陕西知名作家陈忠实创办了白鹿书院，由两进院落组成，并亲自担任书院院长，主持习文研艺、游学讲学等，白鹿书院曾在他撰写的小说《白鹿原》中出现。在山东作家协会主席任上，张炜在龙口港的万松浦左岸，创立了集科研、教学与藏书功能于一体的万松浦书院，此举在中国现代书院文化版图中具有重要意义。与此同时，汤一介等学者在1984 年创立中国文化书院，为北方书院文化的发展注入了新的活力。而在南方，拥有千年历史的岳麓书院至今仍保持着蓬勃的生机与活力。这四所书院——万松浦书院、中国文化书院、岳麓书院以及稍早创立的白鹿书院，共同构成了当时中国现代书院文化版图中东西南北四大格局，被《东方早报》定义为"传统文化版图的一次重构"，彰显了中国书院文化的深厚底蕴与广泛影响力。

2. 按形态划分：实体书院与网络书院

除此之外还有很多其他类型的书院，比如朵云书院，位于上海中心大厦 52 层，在离地 239 米的空中，拥有独特的空中视野和"抬头看云、低头看书"的书院环境。比如太白书院，是由著名作家贾平凹创建，主要致力于文化人挥毫泼墨的绘画活动。再有随着互联网普及兴起的网络书院，是网上的多媒体图书馆，比如潇湘书院、掌上书院、天则书院等。其实，中国文人常怀有创办书院之心，志在传道授业解惑、实现学术理想，但囿于辟舍建院、经营维系并非易事，因而成就者寥寥。

（三）现代书院的创新趋势

1. 书院载体多维融合

书院制度与现代网络技术的深度融合，开创了一种革新的教育模式，有效弥补了传统书院教育的局限，充分利用了网络空间的无限性、共享性、交互性及即时性优势。网络空间不仅为书院提供了虚拟课堂、实验室等灵活学习平台，丰富了教育资源，还促进了资源的广泛传播与共享，促进了教育公平与质量。同时，网络交互性加强了师生间的即时沟通与反馈，强化了学生参与与合作，培养了团队协作与创新精神。此外，结合个性化推荐技术，书院能精准匹配学生需求，促进个性化与全面发展。这一融合不仅是对书院教育的创新，更是对网络教育资源的深度整合，为大学教育带来了前所未有的灵活性与高效性，全面推动了教育公平、质量与效益的提升。

朵云书院是一家以上海市为基地，集阅读、艺术、人文、科技等多元化服务为一体的综合性公共文化空间，通过跨界合作举办读书会、讲座、展览等多元化活动，丰富公众文化生活。其文化品牌构建始于清晰定位——"让阅读成为享受"，倡导"阅读、思考、实践、分享"的价值观，为品牌建设奠定基石。同时，书院深挖传统文化精髓，实现传承与创新并举，形成独特文化魅力，成为核心竞争力。借助创新活动形式与现代信息技术如网络直播、社交媒体等，拓宽传播渠道，增强公众参与感，有效推广书院品牌。这一系列举措不仅提升了书院品质与文化内涵，更推动了传统文化的现代转化与文化产业的创新发展，在新时代背景下，为书院文化的传承与发展开辟了新路径。

2. 书院教育蔚然成风

近年来，历史悠久的书院教育在现代大学中焕发出勃勃生机，特别是在书院制的浪潮下，书院教育日趋深入成熟，受到媒体的广泛关注，现已成为高校人才教育培养改革的重要有效尝试。2005 年《中国青年报》报道复旦大学实施通识教育并设立复旦学院；2011 年《人民日报》记者在西安交通大学、复旦大学深入采访之后，对比香港中文大学的书院制，总结出了内地各个大学发展书院制的特点；2019 年《光明日报》聚焦西安交通大学书院制建设的发展历程，通过社交平台互动探讨了书院制的内涵、现状与展望等问题；2021 年《南方周末》探讨中国高校书院制改革的初衷、实际影响并指出改革实践中的困境，引发大众思考。这些报刊分别从不同角度介绍、阐释、探讨了书院制的相关问题，而《学习时报》创立"书院寻踪"栏目，更是长期致力于书院文化的深入挖掘与研究。这都充分表明书院制教育在中国高校中逐渐深入发展，并广泛引起社会各界的关注与讨论。

对 2005 年至今我国高校成立书院的情况，依照时间顺序进行梳理后可以看到，整体上呈现出从各自摸索到抱团取暖，从星星点点到星罗棋布的"燎原"之势。值得关注的是，在 2017 年之前，尽管越来越多的高校开始实践书院制建设，但遗憾的是，并未有任何地方或部门发布过针对书院建设的指导性或规范性文件。因此，这一时期的书院制建设更多地可以被视为一种"民间的自发行动"。直到 2017 年 9 月，中共中央办公厅、国务院办公厅印发《关于深化教育体制机制改革的意见》，其中明确提出要"探索建立书院制、住宿学院制等有利于师生开展交流研讨的学习生活平台"，这才为书院制建设提供了明确的政策导向和支持，标志着高校书院制开始进入"官方视野"。

通过对国内高校书院制建设发展的梳理，发现目前的建设现状主要有三点：一是有的高校将书院仅定位为通识教育、综合素质教育的试点工程；二是各个大学各个书院的特色各异、共性不多；三是更多的高校倾向于将小众教育、精英教育的理念赋予书院。同时也存在一些不足：一是建设书院的共识尚未达成，目前书院建设仍只是个探索方向，尚未形成改革洪流；二是书院建设需要显著的资源投入，但成效只能缓慢显现，难以直观评估。但不可否认的是，社会各界对书院建设的关注明显增多，越来越多的高校都开始探索实践，并且呈现出了分众化的趋势。

在此背景下，高校书院间的交流学习日益频繁，特别是以长三角地区书院联盟、海峡两岸书院联盟等为代表的跨校、跨区域性合作的高校书院联盟已颇具规模，其影响力不仅覆盖专门或综合性领域，甚至辐射不同地域乃至全国范围。由此可见，高校书院的发展浪潮正奔涌而至。

| 第二章 |

高校书院建设的现状与要素

一、高校书院的建设进展

中国高校书院发展经历了自发式渐进探索和政策主导式快速发展两个阶段，既与人才全面发展、社会发展需求密切相关，又与国家政策倡导紧密联系。因此，审视书院发展进程能够为我们理解近 20 年来书院的实践探索并揭示高校书院制的教育价值提供重要视角。

（一）高校自发式渐进探索

1. 模式探索

第一，现实动力。书院的产生回应了新时代、新场景、新学情对教育场所、手段、人员、资源等提出的新要求。一方面，高等学校学生数量激增，类别逐渐多样化，个性特征日益彰显，学生活动从传统的普遍参与转向以需求为导向、以学生为中心的精准价值取向；另一方面，学分化的量化教育模式等难以实现德智体美劳全面发展的育人目标。基于此，高等教育改革开始了对书院制度的探索，让书院承担起时代性和层次性的重任，开展思想政治教育科学实践，系统、结构地设计学生活动，让教育走出教室、走进学生社区、走到学生身边。

第二，顶层设计。书院最初发展围绕学生公寓管理改革促进思想政治教育功能而起步。21世纪之初，高等教育改革日益关注学生公寓建设，赋予其德育功能。2002年，教育部出台《关于进一步加强高等学校学生公寓管理的若干意见》强调，学生公寓应当发挥育人作用，负责学生的日常思想品德、行为规范、法律法规以及爱国主义、集体主义、社会主义教育，为书院提供了空间载体。2004年，中共中央、国务院印发《关于进一步加强和改进大学生思想政治教育的意见》，首次提出"学生生活社区"概念。随后，教育部多次发文强调学生公寓育人的实施路径、方法和目标参照。2012年，教育部《关于直属高校国家教育体制改革试点项目及"三重一大"决策制度执行情况检查的通报》举例说明书院制这种高校人才培养模式改革的形式在促进本科通识教育上行之有效。[①] 具体实践上，2005年之后西安交通大学、复旦大学等高校成为首批以现代书院为学生社区的改革先行单位，主动探索思政育人新机制，到2017年，多所高校在章程中明确了书院制作为其学生培养的改革方向。

2. 初期建设

第一，从增长数量上看，这一时期书院仅是学生公寓的初步演变，呈现出单一化的思想政治育人功能。在数量上，由最初2005年两所高校建立书院，逐年增加至2017年的85所高校、236所书院。书院的命名则在理念、内涵的探索中不断发展，体现高等教育改革新思考。书院章程、管理模式和教育内容，更加注重人文精神、综合素养，促进学科融合，提升综合能力。

---

① 参见《教育部办公厅关于直属高校国家教育体制改革试点项目及"三重一大"决策制度执行情况检查的通报》，2012年12月21日，见http://www.moe.gov.cn/srcsite/A25/s3143/201212/t20121227_146536.html。

这种自发式渐进探索，反映出高校寻求育人新模式的主动意识，使传统教育彰显新的育人活力，其实践意义也在后来的政府政策认同中获得了有力证明。

第二，从建设困境上看，这一阶段，政府部门并未对何为书院以及如何办书院出台纲领性文件，只有部分高校取中国古代书院制和西方书院制之精华，补专业本位的学院人才培养模式在通识教育上的不足，基于零星的政策指引自主探索书院制实践模式。但先有大学后建书院的现实条件，导致不少高校一度陷入书院制建设的困境，在理念认同、组织壁垒、文化内涵等方面引起诸多矛盾与争论。

3. 阶段成效

第一，以社区空间为建设形式。与世界顶尖学府在住宿学院对发展学生的显著促进效果相比，我国高校学生宿舍管理体系的表现仍有待加强与完善。鉴于学生宿舍在学生学术追求和日常生活实践中的关键定位，为进一步发掘和拓展其在学生全面成长中的积极作用，国内一些知名学府，如复旦大学、西安交通大学等，已开始在传统的学生管理框架之上，以学生宿舍为载体，积极探索并实施书院制学生管理模式。在现代大学教育背景下，书院制管理聚焦学生宿舍这一管理核心区域，以学生公寓为日常活动与交流的平台，旨在为学生提供通识教育的机会，并肩负起培养其思想品德与良好行为习惯的教育职责。从本质上讲，书院制管理体现了学生社区生活管理的先进理念。

第二，以全面发展为建设目标。大学的文化生活之形成靠多种不同的力量，但老少学者居息一堂，朝夕切磋，显然是有利的因素之一。在书院制的运作框架下，师生间的频繁互动为各方提供了丰富的交流机会。这种交流不仅涵盖了不同专长教师之间的深入对话，也包括了师生间的思想碰撞，以及不同学科背景学生间的知识交融。这种对话是日常化、灵活化的，从而自然而然地营造出一种集知识性、社群性和文化性于一体的沟通氛围。这种氛围不仅增加了书院成为一个充满活力与凝聚力的学术社区的可能性，同时也为学生提供了更多元化的成长环境，有助于他们在品德修养和个性发展上取得更为显著的进步。还有，书院在促进学生综合能力发展上扮演着举足轻重的角色。以西安交通大学为例，其书院制构建严谨有序的校园生活规范，创造温馨活力的校园生活环境，设计科学合理的领导力培养计划，并结合学习支持、新生教育、习惯培养、生涯指导、素质提升、心理咨询和困难帮助等一系列全面育人的措施，为学生提供了全方位的发展支持。复旦大学的书院制则侧重于"全方位学业指导体系"与"通识综合教育计划"的构建，旨在为学生提供更为精准和系统的培养方案。同时，书院制所实施的关爱成长计划、公民教养计划、大学导航计划、学养拓展计划等，不仅注重学生的知识积累和学术提升，还着重培养学生的公民意识、人文素养、身心健康以及自主学习与规划的能力，使学生能够在个人发展的道路上更加自主、理性地作出选择。

（二）政策主导式快速发展

在现代高校书院制发展的第一阶段（2005—2017年），部分学校初步探索了书院制、住宿学院制等育人模式。基于书院积极实践的试验性成效，2017年以来，书院制得到政策层面的有力推广和具体指导，使书院数量在短短7年时间迅速增加到711所。书院制的发展与"一站式"学生社区建设相结合，书院制成为新时代高校人才培养模式改革的重要内容。书院建设也从早期的社区平台走向内涵化、多样化发展，书院命名的内涵、差异性和意义更加凸显。围绕实现思政工作体系中"打造富有中国特色、体现思政要求、贴近学生实际的生活园区"的"三全育人"总体目标，书院发展进入新阶段。

1. 政策支持

第一，通专融合的社会背景。数次工业革命变革了生产和生活方式，也深度影响了高等教育生态，重塑了教育模式和人才培养体系。单一知识结构和背景的"专门人才"愈发难以适应社会变革需要，创新思维能力、综合领导能力、多元资源整合能力等必将成为新型人才的"硬核"，通识教育的作用将愈加凸显，这对高等教育提出了新要求。聚焦国家重大战略需求，推出"大理、大文、大医"的学科交叉和拔尖计划、强基计划。从技能本位、能力本位的学科学院模式过渡为综合素质提升导向的书院社区模式，在培养机制上提供实施载体。在"书院制、导师制、学分制"育人模式下，学生培养不再以固化的专业班级划分，课程班级、社团班级和书院班级愈发重要，书院建立起温馨便捷的生活学习服务体系、专业教师及朋辈帮扶的学业辅导体系、特色鲜明的学生综合能力培养体系、以学生为主体的自我管理体系等，通过"浸润""熏陶""养成""感染""培育"等路径，推动学生的人格养成和价值塑造。

第二，细化完善的政策特征。2017 年 9 月，中共中央办公厅、国务院办公厅出台《关于深化教育体制机制改革的意见》，提到要健全促进高等教育内涵发展的体制机制，为此，要求"探索建立书院制、住宿学院制等有利于师生开展交流研讨的学习生活平台"。2019 年 2 月，教育部思想政治教育工作专题会议提出"一站式"学生社区综合管理改革，书院制的核心内涵被寓于"一站式"学生社区模式当中。同年 10 月，教育部思政司选取了西安交通大学、华南理工大学等 10 所高校作为试点探索学生社区"网格化"管理。2020 年 4 月，教育部等八部委联合发布《关于加快构建高校思想政治工作体系的意见》强调，学生社区的建设要依托书院、宿舍等学生生活园区，探索学生组织形式、管理模式、服务机制改革，推进党团组织、管理部门、服务单位等进驻园区。打造集学生思想教育、师生交流、文化活动、生活服务于一体的教育生活园地。① 2020 年 6 月，中共教育部党组等

---

① 参见《教育部等八部门关于加快构建高校思想政治工作体系的意见》，《中华人民共和国教育部公报》2020 年第 4 期。

发布《关于加强高校党的政治建设的若干措施》，着眼以书院制为实施载体，实现党建和思想政治工作对青年学生全员全息覆盖。

2. 态势向好

从整体上看，全国高校的书院建设数量呈增长态势，越来越多的高校开始逐步探索实施书院制育人模式。与 2017 年相比，2020 年全国建设书院的高校数量增幅约为 75.3%、书院数量增幅约为 80.1%；与 2020 年相比，2024 年全国建设书院的高校数量增幅约为 51.7%、书院数量增幅约为 67.3%（见表 2-1 和表 2-2）。

表 2-1 全国建设书院的高校情况

类别／地区	高校数量							与 2017 年相比		与 2020 年相比	
	2017 年	增长值	增长率	2020 年	增长值	增长率	2024 年	增量	增幅	增量	增幅
华北	12	14	116.7%	26	18	69.2%	44	32	266.7%	18	69.2%
东北	5	5	100.0%	10	3	30.0%	13	8	160.0%	3	30.0%
华东	34	22	64.7%	56	24	42.9%	80	46	135.3%	24	42.9%
华中	6	4	66.7%	10	21	210.0%	31	25	416.7%	21	210.0%
华南	10	10	100.0%	20	4	20.0%	24	14	140.0%	4	20.0%
西南	8	5	62.5%	13	4	30.8%	16	8	100.0%	3	23.1%
西北	10	4	40.0%	14	4	28.6%	18	8	80.0%	4	28.6%
全国合计	85	64	75.3%	149	77	51.7%	226	141	165.9%	77	51.7%

表 2-2 全国高校的书院建设情况

类别／地区	书院数量							与 2017 年相比		与 2020 年相比	
	2017 年	增长值	增长率	2020 年	增长值	增长率	2024 年	增量	增幅	增量	增幅
华北	38	50	131.6%	88	53	60.2%	141	103	271.1%	53	60.2%
东北	10	8	80.0%	18	27	150.0%	45	35	350.0%	27	150.0%
华东	92	68	73.9%	160	93	58.1%	253	161	175.0%	93	58.1%

续表

类别 地区	书院数量						与2017年相比		与2020年相比	
	2017年	增长值	增长率	2020年	增长值	增长率	2024年	增量	增幅	增量	增幅
华中	12	12	100.0%	24	54	225.0%	78	66	550.0%	54	225.0%
华南	36	29	80.6%	65	30	46.2%	95	59	163.9%	30	46.2%
西南	17	14	82.4%	31	16	51.6%	47	30	176.5%	16	51.6%
西北	31	8	25.8%	39	13	33.3%	52	21	67.7%	13	33.3%
全国合计	236	189	80.1%	425	286	67.3%	711	475	201.3%	286	67.3%

注：①由于信息的不断补充完善，截至2024年9月不完全统计的数据版本，相比于《高校书院发展报告（2017）》和《高校书院发展报告（2020）》中的数据，略有出入；②本表格呈现全国建设书院的高校数量和全国高校的书院建设情况的相关数据，统计范围不包括港澳台地区高校与书院；③两所高校共建同一书院，如天津大学和天津医科大学共建瑞恒书院，按独立高校计算，书院重复计入2次；④高校设置书院群落的情况，如重庆移通学院行者公园书院群，按1所书院计入；⑤不以"书院"命名但实行书院制的学院或学堂，也均在统计范围之内。

    同时，"双一流"建设高校与非"双一流"高校的书院建设情况差距逐渐缩小、共同稳步向好。自我国高校书院建设之初，以"985""211"高校为代表的院校一直积极引领并参与其中。2015年10月，国务院印发《统筹推进世界一流大学和一流学科建设总体方案》。2017年，第一批"双一流"建设高校名单发布，共计137所高校纳入建设，其中世界一流大学建设高校共42所，世界一流学科建设高校95所。自此，我国高等教育进入"双一流"建设的内涵式发展新阶段。

    以是否为"双一流"高校为标准统计，不论是高校数量还是书院数量，2024年较2020年均有增长。"双一流"建设高校与非"双一流"高校的书院建设情况相近，增长态势相似，非"双一流"高校以其相较于"双一流"建设高校更加庞大的体量，书院数量始终略高于"双一流"建设高校，"双一流"建设高校的书院数量占比也在不断上升。显然，在我国"双一流"高校尤其是世界一流大学建设高校中，书院制已然成为一种被广泛认可的教育实践模式，各"双一流"高校日益精进追求建设数量与建设质量的"两手抓"。同时，其他院校也同样重视书院制育人探索。这一制度不仅体现了我国高等教育在人才培养方面的创新尝试，也映射出对教育高质量发展的追求（如图 2-1 所示）。

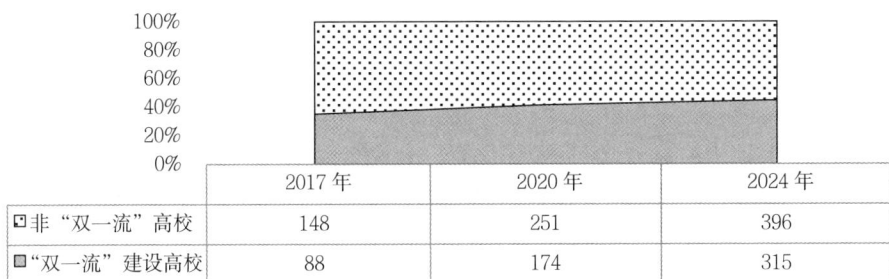

	2017 年	2020 年	2024 年
非"双一流"高校	148	251	396
"双一流"建设高校	88	174	315

图 2-1　2017—2024 年"双一流"与非"双一流"
高校的书院数量百分比堆积图

在区域分布方面，各地区高校书院建设态势侧重分明。按地理区域划分，对华北、东北、华东、华中、华南、西南、西北等 7 个地区"建设书院的高校情况"和"高校书院的建设情况"进行统计，可以看出，2024 年较 2020 年全国所有地区建设书院的高校数量和所建设的书院数量均有不同程度的增长。

全国建设书院的高校数量方面，增量最多的地区为华东地区，有 24 所高校新开启了书院制建设；其次为华中、华北地区，分别有 21、18 所高校加入探索书院制建设的行列；增量最少的地区为东北地区，四年间有 3 所高校加入"书院俱乐部"；增幅最大的是华中地区，增幅达 210%，增幅最小的是华南地区，为 20%。

全国高校的书院建设数量方面，增量最多的地区也是华东地区，四年内新增书院 93 所；其次为华中地区，新增 54 所书院；增量最少的为西北地区，增加 13 所书院；增幅最大的是华中地区，增幅达 225%；增幅最小的是西北地区，增长约 33.3%。

在 2020 年至 2024 年间，华东地区建设书院的高校增量以及书院的增量均展现出明显的领先优势，这一表现相对全国其他地区而言尤为突出。相比之下，西南和西北地区在建设书院的高校增幅及书院数量增幅上则呈现出相对较缓的态势。

3. 内涵丰富

第一，以"三制"交叉育人模式为基础。《教育部高等教育司 2020 年工作要点》中指出，要"推动多样化探索，支持高校开展'三制'（书院制、学分制、导师制）拔尖人才培养模式改革"。《教育部高等教育司 2021 年工作要点》中指出，要"支持和引导高校开展'三制'（书院制、学分制、导师制）拔尖人才培养模式，完善交流研讨机制和政策协同机制"。《关于 2021 年度基础学科拔尖学生培养基地建设工作的通知》，指出要"深入探索书院制、导师制、学分制'三制'交叉融通的创新育人模式"，要"探索中西贯通的现代书院制，注重'浸润''熏陶''养成''感染''培育'"①。在政策驱动下，高校书院积极开展"三制"交叉育人模式的实践探索。近年来，全国高等教育"三制"工作逐渐下沉、细化。2022 年 9 月，教育部办公厅发布《关于进一步做好"优师计划"师范生培养工作的通知》，指出发挥学校优秀教师的育人引领作用，实施朋辈导学等学业互助与辅导制度，探索书院制育人模式。2024 年 5 月，国务院办公厅关于转发教育部等部门《教育部直属师范大学本研衔接师范生公费教育实施办法》的通知中也指出，要精心制订教育培养方案，实行"双导师"制度②，加强公费师范生群体的实践教育。

书院制、导师制、学分制是探索建立现代大学教育制度的必然选择，"三制"交叉育人是三种制度在实施中的必然走向。书院制，主要讲究交融的氛围。通过有温度的陪伴教育，让课堂教育有陪伴，课余时间有陪伴，研究性学习有陪伴，创新实践活动有陪伴，真正打造全程陪伴教育模式。书院制的

---

① 《教育部办公厅关于 2021 年度基础学科拔尖学生培养基地建设工作的通知》，2021 年 3 月 2 日，见 http://www.moe.gov.cn/srcsite/A08/s7056/202103/t20210317_520217.html。

② 参见《国务院办公厅关于转发教育部等部门〈教育部直属师范大学本研衔接师范生公费教育实施办法〉的通知》，2024 年 5 月 28 日，见 https://www.gov.cn/zhengce/zhengceku/202406/content_6957261.htm。

实施转变了学生工作的重心，使之从传统的学习区域扩展至生活领域。这一转变不仅构建了新型师生共处的育人模式，更为师生提供了随时交流互动的育人平台，从而实现了教育理念的深刻变革。导师制是在师生双向选择的基础上，选拔具备深厚专业学识和高尚道德情操的优秀人才，来担任大学生的指导教师，旨在全面指导学生的学习能力、科研精神、专业素质以及人生观念。通过为本科生配备硕导、博导和院士等在内的优秀导师，搭建优质的指导平台，让学生在导师指导下自主开展科学研究，参加学术交流和讨论，接受真实的科研训练，在潜移默化中培养学生的学术素养和规范。学分制是一种教学管理制度，学生达到学校规定的学分要求即可顺利毕业。这一制度赋予了学生在课程选择上的更多自由权和自主权，使得他们能够根据自己的兴趣和志向来选择学习的课程。在学分制的实施下，传统学年制的教学管理格局得到了重塑，专业之间的界限变得模糊，班级的概念也相应淡化。

在学术实践中，自主选课与导师指导实际上是相辅相成的。当学生在面对选择哪些课程、跟随哪位教师学习，以及如何处理先修课程与后续课程的衔接等问题时，往往会产生诸多疑虑。为了解决这些困惑，拥有深厚学识和丰富经验的专业教师成为学生的重要指引者。因此，导师制作为一种教育机制应运而生，旨在为学生提供个性化的学术指导和建议。而传统的学年制、专业制、班级制等管理制度的弱化，需要书院制来弥补其中的管理漏洞，打通育人最后一公里。因此，书院制、导师制、学分制是相互促进、相得益彰的制度规划。

此外，各省级行政区及高等院校也在积极发展更特色、更创新、更强化的人才培养模式，落实"三制"建设。如，四川省坚持"五维发力"加快推进基础学科拔尖人才培养，创新书院制、导师制、学分制"三制"交叉融通的育人模式；[①] 清华大学以"四个注重"持续加强卓越工程师培养，积

---

① 参见教育部：《四川省坚持"五维发力"加快推进基础学科拔尖人才培养》，2023 年 9 月 28 日，见 http://www.moe.gov.cn/jyb_sjzl/s3165/202309/t20230928_1083229.html。

极探索面向未来、以学生为主的特色书院制培养模式改革;① 山东大学 "四个加强" 推进新文科建设,采用书院制、导师制和小班化教学,实施拔尖学生培养计划;② 宁夏大学全覆盖推进 "学部制" "书院制" 改革,实施导师制、学分制为主导的招生、培养模式一体化探索,深化综合改革提升学校治理能力。③ 再比如,东南大学在吴健雄学院(健雄书院)实施完全学分制,通过构建 "1+x" 培养体系,允许学生在弹性学制范围内,根据自身的特点,选择修读的课程,达到某个专业毕业和学位授予条件即获得证书。在导师制上,除在培养方案中要求学生完成 6—8 学分研究性学习课程外,还设立了驻院导师,重点对学生思想建设、学业发展、生活成长、通识教育等方面加以指导。

第二,以多元教育管理服务为内涵。在生活服务上,高校书院在设立之初多以一定的住宿功能空间为依托。国内高校书院经过十多年的建设发展,以住宿空间为实体,围绕学生日常学习生活的主要需求,通过对学生住宿生活区域的软硬件升级与拓展,逐步打造使用更便捷、环境更友好、功能更强大的学生住宿社区。部分高校在新校舍、新校区的建筑设计环节就将书院的各功能实体预先规划在其中。例如华南理工大学的广州国际校区,在建设之初就按照书院制下学生社区生活理念设计生活功能区域,配备了包括研讨室、学生活动室、健身房、艺术空间、图书室、排练厅等各类功能空间,学生社区内餐厅、便利店、文印店、洗衣房、自动咖啡机、自动售货机等生活配套设施实现全面覆盖。在许多高校书院内,自助洗衣房、谈心室、公共休息区等生活保障服务性功能空间已经成为基本配置。除了更新升级这些基本功能空间,许多高校书院还设置了更多的活动空间,如会议室、党员活动

---

① 参见教育部:《清华大学以 "四个注重" 持续加强卓越工程师培养》,2022 年 10 月 24 日,见 http://www.moe.gov.cn/jyb_sjzl/s3165/202210/t20221025_672094.html。

② 参见教育部:《山东大学 "四个加强" 推进新文科建设》,2022 年 6 月 1 日,见 http://www.moe.gov.cn/jyb_xwfb/s6192/s133/s194/202206/t20220601_633540.html。

③ 参见教育部:《宁夏大学深化综合改革提升学校治理能力》,2024 年 7 月 30 日,见 http://www.moe.gov.cn/jyb_xwfb/s6192/s222/moe_1762/202408/t20240801_1143780.html。

室、影音室、健身房、琴房、舞蹈厅、小型音乐厅、咖啡馆等。

在学业辅导上，为学生学业辅导与发展提供支持是书院功能的重要方面。书院围绕学习支持、教学辅助、专业拓展来设置的空间大致分为两类：第一类以提升第一课堂学习效果为目的，如图书室（馆）、自习室、学业辅导室（中心）等与学生辅导体系的设置相互配合；第二类以拓宽眼界视野与思维能力为目的，如设立学术讲座、论坛、讲堂等的固定活动空间，为相应的课外学术交流活动体系提供实体依托。

在能力提升上，第二课堂育人体系是高校人才培养体系的重要组成部分。离开第一课堂，回到一个温馨便捷、充满人文氛围的环境，对学生的人格养成、价值观形成、集体意识培养、人际交往能力提升、学业兴趣提振都会产生积极作用。当前已有很多高校对第二课堂在学生第一课堂成绩提升、综合能力培养和实践能力锻炼方面的重要性有了一定认识。但在实际中，在第二课堂顶层设计、资源整合、教师参与度、与第一课堂的衔接度、学生获得感等方面，高校仍在持续探索和改进。书院之于第二课堂的重要意义即在于，书院作为具有教育职能的人才培养单位，可以更好地将第二课堂依照一定的培养目标原则进行顶层设计落实到学生身边。书院自身配备的或获得的师资、设施、空间、资金等各类资源，则可以更系统合理地分配到第二课堂当中。这对于高校第二课堂的各类活动缺少计划、无人统筹、效果不确定等困境，提供了一种现实解决方案。

在自我管理上，书院的许多功能空间还服务于学生的文化交流与社团活动。一方面，这些功能空间为学生提供文化交流与社团活动的场所，提升校内各类教育资源和功能设施的利用率；另一方面，书院通过设立学生自治管理委员会等官方或学生组织管理运行学生文化交流和社团活动，在加强学校学生工作、共青团工作力量的同时，兼顾书院服务职能，并为学生自我治理提供了实践平台。

二、高校书院的命名分析

（一）词源分析：内涵意义与基本特征

1. 中国高校书院命名的字源分析

（1）高频汉字

书院名称中，出现频率较高的汉字包括德（50）、学（38）、行（35）、明（25）、山（23）、知（23）、文（23）、致（21）、求（20）、新（18）、博（18）、海（17）、智（16）、雅（15）、至（15）、诚（13）、正（13）、远（13）、善（11）等（见表2-3），书院将这些汉字的经典释义融入命名中。其中"德"字以50次的使用频次位居榜首。

表 2-3　书院名称中高频汉字的字源分析

字	所用书院	基本释义	经典例句
德	明德、崇德、峻德、树德、淑德等 50所书院	道德，品行	德行，内外之称，在心为德，施之为行。——《周礼·地官》
		恩惠，恩德	是不敢倍德畔施。——《战国策·秦策》
学	学知、学记、笃学、博学等 38所书院	学习	学，识也。——《广雅》
		学问	天子积学。——《后汉书·列女传》
行	诚行、行远、力行等 35所书院	道路，走路	行，道也。——《说文解字》
		表示品质的举止行动	行成于思，毁于随。——韩愈《进学解》
明	明德、明智等 25所书院	清晰，明亮	照临四方曰明。——《左传·昭公二十八年》
		明白，清楚	明谓左右。——《战国策·赵策》
		明察，明智	明智而忠信。——贾谊《过秦论》

续表

字	所用书院	基本释义	经典例句
山	泰山、燕山、南山等 23 所书院	地面上由土石构成的隆起部分	山，宣也。宣气散生万物，有石而高也。——《说文解字》
		大，巨大	如山如阜，如冈如陵。——《诗经·小雅·天保》
知	知行、知艺、乐知等 23 所书院	知道	心彻为知。——《庄子·外物》
		了解，理会	百姓闻之，知与不知，无老壮皆为垂涕。——《史记·李将军列传》
文	敬文、文治、文澜等 23 所书院	美德，文德	圣云继之神，神乃用文治。——杜牧《感怀诗一首》
		文才，才华	而文采不表于后世也。——司马迁《报任安书》
致	致新、致仁等 21 所书院	求取，获得	家贫，无从致书以观。——宋濂《送东阳马生序》
求	求是、求真、求实等 20 所书院	追求	求则得之，舍则失之。——《孟子·告子上》
		探索	求古仁人之心。——范仲淹《岳阳楼记》
新	新雅、新亚等 18 所书院	更新，使之新	旧染污俗，咸与唯新。——《书·胤征》
		初次出现，新的人和物	于彼新田。——《诗·小雅·采芑》
博	博达、博雅等 18 所书院	大	博，大通也。——《说文解字》
		宽广，广博	博闻强志，明于治乱，娴于辞令。——《史记·屈原贾生列传》
		众多，丰富	博我以文，约我以礼。——《论语·子罕》
		渊博	君子博学而日参省乎己，则知明而行无过矣。——《荀子·劝学》
海	四海、海宴、海韵等 17 所书院	海域	天池也。以纳百川者。从水每声。呼改切。——《说文解字》
		地大物博	九夷、八狄、七戎、六蛮谓之四海。——《尔雅·释地》
智	智慧、明智、仁智等 16 所书院	知识	所以知之在人者谓之知。知有所合谓之智。——《荀子》
		智慧	智者，心之府也。——《淮南子·俶真训》

字	所用书院	基本释义	经典例句
雅	博雅、檀雅等 15 所书院	高雅，文雅	楚乌也。一名鸒，一名卑居。秦谓之雅。从隹牙声。——《说文解字》
至	至善、至诚、至信等 15 所书院	到达	道虽迩，不行不至。——《荀子·修身》
诚	精诚、诚行等 13 所书院	诚实，真诚	诚，信也。——《说文解字》
正	丽正、守正等 13 所书院	正直，正派	究观方士祠官之变，谷永之言，不亦正乎！不亦正乎！——《汉书·郊祀志下》
		纠正，使端正	正冠而缨绝。——《庄子·让王》
远	致远、行远、远景等 13 所书院	长久，长远	则筮远日。——《仪礼·士冠礼》
		高远，远大	将有远志。——《国语·周语》
善	至善、友善、善水等 11 所书院	好，美好	母氏圣善。——《诗·邶风·凯风》
		善良，好心	供养三德为善。——《左传·昭公十二年》

注：汉字基本释义出自《康熙字典》《汉语大辞典》等。

（2）内涵意义

"德"原义是按正直的准则去做、去想，体现了书院对立德树人根本任务的清晰认知，对思想政治与品德修养教育的积极践行。"行"字本义是"道路、走路"，后引申为足以表示品质的举止行动。以"诚"字命名的书院皆取自该字本义"诚实、真诚"。"正"字义为"正直、端正"，书院以此命名，用以勉励学子们涵育正直品德、端正言行举止、坚守公正原则、不断纠正偏差。"善"本义是"吉祥"，书院选用的是"好、美好""善良、好心"等延伸词义。"山""海"皆为自然风貌，书院取其地域地理本义之外，还会蕴含如"山"一般"沉稳坚定，积极进取"及如"海"一般"广阔包容，深邃智慧"等引申寓意。"求""致""至"本义为"追求""探索""获得""到达"，以此三字命名的书院大多用"知""远""真""理""诚""信""善"等代表价值品质的汉字加以组合，生动体现出高校书院对"德育"基础性的重视。由此可见，高校的全员、全过程、全方位育人要求书院贯彻价值引领的重要使命，发挥课程、文化、实践等方面的育人功能，进而构建思想政治教育的长效机制。

与此同时，书院注重学生的智育发展，致力于培养德才兼备、德艺双馨的高素质人才。因此，书院以"明"字命名，本义为"清晰明亮"，后有"明白、清楚""明察、明智"的释义。"学"字取自本义"学习"。"博"字本义为"大"，可延伸为"宽广、广博""众多、丰富""普遍、广泛""渊博"。"文"字在书院命名中从原义"花纹、纹理"升华为"美德、文德"和"文才、才华"。"新"字本义为"用斧子砍伐木材"，书院命名多出自"更新、使之新"和"新的人和事"的含义。"智"即"知识、智慧"，书院命名多取其本义，希望学生能够追求知识的深度与广度，成长为拥有卓越智慧和深厚学识的杰出人才。这种学习新知、拓展视野的命名方式体现了书院积极推进知识体系的传承与更新，对传统文化的创造性转化和创新性发展，彰显着现代书院制弘扬传统、勇于创新的育人理念。

通过对书院命名中的高频字进行字源分析，可知晓这些字所表达的本义和演变含义，这些字曾在经典史籍中反复出现，从根源上反映了好学不倦的求学精神、知行合一的为人理念，奠定书院的育人价值和教育理念，指向教育的本质规律。

2. 中国高校书院命名的词源分析

书院的命名词源复杂、内涵丰富、意义深远，不仅来源于经史子集，还有其他的来源。经过统计分析，可将书院命名的词源分为国学典籍、人物纪念、价值理念、地域地理、景观花木、历史文化、育人愿景等 7 类。其中，值得注意的是，由于部分书院命名缘由多样、涵义深刻，可同时归属于多种命名类型，因此按书院名称的主要词源进行类型划分。

第一，国学典籍类，传承中华优秀传统文化。引用经史子集理论名词及衍生词为名，以中华优秀传统文化为当代书院注入生命力，彰显书院深厚的文化底蕴和人文色彩。书院中引用"四书""五经""二十四史"等典籍作为名称的达173个，居各类别之首。"四书"中，对《大学》的引用最为常见，如"大学之道，在明明德"，在中国人民大学等15所高校中均有以"明德"为名的书院；《论语》作为经典儒家著作，集中体现了孔子的教育原则、伦理思想和道德观念等，如南方科技大学树礼书院，出自《论语·季氏》"不学礼，无以立"；北京师范大学乐育书院出自《孟子》中"君子有三乐，而王天下不与存焉。父母俱存，兄弟无故，一乐也；仰不愧于天，俯不怍于人，二乐也；得天下英才而教育之，三乐也"；《大学》作为"四书"中被引用次数最多的一部，受众多高校书院青睐，如清华大学日新书院取自名句"苟日新，日日新，又日新"；华南理工大学铭诚书院，源自《中庸》"自诚明，谓之性；自明诚，谓之教"。"五经"中，《尚书》"非知之艰，行之惟艰"揭示了知易行难的传统命题，王阳明在此基础上提出"知行合一"，强调知与行的本质统一性，知行书院存在于南方医科大学等13所高校；北京大学鹿鸣书院引自《诗经》"呦呦鹿鸣，食野之蒿；我有嘉宾，德音孔昭"；《周易》中"天行健，君子以自强不息"为中国矿业大学等采用，取名行健书院。《礼记》《汉书》《后汉书》和《南史》也被多次引用，尤以《后汉书》中"博雅多通，称为任职相"一句为最，有宁夏大学等11所高校以"博雅"命名书院。古代中医经典著作成为医学院校书院命名来源，如新乡医学院三全学院和湖北医药学院的两所精诚书院均取自孙思邈所著的《大医精诚》一文。

第二，人物纪念类，传承名人学行风范。纪念和缅怀知名人物的思想学行和品德气概，凸显家国情怀、人格精神和正向价值观。以人物名称命名的书院数量多达146个，其中：39个书院以学校创始人或校长名字命名，如北京航空航天大学守锷书院以导弹与航天技术开拓者、建校元老屠守锷先生的名字命名；中国政法大学端升书院为纪念学校首任校长钱端升先生而命名建立。19个书院以捐赠人的名字命名，如清华大学苏世民书院以美国黑石集团共同创始人、全球主席兼首席执行官苏世民的名字命名，面向全球选拔卓越青年人才，致力于培养了解中国与世界的未来全球领袖；南京师范大学、山东师范大学等 8 所师范类高校，均以企业家、慈善家、田家炳基金会创办人田家炳先生名字命名，立志传承和弘扬先生的育人理念与教育精神，推动师生共育和教育事业的蓬勃发展。50 个书院以知名学者的名字命名，这些学者或曾在本校执教，或为知名校友，如南京大学健雄书院，取自南京大学知名校友、中国科学院外籍院士、物理学家吴健雄先生；西安交通大学钱学森书院以中国航天事业奠基人、国家杰出贡献科学家、"两弹一星功勋奖章"获得者、校友钱学森先生的名字命名。其中，部分书院以外国友人的名字命名，如南开大学图灵、香农书院分别取自"计算机科学之父"阿兰·图灵和"信息论创始人"克劳德·艾尔伍德·香农，厦门大学博伊特勒书院则以美国免疫学家和遗传学家、诺贝尔奖得主布鲁斯·博伊特勒命名，以求培养生命医学领域国际大师级后备人才。33 个书院采用历史文化名人的名字命名，如上海大学秋白书院是以中国共产党早期领导人、上海大学教务长瞿秋白命名的哲学社会科学书院；南京师范大学圭璋书院、懋仪书院分别为了纪念中国当代词学大师唐圭璋和清代女诗人归懋仪。4 个书院以合作企业命名，如上海交通大学远东书院名称取自合作方远东集团，温州商学院文博书院以学校创办人张汉鸣投资兴办学校的"温州文博教育投资有限公司"命名，凸显"实业反哺教育，办学服务社会"的教育情怀。此外，还有 1 个书院较为特殊，以具有纪念意义的学生名字命名。1912 年，北京大学开创中国国立大学男女同校的先河。正式招收的九名女生中，两位名中含"兰"，一位名中含"园"，兰园书院因此得名。

第三，价值理念类，彰显学校育人特色。价值理念类的命名实质是核心价值观的树立。书院以正向的价值理念命名，帮助学生树立正确的理想信念和道德情操，引导学生行为。此类命名书院数量达 109 个，涵盖校训、校歌、国家发展战略、特定教育理念、历史精神与文化知识等。引用校歌、校训的，如清华大学探微、未央、致理书院，命名出自校歌歌词"致知穷理，学古探微""春风化雨乐未央"；浙江大学国际校区的惟学、观通、来同书院，命名出自校歌歌词"惟学无际，际于天地""念哉典学，思睿观通""树我邦国，天下来同"。其中，部分高校将校训内容一一拆文解字来命名书院，如同济大学同心、同德、同舟、同和、济人、济世、济勤、济美8大学堂，均取自校训"同舟共济"，以及在百年校庆时凝练的"同心同德同舟楫，济人济事济天下"的"同济精神"，结合学堂大类所涉及的学科对应特质等因素命名，各自寓意着培养美好品质的学生；南方医科大学博雅、知行、尚进、德风书院，取自校训"博学笃行，尚德济世"；广东医科大学根据校训"求真求精、立志立德"，分别设立求真、求精、立志、立德4所书院；肇庆学院博学、厚德、明智、力行书院，名称来自校训"厚德、明智、博学、力行"；西京学院至诚、行健、博雅、允能书院，是在校训"诚健博能"中各取一字命名；河南财经政法大学的博洽、通达、弘毅、致远4所书院命名取自当前校训"博洽通达、弘毅致远"，而明德、经世、笃行3所书院的名称则来自学校前身"河南财经学院"的校训"明德、博学、经世、笃行"。关注国家发展战略的书院，如中央民族大学红铸书院，取中央民族大学从延安走来，因党而生，为党而立，血脉流淌"红色基因"和新时代党的民族工作主线"铸牢中华民族共同体意识"之意；浙江科技学院"两山"书院取自"绿水青山就是金山银山"理念；北京大学"一带一路"书院、上海大学丝路书院、郑州铁路职业技术学院丝路书院，均取自习近平总书记提出的"一带一路"倡议。根据特定教育理念命名的书院，如绍兴文理学院元培学院吾育、吾展书院，取自教育家蔡元培军国民教育、实利主义教育、公民道德教育、世界观教育、美感教育等"五育并举"的教育方针和"尚自然、展个性"的教育理念；中山大学博雅学院推行博雅教育理念，实施住宿书院制模式，致力于构建师生学习共同体。根据历史精神命名的书院，如青岛恒星科技学院青峰书院以五四精神作为重要内涵，致力于教育学生"传承五四精神，争做青年先锋"；郑州铁路职业技术学院二七书院，取自起源于

1923 年的京汉铁路大罢工的"坚定信仰、拼搏进取、团结奋斗、勇于担当、无私奉献"新时期二七精神。还有以文化知识命名的书院，如西湖大学 α、β、γ、δ 书院取自数学符号；南开大学摩尔书院取自"摩尔定律"；西南财经大学天府学院无同书院则来自国际教育家、心理学家霍华德·加德纳的"多元智力理论"，强调不同学生个性的展现与潜能的发挥。另有一个特殊书院以阿拉伯数字命名，南京工业大学 2011 学院，取自南京工业大学作为全国首批 14 所"2011 大学"之一的学校荣誉，彰显书院教育重思想、重品德、重人文、重情智的特色。

第四，地域地理类，发扬地域文化之风。以地域地理命名可帮助书院借助所在区域位置的地理特征，凸显自然地理背后的风土人情和人文风貌，从而彰显书院的独特地理意义和特色育人理念。地域地理类命名数量有 88 所，多采取当地古称、历史名胜、山水景观以及院校名称。其中，直接使用地名的有 25 所，如山西工学院鄯阳书院之名取自山西省朔州市朔城区的古称，是华夏文明重要发祥地之一；湘潭理工学院潭州书院则以隋朝至明朝长沙的古称"潭州"命名；海南大学椰风、崖州书院，因海南有"椰岛"之称、三亚古称"崖州"、颇具诗乡歌海雅韵而得名。53 所书院使用山川湖泊的名称、别称或古称，其中多为饱含中华民族文化记忆的名山大川，如中国科学院大学玉泉书院之名取自明代时被列为"燕京八景"之一的玉泉山；滇西应用技术大学苍山、洱海书院取自大理"风花雪月"中的苍山和洱海；北京工业大学运河书院取自著名的京杭大运河；四川外国语大学歌乐书院名称取自素有"渝西第一峰，山城绿宝石"之美誉的歌乐山；还有中国地质大学（北京）燕山书院、邯郸学院太行书院、江苏大学北固书院、厦门大学香山书院、通化师范学院长白书院等分别取自燕山、太行山、北固山、香山、长白山。此外，还有书院以道路名和楼宇名命名，如中华女子学院慧育书院取自所在校区北京市朝阳区育慧东路，致力于培育卓越女性；郑州铁路职业技术学院京汉、陇海书院分别取自著名的京汉铁路、陇海铁路；江苏大学毓秀、泓江书院取自校内的毓秀路、泓江路；南京审计大学以社区为单位划分书院，保留原有社区名称，设置澄园、润园、沁园、泽园 4 个书院；东北师范大学惟真书院设在理化实验大楼"惟真楼"中，取"求真惟实"之意，反映不唯书、不唯上、只唯实，旨在培养学生的批判性思维和创新能力，追求卓越。

第五，景观花木类，领会草木精神气节。景观花木类命名数量达 31 所，共使用海棠、杜鹃、紫荆、梧桐、丁香、杏花、竹、松、檀、梅、荷、茶、雨林等 13 个植物种类。使用植物名命名的书院，借用其象征意义，蕴其美好寓意和高尚品格于教育理念之中。例如，哈尔滨工业大学（威海）丁香、雅荷、梧桐、劲松、竹贤和海棠 6 所书院全部以植物为名；浙江科技学院新竹、劲竹、雅竹、翠竹、秀竹、怡竹书院均以清新典雅、意蕴深厚的竹命名，并与各自书院特色巧妙融合，分别注重国际、科技、传统、实践、德育、创业文化品牌建设，旨在培养学生的高尚品德和坚韧不拔的精神；西安电子科技大学有丁香 1 号、2 号书院和海棠 7 号、8 号、9 号书院；吉安职业技术学院建设映山红书院，取自富有井冈山革命特色的杜鹃花，意在传承弘扬红色文化，培养学生的家国情怀和理想信念；肇庆学院紫荆书院取自象征团结友爱、矢志不渝的紫荆花；天津大学海棠书院、晋中信息学院杏花书院、海南大学檀雅书院等，分别来源于海棠、杏花、檀木，都激励着学生秉持花木象征的美好品质，成长为一代优秀人才；南京医科大学榴竹书院取"榴""竹"两种木名，同时谐音"留住"，希望来校学习的外国留学生能像石榴一样，同中国人民团结在一起，也能像竹子一般，坚韧不拔，锐意进取；另外，三亚学院、滇西应用技术大学的雨林书院均取名自热带雨林生态系统。以人文景观命名的书院，如太原理工大学凌霄书院取自古晋阳八景之一的"双塔凌霄"；晋中信息学院无边书院命名来源于属地太谷无边寺之"无边"，寓意思维的无限延展，视野的不断宽阔，能力的有效激发；重庆移通学院廊桥书院取自校内保存的民国时期的廊桥，观云书院则取自国家地质公园翠屏山，面朝白云观，时常见对面山上云雾缭绕。

第六，历史文化类，赋古代书院新内涵。历史是由一系列历史事件组成的，是人类形成发展的文化缩影，书院通过以历史文化来命名，可以帮助总结过去，充实未来的生活，以史为鉴、借古论今。历史文化类命名数量达36 个，或选择延续古代书院的名称，或纪念学校前身、历史典故、历史渊源。同古代书院一脉相承的，如湖南科技大学昭潭书院源于始建于清康熙五十九年（公元 1720 年）的昭潭书院，与湘潭文庙仅一墙之隔，承古书院之遗志；商丘师范学院应天书院、湖南大学岳麓书院、郑州大学嵩阳书院均承继中国古代"四大书院"中的应天、岳麓、嵩阳书院。为纪念深厚校史、传承精神风骨而选取学校前身命名的，如西安交通大学南洋书院取自交通大学前身"南洋公学"；北京师范大学中华文化研究院|京师书院命名来源于学校前身——1902 年创办的京师大学堂师范馆；华东师范大学的光华书院、大夏书院取自 1925 年成立的光华大学和 1924 年成立的大夏大学，两校于1951 年合并成立华东师范大学。取名化用历史典故的，如济南大学舜耕书院取义于"舜耕历山"之说，秉承"德为先，重教化"的舜文化，品读经典之美，建构诗性家园；绍兴文理学院东山书院取自上虞先贤谢安"东山再起"的典故；深圳职业技术大学杏林书院取自三国时吴国名医董奉"董仙杏林"的典故；重庆移通学院南湖书院则得名于书院会讲先河"鹅湖之会"，象征温暖教化的"南风"。追溯历史渊源的，如安徽中医药大学新安书院名称源于具有浓郁地方特色和深厚文化底蕴的中医药学分支"新安医学"；齐鲁医药学院稷下书院取自世界上最早的官办高等学府、中国最早的社会科学院、政府智库"稷下学宫"；潍坊理工学院翰林书院命名源自唐代开始设立的各种艺能之士的供职机构"翰林书院"，寓指文学之林、文翰荟萃。

第七，育人愿景类，明确人才培养目标。育人愿景类命名以书院期待、特定群体、学科属性、字词涵义等命名，表现鲜明的办学特色和教育期望、突出书院的功能定位和育人目标。此类命名数量达 128 所。凝聚书院育人期待的，如华中农业大学智慧农业书院，了解把握未来农业"智慧+农业"的基本业态，以培养具有创新性、引领性的智慧农业领域人才为育人目标；大连理工大学未来书院，依托未来技术学院（人工智能学院），以国家战略需求为导向，"交叉融合，共创未来"，致力于培养未来科技领军人才。剖析字词涵义的，如浙江树人学院青懋书院，"青"指具有强大生命力的青年，"懋"意为勤奋努力，书院秉持"青蓝出胜之于弘毅博文，懋学修齐而则创新致用"的理念，致力于培养具有强大生命力和勤奋努力精神的学生；华北水利水电大学慧泉书院，"慧"指聪慧、智慧、慧心，"泉"指水源，取水质清澈、冰凉纯洁之意，"慧泉"二字寓意智慧源泉日夜涌流、润泽万物，寄望"以慧格物、创新永无止境，以泉润心、成才成器内外兼修"。面向特定群体的，如北京师范大学教育家书院致力于"造就一批教育家，倡导教育家办学，营造教育家脱颖而出的制度环境"；同济大学、长春师范大学的女子书院，开展女性特色教育，志在提升女性师生的学识、认知、审美和修养；暨南大学四海书院致力于培养港澳台侨华人及外籍学生，命名缘由是其招收的学生来自五湖四海。命名寓以学科属性的书院，如华东师范大学经管书院隶属于"经济与管理学部"，采用学科名称命名；天津大学天工书院的"天"为天津大学，"工"为工程、工科，同时取"天工开物"之意，契合机械工程学院和建筑工程学院的专业性质；郑州航空工业管理学院蓝天书院致力于培育航空工业人才，以蓝天为舞台，做翱翔的雄鹰，彰显航空报国之决心；上海大学溯微书院，"溯"字意指集成电路产业面临"卡脖子"挑战，当逆流而上，攻坚克难，也寓意追根溯源，探寻集成电路人才培养、学科建设、产业发展的规律，而"微"字指微纳电子学（微型电子学和纳米级尺度的电子学）和微电子学院，又指芯片精微。个别高校的书院命名巧妙组成学校简称，如上海音乐学院上音书院取简称"上音"，致力于培养"德艺双馨、红专兼备、国际视野、全面发展的新时代创新拔尖艺术人才"；上海科技大学上道、科道、大道书院，名称"藏头"构成简称"上科大"，同时蕴含着三个书院"向上生长，得道成才""学以致用，知行合一""大道不孤，天下一家"的培育期许。还有一些书院命名则取自有趣谐音，蕴含多重育人期待，如泉州职业技术大学拾德书院，"拾德"通"拾得"，代表"天道酬勤"，同时也意为"君子十德"，书院落实立德树人根本任务，促进铸魂育人、德才兼备、以德为先、全面发展；深圳职业技术大学芸莘书院，"芸"谐音"云南"的"云"，"莘"谐音"深圳"的"深"，寓意来自云南与深圳的莘莘学子芸窗奋志、履践致远。值得一提的是，成都中医药大学中辩书院来自学校最具影响力的学生社团组织"中医学与辩证法研究组"及《中医学与辩证法》杂志；香港中文大学（深圳）于2023年成立的第七书院，是该校成立的第七所书院，也是首个研究生书院，以"建立有爱书院，培养有使命、品格和服务精神的青年领袖"为愿景，旨在为祖国和世界持续输出有创新能力的领导型人才，以"第七"命名体现出该校在书院制全人教育上的标志性意义。

3. 中国高校书院命名的基本特征

书院积极推进知识体系的传承与更新，对传统文化的创造性转化和创新性发展，彰显着现代书院制弘扬传统、勇于创新的育人理念。在中国历史上，书院是延续一千多年之久的独具特色的文化教育机构。它形成了一套独有的制度和精神，特别是在教育理念、教育精神方面，对中国历史文化、人才培养产生了巨大的作用。如果把书院看作重要的人类文化遗产，就要考察它对人类发展作出了哪些独特的贡献。从全球文明发展的宏观视角审视，中国书院不仅在世界教育体系中独树一帜，更是儒家文明的重要载体和典型表现。因此，需深刻认识中国书院所蕴含的独特文化价值。

习近平总书记在文化传承发展座谈会上强调，在五千多年中华文明深厚基础上开辟和发展中国特色社会主义，把马克思主义基本原理同中国具体实际、同中华优秀传统文化相结合是必由之路。每一家书院都是中华优秀传统文化的一张闪亮名片。弘扬以人文精神、经世精神、探索精神、创新精神、开放精神、自主精神为内涵的"书院精神"，保护中华文明"几经流变而不衰"的宝贵财富，是"礼敬""求是""传承"书院文化的使命和取向。① 而书院名称既是映射价值理念的载体，也是涵养文化底蕴的体现。挖掘好、研究好、理解好中国高校书院命名对于新时代书院复兴和书院育人探索具有十分重要的历史和现实意义。

书院命名中的高频汉字在经典史籍中反复出现，从根源上反映了好学不倦的求学精神、知行合一的为人理念，奠定书院的育人价值和教育理念，指向教育的本质规律。古代书院的核心功能与首要目标聚焦于人才培养，其教育理念以立德为基石、修身为根本，强调经世致用，从而显著区别于以科举功名为追求的"俗学"，深刻触及了教育的核心要义。古代书院的精神内涵丰富而深远，包括：以"成人之道"为核心理念，注重人格塑造的人文精神、济世安民的经世精神、穷究本源的探索精神、不囿旧说的创新精神、有教无类的开放精神以及鼓励师生间互问互答、学生自主学习、探求真理的自主精神。这些精神特质至今仍对高校书院的发展具有不可估量的价值和指导意义，是我们宝贵的财富与经验。

（二）趋势分析：地域分布与主体类别

1. 地域分布差异

高校书院的地域分布在总量和增量上均存在着差异化趋势，尤其增量变化显著（见表 2-4）。与 2020 年相比，书院增长数量最多的是华东地区，增长率高的当属东北和华中地区。而受书院繁盛发展的时代背景影响，不同地域新增书院命名主要集中在国学典籍、人物纪念、价值理念三大类别。此外，越来越多的高校在书院命名上希望赋予其更多重的含义，以寄托他们对书院育人的更长远目标、更坚定决心、更深厚期许、更美好愿景。

---

① 参见张丹丹：《"文化建设的正心诚意"——学习时报"书院寻踪"栏目编辑手记》，《学习时报》2023 年 1 月 13 日。

表 2-4　不同地域高校书院命名来源分布
分析（2020 年、2024 年）

命名类型	年份	华东	华北	华南	华中	西北	东北	西南	总计	增速
国学典籍	2020	11	29	27	12	8	1	6	94	84.0%
	2024	32	43	36	32	12	12	6	173	
人物纪念	2020	62	18	6	0	8	4	5	103	41.7%
	2024	81	29	9	3	9	9	6	146	
价值理念	2020	21	11	16	0	7	0	2	57	91.2%
	2024	36	22	19	14	10	4	4	109	
地域地理	2020	24	9	2	0	3	2	9	49	79.6%
	2024	36	19	6	4	3	3	17	88	
景观花木	2020	6	4	1	0	5	6	3	25	24.0%
	2024	9	4	3	0	5	6	4	31	
历史文化	2020	7	4	2	5	2	1	3	24	50.0%
	2024	13	7	2	6	2	1	5	36	
育人愿景	2020	29	13	11	7	6	4	3	73	75.3%
	2024	46	17	20	19	11	10	5	128	

注：由于归类标准的不断完善和信息的保量求实，表中呈现的 2020 年数据不同于《高校书院发展
报告（2020）》版。

第一，华东地区。华东地区的书院总量居七个地理区域之最，原因在于
该地区教育资源雄厚，高校发展质量处于全国领先水平。人物纪念类是该地
区书院最主要的命名方式，共有 81 所。新建书院选择历史名人、历任校长、
杰出校友等知名人物为书院命名，如东南大学秉文、健雄书院分别取自
"国立东南大学"（东南大学前身）校长郭秉文先生和中国科学院外籍院士、
物理学家、东南大学校友吴健雄先生，体现出该地区高校迅速响应国家政策
引导和人才培养需求，日益重视挖掘社会知名人士支持教育发展的重要潜
能。除带来可见的物质资源外，知名校友对促进高校办学精神的凝聚与认同
也起到巨大作用。

第二，华北地区。华北地区以北京为中心，向天津、河北等地辐射，居于国家政治中心，具有一定的政策敏感性，国家对书院的重视程度依旧，使得该地区的书院增长势头同 2020 年相比仍然不减。这与华北地区也是古代都城集中地，具有深厚的历史文化底蕴不无关系，故国学典籍成为该地区书院最主要的命名方式，共有 43 所书院以经典史籍命名。如中国民航大学天问书院取自战国时期诗人屈原创作的长诗《楚辞·天问》。

第三，华南地区。华南地区建设书院的高校数量及书院数量持续增长。该地区高校书院命名受"采中原之精粹，纳四海之新风"的岭南文化影响，大多以国学典籍命名，共计 36 所。这些书院多采用四书五经中的经典名言命名，例如，华南理工大学铭诚书院取自《中庸》中的"自诚明，谓之性；自明诚，谓之教"。此外，育人愿景、价值理念类命名在该地区的比例居第二、三位，分别计 20、19 所，体现出华南地区高校注重立德树人、"三全育人"，致力于培养树立正确价值观和远大理想、德才俱修、全面发展的高素质人才。

第四，华中地区。华中地区拥有众多历史文化名城，如河南洛阳、湖北荆州、湖南长沙等，是古代书院的发源地。该地区书院数量增幅较大，近年来的发展势头强劲，折射出该地区高校对书院制建设的日益重视。书院大多以国学典籍命名，目前共有 32 所，如武汉大学弘毅书院取自《论语·泰伯》："士不可以不弘毅，任重而道远。"引经据典，以史育人，充分彰显出该地区高校在书院建设中注重文化浸润作用。

第五，西北地区。西北地区建设书院的高校数量和书院数量基数均较小，2024 年同 2020 年对比数量有所增长但增幅不大。书院以国学典籍、育人愿景、价值理念为命名类型的均超过 10 所。该地区拥有众多历史底蕴雄厚的城市，如十三朝古都西安、古丝绸之路重要节点兰州等，有利于学生深受博大精深的中华文化熏陶，塑造健全的人格、向善的人性和高尚的人品。西北地区高校以价值理念命名的书院均取自校训，如西安工业大学知行书院名称来自"敦德励学，知行相长"的校训内涵，说明了对书院教育与学校整体教育理念价值一致性的追求，传承与践行学校精神。同时，以兰州大学萃英书院为例的部分书院，将育人目标和培育愿景融入书院文化中，志在"萃取英才""启智润心"，培养出具有特定素质和能力的优秀人才。

第六，东北地区。东北地区书院虽然基数较小，但2017年至今增速一直稳增不减，近四年发展尤为迅速，2020年至2024年，书院数量增幅为150%，在七大地理区域中位居第二。书院命名类型分布相对均匀，以国学典籍类为最，数量共计12所，如哈尔滨工程大学求理、至诚、至信、至工、至学、海晏、海岳、海韵8个书院命名分别来自《礼记》《庄子》《六一诗话》《格言联璧·学问类》《日中有王字赋》《抱朴子·逸民》等典籍。总体而言，该地区书院增长态势在既有基础上持续进步，具有较强的发展潜力。

第七，西南地区。西南地区建设书院的高校数量和书院总量较少，增长态势平稳。该地区高校书院多以地域地理类命名，共计17所，约占该地区书院命名类型总数的36.2%，相较于其他类型数量优势显著。例如，重庆移通学院瀍溪、鱼城、北山、别都、汇江、花果、綦河、横山、玉棠、古剑、南江、丁山书院及行者公园书院群，均以綦江、花果山、古剑山、钓鱼城、丁山湖等重庆周边地标命名。一方面，巧妙借用西南地区云贵川渝等地别具一格的地理优势，使之成为书院的一张亮丽名片，彰显美丽中国、魅力西南的绝佳风范；另一方面，又能实现思政教育目的，既关注个人成长的思想道德行为养成，又能加强学生对属地的归属感和自豪感，以及对家国的认同感和责任感。

2. 主体类别区分

2017年以前，部属、省属、民办三类高校书院数量并无显著差异。2017年后，书院发展进入繁盛时期，部属高校（含部省合建高校）和地方本科高校的书院数量远高于高职高专和民办院校（如图2-2所示）。

第一，部属高校（含部省合建高校）。该类院校体现出"中国大学的先

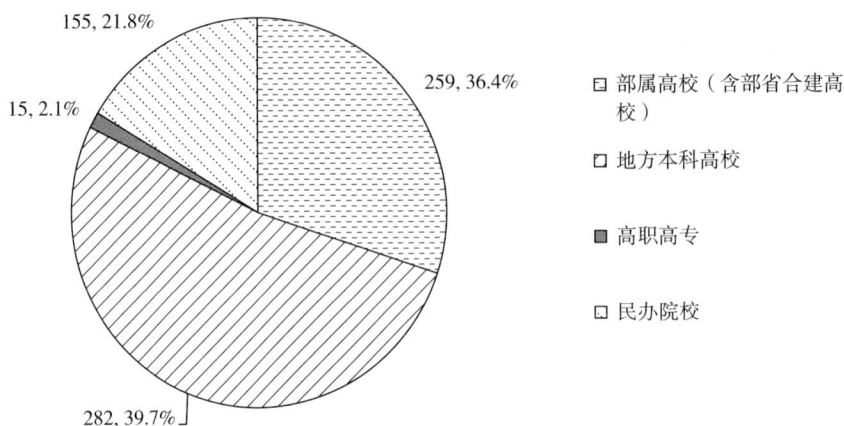

155, 21.8%

15, 2.1%

259, 36.4%

282, 39.7%

□ 部属高校（含部省合建高校）

□ 地方本科高校

■ 高职高专

□ 民办院校

图 2-2　2017—2024 年全国建设书院的高校类别构成

行军和领导者"角色站位。国家文件出台，极大促进了对书院制的探索。书院制教育教学模式改革的实践，补充了传统以学院为载体的专业人才培养路径，也是对专业拔尖人才和通识教育的有益尝试。部属高校及部省合建高校响应政策号召，并在改革初见成效后建立起更多的书院园区。它们重视产学研一体化发展，以未来技术学院、现代产业学院等新型教育教学模式为目标载体，推进科研成果的生产力转换。为此，高校汇聚社会资源来打通高校与社会和企业间的联结，这类书院所在高校建校悠久、底蕴浓厚，选取国学典籍作为书院最主要的命名方式，在凸显历史内涵的同时，也回应了知行兼修和因材施教的育人要求。部分新增书院以知名人物为名，数量仅次于国学典籍，通过纪念学校创始人、知名校友、学术大家或属地先贤，折射出该类高校赓续育人使命的目标与期待。

第二，地方本科高校。地方本科高校以特色化办学为主，自主性更强，改革空间较大，此类院校成立的书院，多结合行业和地方特色开展丰富的第二课堂育人。书院常以国学典籍命名来提升学校的办学底蕴和精神文化，并借助当地历史名人和社会知名人士加强书院及学校的办学资源、社会知名度和影响力，如绍兴文理学院的青藤、树人、成章、仲申、建功、竞雄、文澜、阳明、羲之书院，上海大学的伟长、秋白、宏嘉书院等，都充分体现出地方高校注重深入挖掘、提炼先贤文化的凝聚引领作用。

第三，高职高专。高等职业教育作为高等教育的重要组成部分，致力于培养适应生产建设、管理服务等领域一线工作需求的高技能人才。高职院校实行书院制，不仅有利于提高学生的文化素养，还有助于解决高职高专院校普遍存在的"重技能轻素质"的问题，有效平衡技能与素质的培养，更好地适应社会发展的需求。书院通过育人愿景、价值理念等方式命名，强调培养学生的社会责任感和人文关怀精神，例如青岛职业技术学院的立人、瀚海、儒商、立信、艺馨、知行书院等，致力于培养德才兼备、技能精湛、创新实践的应用型人才。

第四，民办院校。书院命名作为书院文化的重要部分，不仅要求书院与中华优秀传统文化和社会主义核心价值观高度一致，体现书院制自身发展和思想政治教育的要求，还需要契合社会发展阶段和青年学生思想特征的客观实际。随着高校书院建设的快速发展，民办院校的书院通过国学典籍、育人愿景、地域地理等主要方式命名，既体现了对传统文化的传承与弘扬，又彰显出不同学校的育人目标与地域特色。如，广东岭南职业技术学院至善、笃学、知行、明德、思诚、崇礼书院均取自《孔子家语》《论语》《尚书》《传习录》《礼记》《孟子》《易经》等经史典籍；泉州职业技术大学一善、双馨、三创、四实、八方、拾德、丰泽书院诠释"一院一主题""一院一品牌"，愿景各有侧重，促进学生全面发展；浙江工商大学杭州商学院坐落于富春江畔，建立春江、望江书院，致力于营造如诗如画、充满人文气息的学习环境，培养学生追求卓越、宁静致远的美好品质。

（三）书院名称的价值意蕴

高校书院制改革推动学生自主、深入学习，促进师生面对面交流、互动、研讨，既是对时代发展趋势的迎合，也是对青年成长需求的回应。在改革发展的不同阶段，书院命名鲜明地呈现出价值性、多元化、人本化的特征和地域性、主体选择性差异化趋势，深刻体现了书院制改革的内在逻辑和时代价值。

1. 弘扬优秀传统文化和彰显时代精神的有机融合

第一，弘扬优秀传统文化。书院承载着赓续中华优秀传统文化的重要使命，书院命名虽然被外化为一种固定的文化符号，却蕴藏着丰厚的精神意涵。习近平总书记指出，中华优秀传统文化是中华民族的精神命脉。一方面，命名是对中华民族传统文化思想的回应，是实现书院古今相承的重要途径。古代书院作为早期研究及教学机构，承担编著授徒讲学的任务。而现代书院功能与职能逐渐丰富，彰显对优秀传统文化内涵的坚守。另一方面，通过引用经史子集中的经典名词及其衍生词命名，在思想观念层次上体现了哲理性的世界观、价值观与伦理观。这种命名方式对受教育者的道德品行、礼仪规范、待人接物作出规约，传递积极思想，发挥隐性教育作用，在潜移默化中促进着学生品格养成。

第二，彰显时代精神。书院的产生是时代发展的需要，命名体现了不同时代的精神特征。时代特征深刻映射了新历史背景下孕育而生的时代精神，它不仅彰显了与时代进步趋势相契合的思想观念，还体现了独特的精神风貌、明确的价值导向以及积极向上的社会风尚，共同构成了推动社会前行的动力之源。一方面，为历史时代特征，即学校创建历程中某一重大事件或重要文化渊源，此类命名集中体现了彼时的时代内涵，反映出书院源远流长的历史，以史为鉴，激发历史责任感。另一方面，为当代时代特征，即社会不断发展后所达到的一种相对稳定状态，以此命名反映了教育对国家政策和时事政治的积极回应，展现了书院人才培养的时代使命感，书院的发展立足于新时代历史方位下中国特色社会主义伟大实践。

第三，弘扬优秀传统文化和彰显时代精神的有机融合。习近平总书记提出，把马克思主义基本原理同中国具体实际相结合、同中华优秀传统文化相结合。我们需以当代中国马克思主义的立场、观点和方法作为指导，进行批判性的继承与发展，让中华优秀传统文化更好地服务于人民、社会主义以及现代化建设。这一过程中，必须注重创新创造，以实现传统文化的现代化转型，追求其与时代同步，甚至进而引领时代潮流。书院制是古代教育智慧在现代大学的映射，通过与时代相适应、相契合而重新散发出璀璨光芒，用传承千年的教育星火照亮中华民族的前路与未来。

2. 高校育人目标和社会主义核心价值观的集中体现

第一，彰显高校育人目标。书院的命名更着重于立足当下国家育人目标。习近平总书记指出，要努力构建德智体美劳全面培养的教育体系，形成更高水平的人才培养体系。社会发展进程加快，社会需求日趋多样，教育体制机制不断变革，跨领域、跨学科、跨行业的人才培养已成为趋势。在此背景下，让不同学科领域的学生在共同参与书院活动中实现资源互享、思维交叉、专业融合。构建"书院制、导师制、学分制"三制一体的培养模式，促进学生教学与养成相结合、学习与实践相结合、通识与专业相结合，强化人文科学与自然科学的融合，实现德智体美劳全面发展。学生在成长过程中，也在逐步地认同、融入、丰富书院名称的内涵。书院将社会发展趋势及国家重大需求融入院名之中，体现了书院为党育人、为国育才的强烈责任感和使命感。

第二，集中体现社会主义核心价值观。书院的命名契合社会主义核心价值观的导向。书院致力于培养学生的综合素养和人文情怀，自然也就成为彰显社会核心价值、塑造学生健康积极价值观的主阵地。因此，其命名立足于国家、社会和个人的不同层面，既回应时代发展要求、满足国家现实需要，也暗含了长期被社会尊崇的价值观念，并将其内化为办学理念。书院不仅关注个人的思想道德品质，致力于培养团结友善、明礼诚信的莘莘学子，而且将个人成长升华为社会、国家和民族的高度，发扬以爱国主义为核心的民族精神，将胸怀大局、无私奉献、弘扬传统、艰苦创业的精神融入书院命名与书院建设之中，培养可担民族复兴大任的时代新人。

第三，高校育人目标与社会主义核心价值观相统一。书院制，作为一种教育管理制度，旨在全面提升学生的综合素质，培养其独立思考和创新能力。而社会主义核心价值观，作为我国社会的主导价值观，强调爱国主义、集体主义、社会公德以及个人品德等方面的教育。这两者在本质上都是为了培养出符合社会需求的高素质人才。首先，书院制强调的自主学习、独立思考与社会主义核心价值观中的创新精神、批判性思维相呼应。在书院制的教育模式下，学生有机会接触到更为广泛的知识领域，通过自主学习和思考，形成自己的观点和见解。这种教育方式有助于培养学生的创新意识和批判性思维，而这正是社会主义核心价值观所倡导的。其次，书院制注重的全人教育、通识教育与社会主义核心价值观中的集体主义、社会公德相一致。书院制的教育理念是培养具有全面素质的人才，不仅关注学生的学术发展，还重视其道德、情感、社交等各方面的成长。这种全人教育有助于培养学生的集体主义精神和社会公德心，使其更好地融入社会，为社会作出贡献。最后，书院制推行的社区建设、师生互动等具体措施，也体现了社会主义核心价值观中的和谐、友善等价值观。书院作为一个相对独立的教育社区，师生之间的互动频繁，关系紧密。这种师生互动、社区建设有助于培养学生的和谐人际关系和友善态度，这也是社会主义核心价值观所倡导的。

3. 教育根本任务和教育基本规律的内在统一

第一，聚焦教育的根本任务。书院的命名体现了高等教育立德树人的根本任务。习近平总书记指出，要全面贯彻党的教育方针，落实立德树人根本任务，发展素质教育，推进教育公平，培养德智体美全面发展的社会主义建设者和接班人。纵观书院的命名类型及其内涵，不仅诠释了书院的立身之本，更是深刻回答了"培养什么人、怎样培养人、为谁培养人"这一根本性问题。从宏观上来看，立德树人把对学生"德"的培养放在教育首位，要求书院在学生的理想信念教育上下功夫，厚植家国情怀，真正培养出对国家、对社会、对人民的有用之才。从微观角度而言，道德品质对个体成长乃至社会发展至关重要，书院重视学生的品德修养，培养学生健全人格，引导学生修习德行，心存大爱。才为德之资，书院借助多样的学生活动和细致的生活管理，在德育的同时，实现劳育、美育、体育的全面协调发展。

第二，遵循教育的基本规律。书院的命名也遵循了教育的基本规律，聚焦学生中心，将思想政治教育贯彻到新时代人才培养的全方位、全过程。书院作为落实"三全育人"的基层教育单位，在汇聚各方面力量资源的同时，提升在人才培养体系中的自洽性，将知识看作人际的、关系的、行动导向的、情境性的。个人的经验、信念、态度与知识的产生和发展息息相关，从而成为真正的以人为本、以学生为本。书院从命名、管理、课程、师资等多方面促进人才发展的全面性，满足教育主体的丰富性、多样性，持续提高师生、社会对书院的认同度、关注度、参与度和影响度。因此，书院为学生带来的文化传承、综合教育、非智力非专业教育，反映的是一种全人教育的新趋势，而高校书院命名，正是这种初心和使命的最直观体现。

第三，教育根本任务和教育基本规律的内在统一。书院命名，不仅仅是一个简单的标识，而是教育理念的载体，是教育根本任务和教育基本规律的集中体现。在书院的命名中，我们能够看到教育对于个体、社会乃至国家的深远影响。首先，书院的命名应当体现教育的根本任务——培养人的全面素质。这不仅包括知识的传授，更涵盖了道德、情感、价值观等多方面的培养。例如，"崇实""励志"等名称，强调了对知识学问的追求和对个人志向的磨炼，体现了教育对个体全面发展的关注。其次，书院的命名应遵循教育的基本规律——以人为本，尊重个体差异，激发潜能。例如，"明德""致远"等名称，寓意着教育应当引导学生发现和实现自我价值，追求卓越，实现长远目标。这正是教育基本规律的体现，强调个体的发展和成长。此外，书院的命名还应反映其办学特色和优势。不同的书院有不同的教育理念和培养目标，例如，"公安""公安技术"等名称，体现了书院在某一领域的专业性和特色。这样的命名不仅有助于学生更好地了解书院，也有助于提升书院的知名度和影响力。最后，书院命名也是教育价值观的体现。通过书院的命名，我们可以看到教育者对于人才培养、社会发展的理解和追求。例如，"厚德""力行"等名称，体现了教育者对于人才培养质量的重视和对社会责任的担当。总而言之，书院命名体现教育根本任务和教育基本规律的内在统一，它承载着教育的理念、目标、特色和价值观。一个好的书院名称，不仅能够引起学生的共鸣，激发他们的学习热情，还能够为社会所认可，为书院的长期发展奠定坚实的基础。

三、高校书院的建设要素

（一）基本条件

1. 组织架构

行政单位设置。大多数高校书院都拥有自己独立的行政单位，主要为处级单位，少部分是科级单位、无级别单位或无独立行政单位。独立行政单位使得书院能够更好地行使自身行政职权，完善制度建设与自组织建设、集中力量配置资源、与学校其他部门协作、发展书院特色等，从而更贴心、更专业地服务学生，提高教育质量，为书院的健康发展提供有力保障。

书院领导机构。高校书院普遍设立领导小组，不同的组织设置方式体现学校管理的多元化和层次性。具体来看，部分高校的书院领导小组组长由校领导担任，显示出学校对书院工作的高度重视。还有部分高校则将书院领导小组的组长设置为学校职能部处领导，直接协调书院与学校各部门之间的关系，确保书院工作的顺利开展。

日常工作团队。书院工作团队是书院日常运行的主要力量，由教学管理人员、辅导员、心理咨询教师等经验丰富、专业扎实、富有热情的教育工作者组成。其作为与书院学生关系最紧密的教育者，参与教学计划和培养方案的制定与执行，明确系统性、个性化的学习路径和保障机制，全方位、全过程跟踪、评估学生的学习生活，为学生提供思想引导、学业指导、成长辅导、心理疏导。

2. 人员构成

人员编制类型。大多书院教职员工为学校正式人事编制，经过严格选拔考核，通常具备较高的专业素养和教育教学能力。部分高校书院教工既有正式人事编制，也有临时聘用编制，如华中农业大学等。临聘教工有较强的灵活性和针对性，往往能够根据学校及书院的具体需求，灵活安排工作时间和内容，有效应对特定的工作任务和项目，同样为书院建设作出贡献。

人事关系隶属。书院教职员工的人事编制隶属因其所在学校管理模式的差异而有所不同。在中国科学院深圳理工大学，书院教工的人事编制直接隶属于书院，便于自主管理和运作。在北京交通大学（威海），书院教工的人事编制则隶属于学院，体现了学院对书院工作的支持和指导。在郑州航空工业管理学院，书院教工的人事编制隶属于机关。总之，人事编制设置差异在一定程度上反映了不同学校的教育理念和管理模式。

书院教工构成。书院教职员工队伍通常由专业课教师、辅导员、职员、后勤保障人员等组成，不同高校的书院教工队伍构成与角色侧重各具特色。例如，大连理工大学以辅导员为主；南开大学主要是专业课教师和辅导员；澳门大学满珍纪念书院涵盖常驻学术人员、外地学术人员和行政人员等，全面服务学生成长和发展。此外，也有部分高校邀请企业人员等校外导师参与书院育人工作，如苏州大学等。

教工职级职称。书院教职员工职级职称通常涵盖多个层级，以满足教学和管理需求。部分高校书院教工明确职级职称，以便构建合理的教学管理梯队，如郑州西亚斯学院等。另有部分高校并未明确书院教工的职级或职称，如广东药科大学等。高校书院设置教职员工的职级职称，兼具事务性与学理性，利于打造专业化、职业化、专家化的育人队伍。

3. 条件保障

经费来源。书院在运行过程中基本上都能获得学校下拨的专项经费，保障书院的日常运作和发展。除学校下拨经费外，社会资助支持亦是经费的重要来源，既汇聚更多教育资源，又推动书院教育回应社会关切、关注社会需求。如清华大学等，通过校友捐赠、企业合作等多种渠道筹集资金支持书院运营，用于书院基础设施建设、奖助学金设立、优秀人才引进、科研项目支持等方面，为塑造更优学习环境、集聚更多优质资源提供了更有力保障。

办公区域。书院的办公区域是提供行政支持和学业资源的常设空间，包括导师办公室、辅导员工作室、学业辅导室等，集成注册、咨询、学业指导和学生事务管理等功能，以满足书院管理和学生服务的需要。书院通常配备现代化办公设备和舒适的公共活动空间，让书院负责人、辅导员和导师们能同学生进行便捷而深入的互动交流。

议事决策。议事决策机构通常包括院务委员会、导师委员会、理事会、家长委员会等，是书院高效运作、学生管理服务的重要平台和关键环节。大部分书院成立院务委员会，主要负责书院日常工作的讨论和设计，如复旦大学任重书院等。部分书院还设立导师委员会，主要包括书院学院教师、社会知名人士、行政管理人员等，主要负责专业导师的聘请工作，如汕头大学至诚书院等。此外，浙江大学马一浮书院设立理事会，负责整体规划和重大决策；西安交通大学启德书院设立家长委员会，由学生家长代表组成，负责促进家校密切合作、协同育人。

业务指导。书院业务工作指导单位的不同选择反映出对书院特色及建设模式的不同考量。指导单位涉及本科生院、教务处、学生处和校团委等部门，为书院提供业务指导与资源支持。部分高校书院由单部门统一指导，如中国科学技术大学冲之、守敬、时珍、光启—仲英书院由本科生院负责指导、协调和监督。另有部分高校书院由多部门共同指导，有助于书院发展决策优化、资源整合，如上海大学是本科生书院管理中心与学生工作办公室合署办公。

（二）环境设施

1. 思政教育类

辅导员办公室。书院依据工作性质，将辅导员划分为专职与兼职两类，并为此设置专门的办公室。辅导员办公室通常位于书院的便利位置，既是辅导员日常工作的场所，也是学生寻求帮助、咨询问题等互动的重要地点。部分书院还设有兼职辅导员，一般由学校管理干部、专职教师、研究生以及高年级本科生担任，书院为他们开辟专门场所，面向学生开展思想引导、情感交流和行为辅导。

党员工作平台。学生社区不仅是大学生日常学习和生活的重要场所，更是党建引领下人才培养的重要阵地。高校书院设立党员工作站，设置"学生党员示范岗""学生党员责任区"等，将党建工作融入日常思想政治教育，发挥党员先锋模范作用，有助于形成以学生党员为核心的自我管理、自我教育平台，提升党建工作的针对性和实效性。

思政教育影厅。思政教育影厅是集电影放映、讲座研讨、文化交流等多种功能于一体的高校思想政治教育创新载体，致力于用学生喜闻乐见的形式传递主流价值，拓展书院育人方式。通过展映具有教育意义的影片，直观展现历史风云、社会变迁，让学生在观影中领悟精神价值，激发情感共鸣，进行思想交流，搭建学生思政教育"视听说"新场域，使得思政工作"活"起来。

心理育人工作室。心理育人工作室是促进学生身心健康、塑造学生健全人格的重要场所，旨在通过提供专业的心理育人和危机预警服务，帮助学生解决心理问题，提升心理素质。如南京审计大学澄园书院，针对大学生个性化心理健康需求，开展具有书院特色的心理健康教育活动、心理辅导与咨询服务，系统推进心理健康教育课程，引导学生塑造理性平和、积极向善的心理状态，搭建健康和谐的书院心理园地。

2. 学业发展类

学生自习室。书院重视学生学习的自主性与灵活性，通常会设立学生自习室，配备舒适的桌椅、开放的网络等便利设施，为其营造温馨、安静、专注的学习环境，支持学生进行高效自主学习。越来越多的书院捕捉学生社区发展动态，陆续启动"智慧自习室""智能学习空间"，巧妙运用科技力量，为学生打造广泛、深度、精准学习的数字空间，培养他们成为独立的学习者，提升自我学习效力。

朋辈辅导室。同辈间年龄相仿、话语相近、联系密切，具备合适的结伴条件和天然的共识基础。书院设立朋辈辅导室，搭建学生互助学习网络，鼓励成绩优异、经验丰富的学生分享学习经验和策略，发挥同辈领航共进作用。例如，中南大学实施标准严明、配置清晰、形式多样、贯通全程的常态化辅学帮带服务机制，组建"辅学义工"优秀学生志愿服务队伍，为书院学生量身定制"学习社交圈"。

示范答疑室。示范答疑室建设秉持"教师为主、学生为辅，亦师亦友、师生共建"的理念，突出答疑作为人才培养中不可或缺的环节，为学生提供及时高效的解疑释惑渠道。专业教师有序进驻社区，通过课程答疑、示范讲解、学业规划等方式，鼓励学生积极提问、勇于探索，有针对性地面对面指点迷津，做到在求学的道路上"不让一个学生掉队"，营造出"小小答疑室，浓浓师生情"的教学相长、好学善学的融洽相处氛围。

3. 日常活动类

主题阅览区。书院设立阅览区，为师生提供丰富的阅读材料、舒适的自研空间等，提高阅读效率和品质，促进交流互动，让学生在阅读经典中感受中华文化博大精深、书院文化历史延绵。阅览区通常围绕特定主题精选图书，举办读书会、文化讲座、沙龙等活动，营造沉浸式阅读环境，为学生搭建拓宽知识视野、培养学术兴趣、锻炼创新思维、深耕研究领域的平台，促进深度共学。如西安交通大学各书院开展"阅读百本经典"系列活动，利用书院阅读功能空间，组织诵读品读、交流研讨，助益学生思想培育、智慧涵养、品格陶冶，积极推进尚学书院、书香交大建设。

学生活动室。书院内设学生活动室，意在秉承"以学生为本"的管理服务理念，搭建专门化、多元化、个性化的功能空间，更好满足学生需求。例如，创业空间能够提供丰富的创业资源和方法指导，激发学生创业激情；阅览室和自习室营造安静、舒适的学习环境，鼓励个人提升；部分高校书院还设立 DIY 工作室，提升动手实践能力、培养创新思维与团队协作精神。

学生组织工作室。书院设团工委办公室、学生会办公室等学生组织工作室，为团学工作的开展提供了相对固定的办公空间和活动场所，便于学生组织找准定位，更自然、高效地参与书院建设。学生组织可充分利用工作空间整理储存物资、开展会议培训、深化日常沟通，组织策划和开展各类品牌学生活动，发挥书院与学生间信息传递互动的桥梁作用，培养学生的组织协调能力和创新能力，从而更好地带动书院学生自我管理、自我服务、自我提高。

学生社团活动室。学生社团活动室是促进书院学生个性化发展和丰富校园文化生活的重要空间。如新乡医学院三全学院羲和书院，为学生活动排练、社交互动打造独立社团空间，激发学生社团培养学生阳光开朗心态、协作实践素养的育人功能。书院学生可在此轻松愉悦、开放包容的空间氛围中，展示多姿风采，相互交流学习，丰富课余时光，增添书院活力。

4. 职业规划类

职业规划室。咨询指导、生涯规划开拓学生的职业思维，奠定长远之"知"。部分书院设立职业规划室，配备就业指导教师、职业规划师、校外导师等，针对行业趋势、职位选择等进行讲授交流，开展职业测评与能力评估，为学生制定个性化的职业规划。邀请校友和企业代表作交流报告，分享成功案例和职业经验，让学生提前理解社会职业市场，明确职业目标，树立正确的就业观念。

求职体验中心。模拟演练、场景体验提升学生的求职能力，落实当下之"行"。书院设置求职体验中心，让学生通过简历制作、面试指导、礼仪培训、案例分析、角色扮演等活动了解职场文化、实践职业技能和提升职业素养。部分书院还利用智能技术模拟求职虚拟场景，搭建沉浸式实践体验平台，进行模拟面试、职位智能匹配等，提升求职效率和职业竞争力。

5. 服务保障类

报告厅、会议室、谈话室。大部分书院都设有报告厅和会议室，为师生提供交流思想、讨论学术的便利空间，提升了书院的整体品质。部分高校书院还特设谈话室，为学生提供心理咨询、个人发展指导等个性化服务，体现书院对学生个体发展的靶向关怀。如宁波大学春雨书院，建有报告厅、会议室、谈话室、舒心室、会客厅等公共设施，覆盖多种功能、多项需求，着力提升书院基础设施水平和管理服务质量。

健身房、排练室。部分高校书院内设有健身房，如香港中文大学等，为学生提供便捷、专业的锻炼场所，反映出书院对提高学生身体素质和健康水平的重视。健身房配备多样健身器材，学生可自由选择适合自己的锻炼方式，培养热爱运动、自律自制的良好生活习惯，同时有助于增进学生之间的友谊和团队合作精神。西安交通大学崇实书院还设有排练室，为学生艺术才能的展示提供空间，营造更加多元化的学习和生活环境。

咖啡厅、共享厨房、洗衣房。这些设施为学生提供了便利生活服务，融入咖啡与茶的文化内涵和社交价值，营造富有文化氛围和社交活力的学习生活环境。例如，重庆移通学院设立咖啡厅或茶室，打造休闲及文化交流空间，彰显书院文化魅力；华南理工大学在书院设置共享厨房，折射出其对学生生活技能和生活品质的关注；山东大学在书院建有洗衣房，针对不同的衣物、鞋类，设置差异化洗涤设备，为学生提供便捷温馨的服务。

（三）日常管理

1. 学生来源及类型

学生招收方式。书院学生的来源渠道多样，包括高考直录、二次选拔、"强基计划"专门招生、大类招生专业分流等多种方式。北京航空航天大学的书院学生主要来自高考直录和大类招生划分。中国科学院深圳理工大学则以高考直录和二次选拔为主。各书院通过不同的招生方式，能够选拔出具有不同潜力和特质的学生，便于书院为学生量身打造培养方案和成长路径。

学生年级分布。书院学生的年级分布呈现"本科学生占主体，预科生、硕士生、博士生占比较低"的现状，其中本科一年级学生占比最高，显示出书院以本科生培养尤其是新生培养为重。部分高校对建筑五年制、医学本博贯通等专业和研究生的培养进行了书院制探索。高校对于不同年级学生的书院管理，体现出因地制宜、因材施教的教育理念。

学生专业构成。大多数高校的书院汇聚多种专业学科背景的学生，显示出跨学科、育全才的趋向和考量。例如，西安交通大学彭康书院容纳了外语、机械工程、能源与动力工程等多个专业的学生；清华大学未央书院独具特色，提供"理+工"双学位专业，主要面向数理基础科学，建筑环境与能源应用工程、电气工程及其自动化等专业；河南中医药大学本草书院以中药学为核心，涵盖了药学、药物制剂、生物工程等相关专业，致力于培养中医药领域的专业人才。不同专业的学生共处书院，打破学科壁垒和传统分类局限，感受书院"小社会"的开放多元与"家"的温馨日常。

学生培养模式。根据培养对象的差异，高校书院可大致分为全员制模式、低年级模式、分学科模式、拔尖培养模式以及特定群体模式。例如，天津大学采用全员制模式，覆盖所有年级的学生；太原理工大学采取低年级模式，仅覆盖本科一、二年级的学生；南京信息工程大学的书院学生来自特定学科领域，属分学科模式；清华大学的书院聚焦拔尖培养模式和"强基计划"，培养优秀人才；北京大学兰园书院致力于女性学生教育，是特定群体模式的代表。书院立足培养目标差异性和学生群体复杂性，采用多样化、针对性的培养管理模式，不断丰富书院教育的内涵。

2. 学生管理及模式

身份上，隶属学院和书院。在书院制教育模式下，学生的身份具有双重性，既隶属于学院，又隶属于书院。学院负责学生的专业教育，提供严谨的课程设置和学术训练，为学生的专业发展奠定坚实基础。而书院则作为学生生活和学习的重要场所，提供丰富的课外活动、导师指导和心理辅导等，营造温馨的学习和生活氛围。双院制教育模式使得学生在学院和书院的共同培养下，既能够深化专业知识，又能够提升综合能力，推动实现多维度均衡育才。

空间上，分片区、楼栋、楼层。部分书院在管理学生时，遵循以住宿社区为单位的属地管理原则，将学生以宿舍为单元进行有序组织与管理，确保学生在紧凑的宿舍环境中得到及时指导和关怀，如复旦大学等。还有一些高校的书院则采取了属地与属人管理相结合的策略，既注重学生的住宿地点，也兼顾其个人背景和特点，以实现更为全面而精准的学生管理。书院通过住宿社区的环境设计、空间布局、氛围营造等，融合文化、社会、心理等非物理因素的教育功能，形成"空间+"的全方位辐射育人效果。

组织上，党团班协同联动。党组织、团组织和班级是书院中重要的组织结构和管理方式。党组织发挥领导核心作用，为书院教育提供坚强的政治保障和方向引领；团组织通过组织各类活动来引导和服务青年学生；班级则作为最基本的管理单元，直接参与学生的日常管理和服务工作，保障政策落地和对学生需求的及时响应。三者之间紧密配合、有效联动，形成了从宏观到微观、从决策到执行的完整链条，共同优化书院组织建设。

技术上，信息赋能精准施策。利用互联网、大数据技术，动态掌握分析学生需求及其日常学业生活状态，提升书院管理效能，为学生提供更全面细致的服务。具体而言，通过整合教育教学、评奖评优、宿舍管理等数据，实现学生事务一网办理。如西安电子科技大学构建"一体化信息管理大系统"，对学生行为进行精准分析与预测，通过数据挖掘实现学生健康成长的数字赋能。

（四）育人体系

1. 思想引领体系

第一，理论教育。实施新时代立德树人工程，要坚持不懈用习近平新时代中国特色社会主义思想铸魂育人，不断加强和改进新时代学校思想政治教育。[①] 高校书院普遍开设思想政治教育专题课程，充分利用红色资源育人树人，引导学生树立正确的世界观、人生观和价值观，坚定理想信念，补足精神之钙，以青春之姿奋力跑好历史接力棒。

第二，实践养成。书院重视理论与实践养成，注重让学生在实践中活用理论、增长知识、锻炼能力、积累经验。如华东师范大学等高校的书院，围绕提高学生专项能力开设系列实践课程，让学生在具体场景中学以致用，锻炼实际操作和解决问题的能力，在"社会大课堂"中夯实专业素养，发展综合素质，培养核心竞争力，涵养重视实践的精神品格。

2. 知心工程体系

第一，学业辅导。书院重视发挥学业辅导的基础性作用。多数书院建立

---

① 参见《习近平在全国教育大会上强调　紧紧围绕立德树人根本任务　朝着建成教育强国战略目标扎实迈进》，《人民日报》2024 年 9 月 11 日。

了由优秀学生构成的朋辈互助学生团队，负责书院学生的学业辅导工作，提供即时学业支持，并促进学生间交流合作。如西安交通大学钱学森书院等，举办学业资料编写、课程复习讲座、线上答疑、"一对多"帮扶等学业辅导活动，团队成员通过分享自己的学习经验和方法，助力解决学业难题，营造友爱互助的书院环境。

第二，经济资助。书院经济资助体系是保障学生顺利完成学业、激励学生自由全面发展的重要支撑。在"三全育人"理念下，书院面向经济困难学生，提供"保障型"资助的硬性支持和"发展型"资助的软性激励，设立完善的奖助学金制度、素质能力拓展及海外交流项目等，帮助学生减轻经济负担、增长自信动力、践行全面发展，引导其树立自立自强、积极进取的优秀品质和感恩奉献、回馈社会的高尚人格，从而有效提升资助育人成效。

3. 学生发展体系

书院注重第二课堂育人体系建设，系统严谨制定培养方案，依照德智体美劳"五育并举"开设模块化学分课程，丰富学生实践学习体验。师资队伍通常由专业课教师、书院辅导员及职能部门教师等构成。学校经费、学分认定、文件指导、信息系统及独立课时安排等活动支持，有效促进第二课堂育人实效性的提升。

第一，新生养成教育。书院针对入学适应困难问题、新生基础夯实需要，构建科学化、结构化的新生养成教育课程。如西安交通大学，将书院开设的课程正式纳入学生培养方案，与学院提供的专业教育相辅相成。书院从新生入学开始就实施定制化教育，引导学生更好认识自我、理解校园及书院文化、强化专业知识和人格养成，从而顺利完成过渡期角色转换，为后续更高年级的学习生活及未来发展做好充分准备。

第二，综合能力提升计划。书院为增强学生综合素质、全面培养学生兴趣，推行"综合能力提升计划"，以学生需求为导向，依托书院特色资源，设计课外课程体系和实践训练项目，内容涵盖价值引领、学业提升、科学研究、体育运动、文艺鉴赏、志愿服务、成长发展各方面。书院综合能力提升计划切实掌握学生成长需求，精心培育学生综合素养，注重在多样育人实践中强内涵、畅渠道、固平台。

第三，科技竞赛活动。书院重视培养学生的科学素养、探究精神和实操能力，鼓励学生积极参与各类科技竞赛，激发创造力，不断挑战自我。部分书院举办科技讲座、实验室开放日、科技文化节、创新项目展示等形式多样的活动，如河南理工大学正诚书院等，让学生能在热点聚焦、学科共创、推演实践中迸发创意灵感，努力成长为科技人才。

第四，体育精神培养。各高校书院坚持"树立健康第一的教育理念"①，注重培养学生体育精神。"无体育，不清华"，清华大学传承弘扬"爱国奉献、面向全员、不断创新"的体育传统，重视健康教育的落实与体育精神的培养。各书院通过系统开设多样化体育课程、趣味性体育竞赛，鼓励学生积极与志同道合的人在体育锻炼中增强体质、锤炼意志、享受乐趣、健全人格，力求以实际行动做到"为祖国健康工作五十年"。

第五，社会实践与志愿服务。众高校书院重视学以致用、知行合一，广泛开展社会实践与志愿服务，培养学生的社会责任感和实践能力。例如，西安交通大学各书院均要求学生在校期间必须完成不少于 8 个课外实践学分，确保学生能够积累丰富的实践经验；中国人民大学明德书院鼓励学生积极担任北京冬奥会、冬残奥会志愿工作，彰显奉献、友爱、互助、进步的志愿精神；清华大学苏世民书院师生赴全国多地开展社会调查，用多维视角感知中国，以实际行动践行理论，展现了清华学子的责任与担当。

4. 国际合作体系

第一，国际交流合作项目。高校书院国际交流项目丰富多彩，拓宽学生

① 《习近平在全国教育大会上强调 坚持中国特色社会主义教育发展道路 培养德智体美劳全面发展的社会主义建设者和接班人》，《人民日报》2018 年 9 月 11 日。

国际视野，增加跨文化交流经验，提升全球胜任力。例如，清华大学同校友签约设立"强基书院—茂源学生国际交流项目"，支持本科生海外研习交换，引入强基书院海外课程。项目利于学生在真实语言文化环境中探索体验、实践巩固所知所学，同时能够促进所有参与国家、学校、书院间的文化交流与文明互鉴，体现出高校书院在国际教育合作中的积极作用。

第二，中外联合培养计划。高校书院同国际顶尖大学合作开展人才联培，意在促进国际交流与合作，提升教育质量和教育国际化水平。例如，北京大学"一带一路"书院推出经济管理相关的本科国际项目，面向来华留学生实施"两年本国教育，两年中国教育"的学制安排，并围绕博雅通识、专业基础、中国国情等规划课程，深化外国学生对中国发展道路的理解。同时，书院还为留学生提供文化体验、使馆参观、嘉宾演讲、课题支持等课外活动。该计划推动中外高校共育走深走实，打开了"世界之窗"，绽放出"文明之花"。

第三，海外留学资金资助。高校书院通过完善资金资助体系，增强学生海外留学动力。例如，湖南大学岳麓书院，制定研究生海外学习交流资助办法、设置发展基金和蒋欢海外交流专项基金、推荐博士生获取国家公派留学资助资格等举措，为书院学生提供海外留学的资金支持和补贴资助，激励其学术能力与未来发展，充分彰显出高校书院在学生国际化培养保障机制方面的努力和探索。

（五）协同机制

1. 书院与校内协同

第一，学院与书院协同育人。学院与书院紧密合作，共同制定培养方案，实现资源共享、优势互补，兼顾学生专业教育与素质培养。西安外事学院实施学院与书院领导互相兼任的机制，有效推进学院参与书院建设，提升组织整体运营效果。苏州大学书院领导定期参加学院党政联席会，共商学生教育管理工作。双院联动凝聚合力，育人理念共鸣同一，推动实现专业知识传授与人格养成的互补，促进学生全面发展。

第二，学校多部门共同支撑。高校统筹多部门协同配合、聚合力量支持，共同推进书院制建设工作顺利开展。在政策上，西安交通大学、北京航空航天大学等高校在学校层面制定详细的规章制度，为书院工作提供明确方向。在资金上，复旦大学、南京师范大学等高校设立专项资金，用于书院的建设、运营和发展，确保各项工作得以顺利进行。在人员上，上海交通大学、武汉理工大学等高校选拔了一批有经验、有能力的教师和管理人员，构成书院核心管理团队，保障书院工作的顺利推进。跨部门协同建设，宏观把控、系统落实书院工作事宜，保证协作共事平台结构优化、精简高效、稳定可靠。

2. 书院与社会支持

第一，缔结姊妹书院。高等教育机构内部及之间建立合作关系、缔结姊妹书院，推动高校书院发挥协同育人作用，为师生带来更多学习成长机会。例如，西安交通大学与海内外教育机构建立姊妹书院，涵盖港澳台地区、境内其他高校以及校内单位，形成广泛合作网络，展现开放包容的国际视野，也体现了其深耕本土、连接港澳台地区的独特视角；清华大学秀钟书院和澳门大学霍英东珍禧书院建立校外姊妹书院，在人才培养、学术科研、粤港澳大湾区建设等领域展开战略合作；香港中文大学和香港中文大学（深圳）在"一个品牌，两个校园"的基础上，建立学勤书院与和声书院、祥波书院与新亚书院等多对姊妹书院关系，充分展现双方共同的教育理想。高校书院间"手牵手""肩并肩"，结成友好姊妹书院，有助于双方在深入合作中，谋求长足发展。

第二，校友联动计划。校友是书院的宝贵财富，对品牌建设、社会互动、学生共育具有重要积极作用。通过校友共建，提供书院奖助学金，助力优秀学生完成学业；赞助书院学生活动，丰富课余生活；捐赠物资改善书院设施、优化学习环境；等等。例如，南京审计大学沁园书院依托校友会和广大校友，设立"大学生实习实践基地"，搭建起学生培养"立交桥"；浙江树人学院商德书院开展校友寻访活动，展示校友风采，发挥榜样力量，传承树人精神。书院浸润助力扬帆，校友情深反哺育才，携手联动赓续书院新血脉。

第三，校企合作机制。伴随产教融合赋能书院育人的趋势，书院与企业建立合作关系，利用书院和企业两种不同的教育环境和教学资源，探索"把课堂搬进企业"的一体化实践教学模式，创新校企合作育人机制。以海南大学和河南工业大学为例，书院通过启动"访企拓岗促就业"专项行动、开办"校企合作班"、搭建产学实践平台、支持校企合作课题立项等，打通校企育人用人"最后一公里"。此外，企业设立奖助学金支持书院发展，与书院合作举办兴趣活动，助力多彩学生生活。通过校企合作，书院与企业实现资源共享、优势互补、共同发展，促进学生提高专业技能、丰富实践经验，积极为大学生成长成才搭建平台。

第四，军民共建基地。书院与军队共建基地是高等教育书院制建设的创新性尝试。如复旦大学五大书院与海军共建教育实践基地，开展包括军歌教唱、队列训练、国防教育、参观见学、心理行为训练等教育实践活动，学生们可自主参与，增强国防意识，多面受益成长。该基地的设立，充实了军民人文交流的互补合作价值，有效促进复旦大学书院教育实践活动的开展，对于推进高校书院教育的发展建设，具有深远意义。

第五，实践载体延伸。探索多样实践载体、设置合作基地，是书院密切联系社会、促进资源共享的有效路径。高校书院与社会机构、企业、民间社会性书院、特定地区等确立合作关系，共同服务于学生实践教育。例如，南轩书院成为湖南大学岳麓书院的国学传承教育基地，为弘扬国学经典、延续精神文脉创造坚实条件；南京大学文学院梅庵书院在温圳杨溪李家建立创新实践基地，意在传承中国近现代教育家李瑞清"嚼得菜根，做得大事"的精神理念。书院搭建各色校外基地，拓宽合作渠道，增加学生接触社会的机会，促进育人资源跨域延伸，聚力打造人才培养的广阔实践平台。

第六，社会捐赠渠道。社会捐赠是一种积极的社会参与形式，反映出社会各界对高校教育事业的关注与支持。通过社会捐赠，高校书院能够获得资金、物资等各方面的帮助，进而改善教学设施、优化奖助学金、推动科研创新等。如中国人民大学明理书院，通过校友联合捐赠，支持智能金融创新团队建设，探索 AI 技术与金融的融合，服务支撑有关重点工程项目建设。捐赠可能来自个人、企业、社会团体等多方主体，在给学生学习发展充能赋力的同时，也密切了书院与社会的联系，为高校书院发展营造了良好的外部环境。

| 第三章 |

高校书院设置的类型与功能

一、高校书院的类型划分

中国高校书院建设各具特色，其类型划分依据多样、标准各异、各有侧重，形成了独具一格的教育生态。从组织管理形式到双院协作模式，再到书院选拔机制和学生覆盖范围，呈现出多样化的基本类型，逐渐成为高等教育领域的一大亮点。

中国高校书院根据其职能与运作模式的差异，可系统地进行如下分类。其一，依据是否直接承担学生管理的职能，书院可被划分为实体书院与非实体书院两大类别。实体书院全面介入学生的日常教育与管理工作，而非实体书院则主要依赖专业学院来完成学生管理工作。其二，根据两者组织管理形式的不同，又可分为独立的"书院—学院"一体化模式和双院协同的"书院—学院"双院制管理模式。① 一体化模式下，书院享有较高的自治权，与学院并行不悖；而双院制则强调书院与学院之间的紧密协作，共同促进学生

---

① 参见蒋家琼等：《我国一流大学书院制管理模式现状与展望》，《江苏高教》2021 年第12 期。

的全面发展。其三，按照书院的选拔机制，又可将其分为直接分配制书院和自主申请制书院。前者采取由上至下的方式，由学校统一划归于书院进行教育管理；后者则遵循自下而上的原则，尊重双向意愿，允许学生自主选择并申请加入书院，充分发挥学生选择与申请书院的自主权。其四，从书院覆盖学生范围来看，可划分为全员制与非全员制两种模式。全员制书院覆盖全校所有年级和专业的学生，旨在实现大众化的通识教育；而非全员制书院则仅针对特定学生群体或部分学生[1]，如低年级学生、特定学科学生、拔尖人才、特定兴趣群体或具有特定功能需求的群体等，形成了低年级模式、分学科模式、拔尖培养模式、特定群体模式、特色功能模式等多种细分类型。

（一）组织管理形式

1. 实体书院

实体书院以学生日常生活园区为基础，对学生进行教育、引导、管理和服务。与专业学院相比，实体书院具有平行的独立地位，这意味着其在高校内部拥有相对自主的管理权限和资源分配权。因此，在构建书院体系时，高校往往倾向于采用实体书院模式，以确保其功能的全面性和有效性。在组织结构上，实体书院配备有较为完善的管理组织，推动党政领导、辅导员、学业导师、心理咨询师等育人力量直接下沉到学生社区，形成了紧密的管理与服务网络。此外，通过党组织、团组织、班级、学生组织和学生社团等多种渠道实现管理育人。在环境建设方面，实体书院注重打造舒适、便捷的学习和生活环境。通常建有配套的活动场所和设施，如阅览室、自习室、健身房、多功能演播室、舞蹈房等种类丰富的功能空间，为学生提供生活上的便利，满足学生的学习和生活需求，优化社区环境，实现服务育人。在教育实

---

[1] 参见刘海燕：《我国现代大学书院制改革的现状、问题与对策》，《中国高教研究》2017年第11期。

践上，实体书院通过开展丰富的第一课堂主题教育和第二课堂实践活动，聚焦学生成长需求，培育优良学风寝风、营造良好育人氛围，以丰富的文体活动有序推进"五育并举"，培养学生品格和行为养成，培养高尚的情操和文化涵养，实现文化育人。华东师范大学是国内较早探索书院制的高校之一，也是较早建立实体书院的高校之一。该校书院推行导师制，为学生提供直接、专业、全面的指导。同时，以宿舍楼为依托实施社区制，打造设施齐全的社区空间，为学生全面成长成才提供空间和温馨的氛围。复旦大学在实体书院建设方面同样走在前列，该校于 2005 年率先启动通识教育改革，意在承续中国古代传统，借鉴西方住宿书院经验。2012 年正式宣布将在全校本科教育中全面推行住宿书院制度，以"住宿书院"为单位开辟第二课堂，深化通识教育理念，打造特色校园空间，以达到凭借住宿平台管理、培养人才的目的。

2. 非实体书院

非实体书院作为书院发展建设中的另一种组织形式，相较于实体书院，在结构、功能和运作方式上呈现出显著的不同。非实体书院核心特征在于没有集中的住宿区域（社区）进行日常事务管理，其职责主要聚焦于通识教育的推行以及文化和社团活动的组织与开展。这种组织形式使得非实体书院能够更加专注于教育内容的深化与创新，而无须过多关注学生的日常生活管理。在组织结构上，非实体书院通常隶属于专业学院或职能部处，使得其能够充分利用现有教育资源，实现资源的优化配置和共享，也便于非实体书院与专业学院之间的沟通与协作。在教育实践上，非实体书院注重通识教育的推行，旨在拓宽学生的知识视野，培养其综合素质和创新能力，为学生提供展示自我、交流思想的平台。此外，非实体书院还注重文化和社团活动的组织与开展，往往具有高度的灵活性和针对性。通过举办各类文化活动，如文艺演出、艺术展览等，丰富学生的课余生活，提升校园文化的品位和内涵。

南开大学现有穆旦、伯苓、图灵等 11 所智慧书院，以信息化数字技术为支撑，以组织网络化、活动实体化、学习智慧化为特征，融浸、养、熏、育为一体，充分体现学科交叉优势的新型书院模式，旨在面向全校提供特色的跨学科育人环境，突破传统专业学院框架，依托智慧平台，发挥学科交叉优势，为学生创造"专业学院+智慧书院"的双院制育人条件，打造线上线下协同推进、师生共长智慧、共同成长的平台。中国民航大学天文书院、长春师范大学女子书院、通化师范学院长白书院等均为非实体书院，以论坛、会议、活动等形式开展教育，侧重于文化建设和青年马克思主义者培养工程，引导学生传播中华文化、培育家国情怀、陶冶艺术情操、锤炼意志品质、崇尚科学精神，全面提升学生综合素质。

（二）双院协作模式

各高校在书院的管理实践中展现出显著的多样性和差异性，这种差异不仅体现在不同高校之间，即便在同一所高校内部，各书院的管理方式也可能大相径庭。基于管理模式的根本区别，可以将书院管理方式归纳为两大类："书院—学院"一体化模式与"书院—学院"双院制管理模式。

1. 书院—学院一体化

"书院—学院一体化"模式下的书院与专业学院均为实体组织，享有较高的自主管理与决策权限。书院与学院在行政层级上共同构成学校的二级人才培养体系的重要组成部分。此类书院不仅具备相对独立的招生能力，还能自主设计人才培养方案，而学生管理工作由书院全权承担。这一模式的书院往往起源于原人才培养实验班，或是高校为培育特定领域的专业人才而特别设立，其培养过程兼顾融合通识教育与专业教育。

西北农林科技大学于2014年以创新实验学院为基础成立了右任书院，旨在融通专业教育与书院通识教育，将创新人才培养模式、教学改革与书院制管理有机结合，按照"汇集优秀生源，整合优质资源，着力模式创新，培养拔尖人才"的办学思路，为国家和社会培养农林学科领域的学术领军人才和业界精英奠定基础。厦门大学为创新人才培养模式，深化国际合作，提高本科拔尖学生的科研创新能力，细胞信号网络协同创新中心设立了博伊特勒书院，入选学生先进行一个学期的全英文专业课程修读，随后被选派至美国得州大学西南医学中心或细胞信号网络协同创新中心的协同单位进行6—12个月的科研实践训练，最终考核优秀的学生将依其志愿推荐至西南医学中心或细胞信号网络协同创新中心协同单位继续深造。

2. 书院—学院双院制

"书院—学院双院制"管理模式的核心特质在于其双院协同育人的机制。此类书院具备相对完善的内部组织架构，并在人员配置、财务支配及物资调配等方面享有较高自主权。然而，与专注于教学科研的院系不同，书院并不配备专任教师，亦不直接承担专业教学任务。在这一模式下，学生需同时接受书院和专业学院的双重管理①，学院以学术研究与专业发展为导向，依托学科体系提供专业教育，侧重于构建学生的专业知识架构，培养其专业学术技能和科研创新能力。书院则以促进学生综合素质的全面发展为目标，专注于通识教育的实施及学生管理服务工作，特别强调以宿舍为基点，全面培养学生的综合能力，并着力增强学生的社会责任感。作为非教学组织的实体存在，书院与学院如同两条并行不悖的轨道，各自承担不同的职责，却又相互补充、紧密合作，共同致力于人才的培养这一核心目标。

西安交通大学在双院制教育模式下，遵循"横向交融、纵向贯通"的核心理念构建书院体系，旨在促进多学科间的互动与合作。具体而言，每个书院在横向上汇聚了文科、理科、工科等多个学科背景的学生，形成多元化的学术氛围；而在纵向上，则将同一专业的本科生全部编入同一书院，既保

---

① 参见周远等：《书院制：探索"通识教育"的大学之道》，《光明日报》2019 年 5 月 21 日。

持了专业学习的连贯性，又巧妙地促进了不同学科间的交叉渗透与融合创新。在人才培养过程中，学院和书院是相辅相成、协作配合的：学生学籍隶属于专业学院，学院专注于学生的专业教育和学术发展，包括专业知识的传授、学术技能的训练以及科研创新能力的培养；书院则承担学生的日常管理和校园生活事务，以全面提升学生的综合素质为核心理念和工作导向，通过开展课堂外的多元化教育活动，来培养学生的综合能力，并承担学生思想教育的重要职责。书院通常以住宿社区为平台，为学生提供更加个性化的学习与生活环境。

（三）书院选拔机制

1. 直接分配制

直接分配制书院一般情况下会遵循学科交叉、大类融合的基本原则，按院系专业编排，以班级为单位，将学生分配至各书院居住。通常同一个学院的学生都会被归入同一个书院，以确保书院内部学生群体在专业领域上的相对集中，此过程中学生并无自主选择书院的权利。

西安交通大学彭康、文治两大书院覆盖工科机类学生，仲英、南洋两大书院覆盖工科电类学生，励志书院覆盖理科以及少数民族预科班学生，崇实书院覆盖文科以及经济金融学科学生，启德书院覆盖建筑系学生，宗濂书院覆盖全体医学生。复旦大学志德与任重两所书院的学生主要是人文社会科学领域，腾飞与希德两所书院重点覆盖理工科学生，而克卿书院则聚焦医学类学生，五所书院主要依据住宿区域进行划分，拥有各自相对独立的物理空间。

2. 自主申请制

自主申请制书院是一种以学生主动报名申请并接受书院管理为特征的

高等教育住宿与管理模式。该模式的核心在于，学生需根据个人意愿及书院要求，主动提交申请，并通过书院组织的笔试、面试等一系列选拔流程，以获得进入书院学习的资格。这一选拔机制确保了书院能够招收到与书院教育理念相契合且具备较高潜力的学生。在自主申请模式下，书院通常对招收的学生人数设有一定的限制，但有较高的师生比，有效提高了育人成效。

台州学院设立有心湖书院与广文书院，每学年开学初，大一、大二学生可申请加盟书院，每一个加盟书院的学生都有学院、书院的双重身份，书院侧重于学生的人文素养教育、综合素质提升、个人兴趣培养等方面，对学生的教育管理采取荣誉学分管理模式，实行学员考核和退出机制，要自觉接受书院的教育教学、文化实践等安排，遵守书院管理制度。

华东交通大学天佑学院是学校深化本科教育改革、创新人才培养模式的示范性特区，围绕新工科建设要求、面向未来技术领域，对优秀本科生实施拔尖人才培养计划的学院。每年通过笔试和面试相结合、综合评价排名的方式择优选拔学生，并为每名学生配备导师，全程为学生定制个性化培养方案，可依据个人兴趣加入导师课题组、实验室或科研团队，自愿组队申请科研训练、实践项目，注重学生的个性发展和潜能挖掘。

湖州师范学院安定书院成立于2020年，实行四年一贯制，采用多元化培养模式和个性化培养方案，围绕培养目标，在体制机制、学院文化、招生选拔、课程体系、实践教学、协同培养等方面进行系统设计和改革创新，并为每位学生配备校内校外"双导师"，实施"三制三化三融合，多元协同五育并举"人才培养模式，为优秀学生的个性发挥、潜能发掘提供发展空间。

中国海洋大学行远书院是学校通识教育的创新高地和教学改革的前沿特区，面向崂山校区一年级本科生进行选拔，入选学生自入学伊始便接受持续两年的特定教学计划。书院贯彻"通识为体，专业为用"的教育理念，通过博雅教育与专业教育的有机融合，培养具备"厚基础"的自学根基、"宽口径"的从业能力、"深识见"的自省思维的复合型人才。

（四）学生覆盖范围

1. 全员制书院

全员制书院是指在大学中能够基本覆盖全体本科生，并对其实施统一管理与教育的组织形式。书院既是学生住宿生活交流的区域，也是培养集体意识、提升综合能力的空间。全员制书院大都侧重"一站式"学生社区的综合管理模式，支撑大类招生下人才培养模式的改革。全员制书院秉持"师生共处、知行兼修、学科交融、朋辈互勉、环境温馨、注重养成"的特点，旨在造就一批理想信念坚定、社会责任感强烈、国际视野宽广、领导才能出众且风范儒雅的杰出人才。西安交通大学、北京理工大学、天津大学、河北大学、大连理工大学、华东师范大学、南京审计大学、复旦大学、绍兴文理学院等多所高校均实行全员制模式书院，将所有本科生纳入书院管理。

一般而言，全员制书院的学生大多不需要通过选拔，侧重将专业教育与通识教育相结合，全面成长与个性发展呼应，知识积累与能力培养并重。书院一般有模块化的通识教育课程或计划，通过书院的通识教育提升思想品德、行为养成教育和综合素养，促进学生德智体美劳全面发展。[①]

西安交通大学是我国最早推行现代书院制的高校之一，2016 年整合全校本科生教育资源成立本科生院，现有彭康书院、文治书院等 9 所书院，其中钱学森书院聚焦拔尖人才培养。书院以住宿社区为载体实施通识教育，学院以专业学科为基础开展专业教育，两者协同联动构建"校—院—系"三级责任体系，形成品行养成、知识传授、能力培养、思维创新的"四位一体"育人模式。此外，针对学生综合能力提升打造"四个一百"育人行动、新生养成教育体系等育人品牌。

[①] 参见刘海燕等：《中国大学三种书院教育模式讨论》，《大学教育科学》2018 年第 2 期。

华东师范大学书院建设覆盖闵行校区本科生（除音体美），现有孟承宪书院、经管书院、大夏书院和光华书院等4所书院。各书院聚焦立德树人根本任务，联动校内外资源，深化"三全育人"工作体系；同时聚焦学科交叉，注重第一课堂与第二课堂的深度融合，构建师生成长共同体；书院还聚焦养成教育，不断推进园区"一站式"育人，引领学生全人成长。

北京理工大学在本科生中推行书院制，2019年起实体化运行，现有精工书院、睿信书院等9所书院。本科生培养采用书院、学院四年一贯制协作培养模式，坚持将书院、学院联席会制度作为最高决策机制，将优秀教师资源有效转换成优质教育力量，建立"三全导师"制，构建起书院制育人模式的主体教育队伍，聘任学术导师、学育导师、德育导师、朋辈导师、通识导师以及校外导师共计1300余人，开展思想引领、人文关怀、学业指导、学术引导等多类别导学活动，实现教师力量供给和学生成长需求两个方面的精准对接。

南京审计学院依托书院制，于2013年成立润园、泽园、澄园、沁园四所书院，跨越专业与年级的界限，通过随机分配将学生融入书院，促进宿舍成员专业多元化。同时，所有辅导员均入驻书院，推动师生交流走深走实。四所书院各具特色，共同构建多元育人模式。其中，润园书院实施"励学计划"，鼓励学生发掘潜能；泽园书院开设零学分课程，传承中华优秀传统文化；澄园书院推广经典阅读，建立读书小组，由导师引领阅读，确保每位学生都能参与其中；沁园书院则通过"优秀校友说"和"品读荟"等活动，搭建起校友与学生、学生之间沟通的桥梁，促进思想碰撞与经验分享。

2. 非全员制书院

（1）低年级模式

现有的高校书院中，存在大学期间区分年级将学生纳入书院管理的低年级模式，而并不覆盖学生的全学段、全过程。一般表现为低年级模式书院，即在新生入学后将其纳入书院管理体系，以书院通识教育为重心，夯实全人基础；待学生到大学二年级及以上年级时，再根据教学安排或学生意愿，转入专业学院进行学习和管理，或变更为"学院为主，书院为辅"的育人模式。

低年级模式的书院普遍是针对大类招生的特点而创办的书院。学生进入学校后，由于没有具体专业，书院更加注重培养学生基础能力素质，更加强调通识教育，更加关注学生适应大学生活情况，从培养时间段上可以看作本科全程式书院的压缩版。针对学生刚入校的迷茫期和困惑期，书院利用开展的各类活动进行教育指导，帮助学生在入校初期就能在较短的时间内适应大学生活，在书院的学习中不断扩宽视野，夯实基础，锻炼学生综合能力，激发学生的潜能。

北京化工大学宏德书院的学生采用"三年书院管理模式"培养，在大一期间实施大类培养，由书院完全管理；在第一学年末进行专业大类分流，大二和大三将按照"双院制（书院+专业学院）"安排相关管理工作，学生拥有学院、书院双重身份；大四期间将转由专业学院负责培养，更好地对接就业、深造和发展。

中国科学技术大学有冲之书院、守敬书院、时珍书院、光启—仲英书院等4所书院，一、二年级本科生按照自愿原则选择加入书院，其中少年班学院实行本科全程式书院，学生刚进入书院时不分专业、学科和学院，学生们在完成第一学年基础课程学习计划后，可以在全校范围内选择学科专业继续学习。

北京航空航天大学坚持培养"具有高度的国家使命感和社会责任感，理想高远、学识一流、胸怀寰宇、致真唯实"的领军领导人才，深入探索大类招生与人才培养，对招生专业进行重大改革和调整，并在多年试点经验基础上，成立覆盖一、二年级大类本科生和强化通识教育的北航学院，北京航空航天大学现有知行书院、致真书院、守锷书院、士嘉书院、冯如书院、士锷书院等6所书院。

浙江大学求是书院由丹阳青溪学园、紫云碧峰学园、蓝田学园等3个学园组成，专门开展大一学生通识教育与管理服务工作，是学校实施通识教育、大类培养的重要机构，是"一横多纵"学生教育管理体制的重要平台。

浙江工业大学的健行书院面向全体一年级本科生，围绕通识教育培养核心任务，以"广雅通学"文化育人为主线，着力构建较为完善的培养体系。

华东政法大学文伯书院采取"1+0.5+X"模式，即"1年书院新生学习+0.5年衔接专业学院学习+多形式、多时段的全程书院教育"的衔接教育方案和通识教育体系。在书院中，按照法、政管、经、文设立四个分院，新生根据高考志愿分别进入相应分院，所有学生大一集中在书院接受管理和教育，大二通过双向选择转入专业学院学习，拥有专业学院的学生身份，但是整个大学四年期间都要接受书院的教育教学活动。

（2）分学科模式

分学科模式书院聚焦特定学科领域，将书院制应用于部分专业，探索大学人才培养管理新模式，旨在培养具有专业特色和社会责任感的优秀人才。

河南城建学院李诚书院成立于2021年7月，以北宋著名建筑学家、艺术家、学者李诚冠名，其学生均来自建筑与城市规划学院和艺术设计学院。厦门大学香山书院包含公共管理学院、能源学院、环境与生态学院三个不同属性学院的学生，以打造小范围学科的互动交流、学科融合、多重思维模式碰撞的平台。陕西师范大学哲学书院是该校为充分发挥哲学学科在人才培养中的作用而设立的，打造特色鲜明的书院文化和核心通识课程群，重专业融通与综合素质培养，重理性精神与批判性思维能力训练，重开放性国际视野与创新意识归训，重优良心智与健全人格养成，为基础学科拔尖创新人才助力。南京信息工程大学龙山书院包含大气科学和应用气象学两个专业。以培养厚基础、宽视野、强能力、高素质的创新型气象人才为目标，致力于构建通识教育、全人培养，导师引领、个性发展，双院联动、协同育人，自主管理、快乐成人为特色的人才培养新模式。

（3）拔尖培养模式

习近平总书记在中央人才工作会议上指出，"深入实施新时代人才强国战略，加快建设世界重要人才中心和创新高地。"① 拔尖创新人才培养是建设创新型国家的关键②，从"少年班"到"六卓越一拔尖"再到"强基计划"，我国一直在为拔尖人才的孕育培植创造着良好舒适的大环境。在此背景下，以培养拔尖创新人才为己任的部分书院不断涌现。这类书院属于拔尖培养模式，通常具有拔尖人才培养目标和方案、选拔性学生入住方式、较小的书院规模、密切的师生互动、高品质的通识教育、第一课堂与第二课堂的紧密衔接等显著特征。

落实强基计划，夯实基础学科。2020 年，清华大学设立致理、日新、未央、探微、行健五个强基书院，以学生为中心，切实提高人才培养的成效，使得学生在求学期间能够得到更为广阔的成长支持。其中，日新书院致力于为我国人文基础学科培养学养深厚、视野开阔、具有创新思维和家国情怀的优秀人才；致理书院、行健书院主张夯实基础、拓展通识、科研激发，分别面向应用基础研究和未来关键领域的有志学子开放招生；未央、探微书院则通过探索新型本科人才培养方式，期望培养出具有健全人格、扎实专业基础、综合素质优秀、发展潜力深厚的工科优秀拔尖创新人才。③ 西安交通大学于 2016 年 12 月正式成立了以杰出校友钱学森命名的钱学森书院，探索并实践一种全新的拔尖创新人才培养模式，以期在教学改革中发挥引领示范作用。书院践行"量智与性智相融、科学与艺术交汇、逻辑思维与形象思维并重、微观认知与宏观视野兼具"的大成智慧学理念，旨在培育一批既拥有深厚基础知识，又在科学创新能力与综合人文素养方面表现卓越的拔尖创新人才。

重视学科交叉，培养复合人才。北京大学元培学院旨在以先进的培养理

---

① 《习近平在中央人才工作会议上强调 深入实施新时代人才强国战略 加快建设世界重要人才中心和创新高地》，《人民日报》2021 年 9 月 29 日。

② 参见阎琨等：《强基计划人才的培养实践研究——以清华大学强基书院为案例》，《国家教育行政学院学报》2022 年第 10 期。

③ 参见清华大学：《一图读懂清华大学强基计划五个书院》，2020 年 5 月 15 日，见 ht-tps://mp.weixin.qq.com/s/iArUcnzae3_qjDniely8Dg。

念和优质的教研力量，培养具有家国情怀、全球视野、创新意识和实践能力的高素质领军人才。元培学院整合全校优质教育资源，设立跨学科专业，为学生的自由发展提供更多可能，设置多个跨学科专业，比如"古生物学""政治学、经济学与哲学""外国语言与外国历史""整合科学"和"数据科学与大数据技术"专业，独有的跨学科专业为学生提供更丰富的专业选择。秀钟书院是清华大学成立的第九个本科生书院，通过培养学生深度思考、自主探索、独立判断的习惯，强化逻辑思维和系统思维训练，全面提升全球胜任能力、科技创新能力、计算思维能力和社会思考能力，夯实社会学、管理学、经济学、环境学、城市规划等多学科交叉融通的理论基础和专业知识，着力培养科技创新领导者、绿色产业开拓者和全球治理推动者应具备的多元素质。

突出知识责任，青睐博雅教育。中国海洋大学行远书院作为通识教育的创新试验田与本科教学改革的特色实践区，致力于精心策划和实施通识核心课程，帮助学生拓展视野、塑造人格、提升素质，以培养符合未来社会需求的博雅人才。学生经由课程研习、深度反思、生活实践以及丰富多彩的书院活动，被充分激发起探索知识的热情，其认知边界得以拓展，问题意识显著增强，特别是尝试从宏观视角审视问题，以微观细腻的方式剖析问题，提升解析与解决复杂问题的能力。青岛大学浮山书院，自2007年成立以来，即作为国家大学生文化素质教育基地构建博雅教育的卓越平台。浮山书院承继中国传统书院文化，融合现代先进教育理念，通过创立博雅精英班、举办浮山学术讲堂、开展丰富多彩的读书交流活动，以及积极参与并服务于地方文化的建设与传承，在立德树人、弘扬中华优秀传统文化、推动公民素质教育等方面，进行了深入且富有成效的探索与实践。

秉持开放思维，拓宽国际视野。清华大学苏世民书院依托苏世民学者项目于2015年10月正式揭牌成立，旨在培养具有跨文化全球领导力的青年人才。从生源上看，书院学生来自全球各地，覆盖剑桥大学、哈佛大学、耶鲁大学、牛津大学等近百所世界一流大学；在课程构建上，核心课程体系汇聚了本校与哈佛、耶鲁等世界顶尖学府的学术巨擘之智慧，由他们精心策划设计，并由国内外享誉盛名的教授携手业界精英、访问学者共襄盛举，共同执教，旨在为学子们呈现多元化的知识视角与深度见解；在师资力量上，授课团队不仅囊括了本校的杰出教授，还邀请了全球范围内的学术权威、行业领军人物及访问学者，共同打造一支高端、多元的教学队伍。再如，同济大学国豪书院于 2020 年 9 月成立，是为了服务国家重大战略需求，加强基础学科拔尖创新人才培养，实现学校社会栋梁和专业精英的人才培养目标而设立的书院制实体。书院推行"个性化定制"的培养路径，旨在为每位学生量身打造成长蓝图，既巩固理工科坚实基础，又激发学术创新潜能，同时滋养深厚的人文情怀，并拓宽国际视野。凭借与德国、法国、意大利等国家的国际化合作平台学院，以及超过 300 所海外知名高校的广泛合作项目，书院构建了涵盖国际课程学习、海外实践锻炼、国际学术会议参与、国际竞赛挑战等多元化、国际化的教育生态环境。在此体系下，每一位学生都能获得宝贵的境外访学或联合培养机会，实现跨国界的知识交流与能力跃升。

（4）特定群体模式

特定群体模式书院是根据学生属性进行划分，实行针对性的人才培养管理模式的书院类型。这种模式的书院通常聚焦于某一具备特定身份性质的群体，如国际学生、女性群体、专才群体等，旨在提供更加个性化、专门化的教育体验和支持，致力于满足不同学生群体的特殊需求和发展潜力。这种类型体现了书院教育的多元性、灵活性、精准性。

南京医科大学榴竹书院，2023 年 4 月正式揭牌成立，沉淀本校来华留学教育，旨在培养更多"知华、友华、爱华"的国际医学人才。书院全面打通"第一课堂"与"第二课堂"，融合专业教育与文化教育，促进留学生汉语和中国文化学习，立志成为面向留学生展示中国形象、传播中华文化的主阵地。北京大学兰园书院，成立于 2021 年 9 月 30 日，致力于女性教育和研究，以推动女性全面发展。兰园书院的建立，旨在发挥北大多学科优势、依托强大的师资队伍、利用丰富的国际网络，为女性学生塑造一个独特的学术和文化环境。书院通过设立学术基金、组织讲座论坛和实践活动等丰富多样的形式，鼓励女性学生自我发现和自我实现。此外，书院顾问委员会由社会各界、各领域杰出女性代表组成，对书院的整体战略目标给予指导和支持，确保书院能够针对女性学生的特殊需求提供精准的教育和培养。西安明德理工学院终南书院，成立于2019年，专为有志于考研的学生设立，为其打造了一个集思想引导、学习辅导、生活指导、心理疏导、考研向导和日常管理为一体的全方位服务平台。书院设置专职指导教师团队，为考研学生提供全方位支持，并通过提供考研规划报告会、名师考前辅导、志愿填报指导等服务，致力于提升学生的考研成功率。

在聚焦专才群体上，济南大学教育家书院的目标是培养一批具有高尚教育情怀、成熟教育思想、独特教育风格、广泛教育影响的教育家型教师，促进优秀教师教育思想的培育与教育理念的革新；东北师范大学志远书院锚定"优师计划"的师范生们，助力其成长为理想远大、信念坚定、学识渊博、教学卓越的优秀教师；上海中医药大学李鼎书院秉承李鼎教授的学术思想和精神，致力于培养高层次针灸推拿学卓越人才，引导学生把中医药文化传承好、把中医针灸学科发展好，服务百姓、服务社会。

（5）特色功能模式

不同于其他模式书院，还有部分书院瞄准输出功能和特色展示，致力于为学生提供更加符合高校育人理念、更能深化全人教育的书院教育。这类书院属于特色功能模式，可以大致划分为研学制、课程制、项目制三个子类型。

第一，研学制书院。这类书院强调学生的研学互动与实践体验，通常依托住宿社区、研学空间、实践基地等空间载体，举办各种文化、艺术、科技活动，促进学生全面发展，如组织学生参与社区服务、科研实践、艺术创作等，以此来提升学生的实践能力和创新精神。

吉安职业技术学院映山红书院，成立于2023年，以红色文化教育为核心，通过红色研学实践活动、思政一体化调研活动等，传承红色基因，培育时代新人。活动形式多样，包括专题讲座、实地走访、体验式教学等，旨在通过实践活动让学生亲身体验和感受革命精神。广东外语外贸大学明德书院，成立于 2019 年 5 月 28 日，坐落于南校区，致力于将学习空间从课堂扩展至公寓，打造"住学研一体"的学生家园。书院通过定期邀请专家学者开展科研讲座，为学生提供学术交流的平台，同时鼓励学生在学业发展过程中找到志同道合的伙伴。书院内设置了阅览室、小型图书馆、讨论区和多媒体会议室，通过硬件设施的优化，将宿舍区域转变为功能齐备的学生活动空间，为学生提供学术研讨、学业辅导、文化浸润和个性化服务。河北大学莲池书院，2022 年由河北大学与保定市人民政府协议共建，以完全托管的方式，打造"沉浸式"国学研究、教学和展示基地。书院活动类型多样，涵盖了文化艺术、思想政治、益智竞技、学术科技和公益实践等多个领域，同时积极探索"实践基地+社团活动"的新模式，创新打造高品质文化活动，为学生提供了丰富的实践机会和文化体验。

第二，课程制书院。这类书院多以定期开展系列课程、讲座、论坛、研讨等方式进行教学，没有学生宿舍或社区作为管理平台，往往以某一门课程或某一期论坛等方式进行管理，没有长期固定的成员，相对侧重教育而非管理。

中国传媒大学阳明书院通过国学通识课程体系搭建、融媒体慕课建设、线上直播论坛、线下主题艺术沙龙等方式，建设具有传媒特色的新时代书院，致力于培养学生的文化素养和人文精神，推动中华优秀传统文化的传承与发展。书院面向全校学生重点开设国学通识课程，联合校内外知名教授、学者共同打造通识教育核心课程系列；同时，每月定期开展艺术主题沙龙，旨在增强学生对中国传统艺术和美学的理解，促进师生之间的交流与互动。济南大学舜耕书院，以传统书院教学法为蓝本，以"舜耕历山"的精神为引领，倡导师生共同研习古今中外经典著作，通过聚徒讲授、研究学问的方式，传道、弘道、讲道、明道、修道。书院活动内容丰富，包括研究生论坛、读书分享会等，旨在提升学生的学术素养和文化品位。书院面向全校学生开放授课，为学生提供了一个深入探究和交流学术问题的平台，促进了学术氛围的营造和学术视野的拓展。

第三，项目制书院。这类书院主要推行特色栏目、专项品牌，或者承担科研项目、学术课题，致力于特定领域的知识传播和学术探索。这类书院通常会设立独立的研究中心，聚焦于新兴科技、人文社科、艺术创作等领域；或者与企业、研究机构等合作，面向社会人士开班，为有志于深入研究某一领域的学生提供了良好的学术环境和资源支持。

浙江大学中西书院，成立于 2020 年 9 月，秉承"学究中西，思通今古"的院训，致力于成为人文社科学术研究的复合型平台。通过研究部、讲学部、中西编译所等机构，书院深化了中国传统学术研究，同时积极引入西方汉学成果，推动了文化的国际交流。书院编辑出版的"浙大文库"丛书和《中国学术》杂志，为学术界提供了丰富的资源，并设置博士后流动站，为年轻学者提供了潜心研究、发扬学术的平台。上海交通大学新儒商书院，成立于 2005 年，是一家专注于国学教育和实践的学术机构。它以易、儒、佛、道等中国传统文化思想为基础，采用沉浸式学习模式，开设经典诠释、领导韬略以及人文游学与论坛交流，注重理论与实践相结合、传统文化与现代理念相结合，旨在帮助现代企业家提升管理和领导能力。云南大学东陆书院，2013 年 4 月 19 日成立，通过举办学术研讨会、定期或不定期的讲座，以及承担国家及本省的重大课题研究，书院不断探索前沿性理论，形成了鲜明的学术特色。书院不授予学位，而是专注于高层次的文化研修和学术研究。同时，书院还设立东陆书院文库，打造学术品牌，致力于扩大云南大学在国内外的学术影响力，耕深传统文化的教育、研究与传播。

总之，类型之间的判定并非界限固定、泾渭分明，部分书院会因其特色属性而可同时归属于多个类型。例如，拔尖人才可同样被视为属于特定群体模式的涵盖范畴之内；在全员制模式的前提下，高校的众书院中依然可以同时包含拔尖人才、免费师范生、港澳台侨学生等具有明显群体属性的书院。由此可见，中国高校书院教育的开放性、独特性和多样性。

二、高校书院的功能定位

（一）文化建设与传承

习近平总书记在 2018 年全国宣传思想工作会议上指出："中华优秀传统文化是中华民族的文化根脉，其蕴含的思想观念、人文精神、道德规范，不仅是我们中国人思想和精神的内核，对解决人类问题也有重要价值。"[①] 正是基于对中华优秀传统文化重要性的充分认识，习近平总书记提出了一系列关于中华优秀传统文化传承发展的规律性认识。[②] 高校书院作为新时代文化传承的载体，不仅在教育模式上进行创新，更在文化传承方面作出积极的探索和尝试。从环境创设的角度来看，无论是独具匠心的建筑美学设计，还是富有深意的书院名称，都融入了对中华优秀传统文化的传承。此外，在理念设计和育人活动等方面，书院通过文化氛围营造、公共设施建设和文化标识打造，建立独具特色的教育平台，形成充满生机和活力的文化社区，为人才培养提供强有力的文化支撑力。

香港中文大学的每所书院都有各自的办学理念和文化特色。新亚书院注重中国文化，院训"诚明"体现了对学生道德品质的要求，它不仅关注学生的知识增长，更重视他们在为人处世中的道德修养，坚守着"求学与做人，贵齐头并进"的核心理念，致力于培养既有深厚学识又具备高尚品德的学生，使他们能够深刻领悟国家深厚的历史文化底蕴，并勇于肩负起时代赋予的社会责任。崇基学院秉承"止于至善"的校训精神，高度重视博雅教育的实施，关注学生的全方位成长与发展，致力于培育兼具自尊心、自信

---

① 习近平：《论党的宣传思想工作》，中央文献出版社 2020 年版，第 342 页。
② 参见郭跃文等：《以中华优秀传统文化涵养中国式现代化》，《光明日报》2023 年 8 月 2 日。

心与自强不息精神的优秀学子。而联合书院则致力于世界文化的传播与交流,其院训为"明德新民",旨在培养具备良好品格、广博学识、独立思考能力和社会责任感的学生。[1] 书院通过第二课堂的建设,创建特色文化项目,传承中华优秀传统文化。通化师范大学长白书院秉承文化育人理念,通过传播中华文化、培育家国情怀、陶冶艺术情操、锤炼意志品质、崇尚科学精神,全面提升学生综合素质。长白书院成立前期,依托校内外研习基地、实践教学平台等举办书院文化实践活动。

上海理工大学沪江书院建立多个工作室形成系列文化项目,依托相关专业教师的学科背景优势,以传播书法、国学、陶艺等中华传统艺术为核心,建设书法工作室、设计艺术工作室、沪江诗礼社、沪江讲坛、陶艺工作室等工作坊,让沪江书院成为人文素养教学课堂、中华文化名家讲坛、传统技艺传习基地、传统文化研究中心与中华文化传播使者,彰显中华优秀传统文化的辐射力和影响力,构筑面向全校师生的中华传统文化传承创新教育与传播交流平台。

贵州大学中国文化书院肩负着传承与弘扬中华优秀传统文化的崇高使命,深植中国文化根基,积极推动东西方文明的相互借鉴与融合。书院致力于对中华优秀传统文化的深度挖掘与广泛弘扬,力图使中国悠久的历史文化在当代全球舞台上焕发新的生机与活力。通过组织严谨的学术研究、举办形式多样的文化论坛以及大力推广国学教育等系列活动,向世界展示中国文化的深厚底蕴、独特意象与生命哲学。

书院发挥环境育人作用,通过对物理空间的利用以及硬件设施的打造进行文化建设。西安建筑科技大学紧紧围绕"开放共享"的核心理念,巧妙借鉴古长安的城市空间规划智慧与秦汉时期的建筑美学风格,巧妙融合现代建筑设计的创新元素,构建了一座融合传统与现代、兼具中国文化特色和现代绿色校园理念的书院建筑群。规划过程中,学校以现代书院制的人才培养

---

[1] 参见范双利等:《论现代大学书院制的建设》,《高教探索》2014 年第 6 期。

模式为出发点，营造了既具有深厚文化底蕴又不失现代感的校园环境，实现了物理空间与教书育人的有机融合。

（二）学生管理与服务

面对经济社会发展对人才需求日益多元化、复杂化的挑战，传统"校—院—系"三级组织架构下学院独立承担人才培养和教育管理的模式呈现不足，专业教育比重过大、培养模式单一等问题日益凸显。因此，书院制作为教育管理模式的全新探索应运而生。一方面，高校通过改进组织管理架构，创设与"学院"分工协调的"书院"实体，将育人功能延伸至住宿社区，广泛开展通识教育。另一方面，可帮助学院从繁杂事务职能中解脱出来，更专注于学科专业教育，将教书与育人紧密结合，形成"一盘棋"的育人格局，推动全员、全过程、全方位服务于立德树人的根本任务，从而实现通识教育与专业教育之间的平衡与张力。由此可见，书院制学生管理体系的构建，既紧密对接通识教育改革举措，又聚焦现有学生管理模式中的不足，充分挖掘学生社区在育人方面的潜力。2019 年 10 月，教育部正式启动"一站式"学生社区综合管理的试点改革，鼓励高校以书院、宿舍等生活园区为基础，探索新的管理模式与服务机制，力求打通育人"最后一公里"，该政策的出台为高校推行书院制提供了坚实依据和实践窗口期。在此背景下，高校通过利用书院制优化大学治理体系，对权责、资源、关系进行分配、整合与协调，旨在升级教育管理系统功能，着力破解院系专业、职能部处、育人队伍之间的职责"模糊化"、分工"碎片化"现象，实现管理结构与功能需求的多元良性互动，以更好地适应新时代新学情新特点。

书院作为学生教育管理的重要主体，首先要管理好学生，满足学生的基本生活需求。书院也需要思考如何在教育学生、管理学生与服务学生发展之间取得平衡，如何利用现有条件去创造一个支持性的学习环境，以最大限度促进学生的全面发展。这才是大学书院制改革成功的关键。在书院载体的牵引下，加强教育管理运行的顶层设计，建立通识教育书院制和专业教育学院制相结合的育人体系，整合人才培养、管理服务等各方资源，将校院领导力量、管理力量、服务力量、思政力量下沉书院社区，构建起"通专融合"的协同支撑平台。①

西南交通大学通过搭建社区智慧管理平台，升级宿舍楼宇人脸识别门禁系统，实现学生生活轨迹数字化管理。打造多元化功能空间，在学生楼栋优化设置学生园区自习室、多功能咨询室、交流研讨室、师生恳谈室、心理咨询室等多元化功能房间，打造雅致、舒适、温馨的空间环境，充分满足学生学习、研讨、交流、咨询等的需求。华中科技大学通过打造"一站式"师生服务中心，实现服务模式的全面升级。从以往的分散式服务转变为高效的集中式服务，从传统的线下服务迈进到线上线下融合服务，从单一的校内服务扩展到"学校+社会"的全方位综合服务，并设立了 24 小时自助服务区，配备多台自助服务设备，师生可以便捷地办理各类事务。

复旦大学在学生社区管理中巧妙融合大数据、人工智能及物联网等技术，系统梳理业务归属，优化管理流程，全方位支撑学校构建教育管理体系。贵州大学建成集教育、管理、服务于一体的"一站式"师生事务服务大厅，坚持"以学生为本"一个理念，构建"线上线下"两个服务平台，建立受理、保障、监督三个机制，实现办结率、办事效率、服务质量、满意度四个提升的服务模式，切实推进智慧社区内涵式建设，助力智慧服务建设走深走实。重庆工程职业技术学院通过"人脸识别+身份认证"技术，及时发现学生社区管理的潜在风险，提升社区管理人员工作效能，用智慧服务助力学生社区高质量建设。

（三）拔尖创新人才培养

习近平总书记指出："深化教育科技人才体制机制一体改革，完善科教

---

① 参见周远：《高校现代书院制在探索中成型》，《学习时报》2022 年 12 月 16 日。

协同育人机制，加快培养造就一支规模宏大、结构合理、素质优良的创新型人才队伍。"① 在中共中央政治局第五次集体学习时，他再次强调："加强拔尖创新人才自主培养，为解决我国关键核心技术攻关提供人才支撑。"② 可见，培养拔尖创新人才是当前我国教育、科技、人才工作的重点之一，也是实现创新驱动发展战略、推动高质量发展的关键所在。高校书院作为一种新型的教育组织形式，以其独特的育人理念和培养模式，在拔尖创新人才培养方面发挥了重要作用。在新时代教育改革的背景下，全国各高校与时俱进，加速书院制建设步伐。通过汇聚校内的优秀学生与优质资源，尝试构建出拔尖创新人才培养的全新模式，诠释高校书院育国才、育优才的本质功能和关键使命。在此过程中，一些高校书院已经进行了有益探索，显示出特色多样化、实践差异化的特点，但总体而言，均围绕国家重大战略和基础学科建设需求，采取选拔入院、小班教学、阶段贯通，培养具备自主研究力、专业创新力的优秀领军人才。

北京大学鹿鸣书院，由生命科学学院创立，面向数学、物理、化学、信息、工程等领域，培养生命科学优秀人才。书院特别开设"鹿鸣书院强基班"，遵循人才学习与成长规律，融合不同专业学生，保持教学连续性，设置本硕博直通，系统形成"大师引领，学科交融，自我发现，多元发展"的人才培养方案，锚定未来国际生命科学的发展趋向，探索创新型生命科学人才培养的中国理念，为学生的专业深化和全面发展提供坚实基础。

同济大学国豪书院是本校教育教学管理改革的新型学院，秉承"同济天下、崇尚科学、创新引领、追求卓越"的新时代同济文化，探索拔尖人才培养新范式。书院具备本研贯通的培养特色，施行完全学分制，推行小班化、探究式教学，瞄准智能科技、先进制造、数字城市、生命健康等国家重

---

① 习近平：《在全国科技大会、国家科学技术奖励大会、两院院士大会上的讲话》，人民出版社 2024 年版，第 9 页。

② 《习近平在中共中央政治局第五次集体学习时强调　加快建设教育强国　为中华民族伟大复兴提供有力支撑》，《人民日报》2023 年 5 月 30 日。

大战略需求，培养知识、能力、人格并重发展以及自主、多元、进阶式成长的专业优才和社会栋梁。同时，书院集成多功能一体化的书院空间，营造师生共育、便捷高效的暖心家园。

山东大学深化"以学生发展为中心、以质量发展为核心"的教育教学综合改革，贯彻落实以"六堂一院"为引领的拔尖人才培养模式，致力于培养优秀本科生，全面推进因材施教。各书院专业侧重鲜明，实施"特色班选拔"，动态评价分流，保持人才"少而精"；书院坚持个性化管理、跨学科培养，旨在培育跨学科思维、跨文化交流、跨领域应用能力；构建"3+1+X"本博贯通式人才培养，开展通识、学科基础和专业核心课程学习，对不同层次差异化要求，严格一体化培养指标。在该培养模式下，书院以服务基础设施建设重大战略需求为导向，为国家提供强有力、多有益的人才支撑。

（四）通识教育与行为养成

通识教育旨在为学生提供广泛的知识背景和多元的思维方式，是一种跨学科、全面性的非专业教育方式。以提高人才综合素质为目标的通识教育在高等教育中发挥着越来越重要的作用，已成为世界各大学普遍接受的国际化议题，并在国内外众多高校得到广泛推行。高等教育应该致力于培养"成人"，不仅要使学生学会"做事"，更重要的是要使学生学会"做人"。现代大学教育不仅应当进行以培养科学知识、技能、能力为目的的专业教育，而且同时应当进行以提高人的基础综合素质为目的的通识教育，即现代高等教育要坚持通识与专识的有机结合和统一。① 从组织模式革新的视角出发，大学实施通识教育的路径多种多样，而其中推行书院制改革无疑具有更为深远

---

① 参见〔美〕哈佛委员会：《哈佛通识教育红皮书》，李曼丽译，北京大学出版社 2010 年版，第 3 页。

的制度性变革意义。复旦大学、西安交通大学等高校是这一变革的先行者与探索者。尽管各高校在书院制的具体实施上各具特色，但都不约而同地在专业教学之外，赋予了书院更加丰富多元的课外教育功能。这种组织模式的创新和转变，为通识教育提供了崭新实践路径，不仅有利于培养具有创新精神和实践能力的高素质人才，也有利于推动整个教育体系的改革与发展。①

复旦大学自 2005 年起，将所有新生分配至各书院中，接受为期一年的通识教育，且第一年的日常管理工作全权由书院负责。通识教育的实施包含两个方面：一是通过第一课堂进行的教学；二是依托书院制开展的活动与管理。2012 年，复旦大学建立本科生院，将新生书院与教学管理职能部门有机整合，形成更为完善的教育管理体系。本科生院依据文理科学生的差异及各学科特性，对课程设置进行了科学规划与合理安排。这一改革使得通识教育不再局限于某一特定阶段，而是贯穿了整个本科教育的全过程，为学生提供了更为全面、系统的通识教育体验。

华东师范大学光华书院以学生第二课堂为载体，坚持立德树人，全面提升学生的思想政治水平、文化艺术素养和道德法治观念。将通识教育与第一课堂紧密地结合起来，合力打造具有厚实专业基础、兼备多学科知识、富有创新意识、具有国际视野的优秀人才。光华书院以家国情怀与理想信念、传统文化与人文经典、科学素养与科研创新、艺术鉴赏与审美体验、职业素养与就业创业、国际视野与多元文化等为基石，致力于构建起全面而多维的育人体系。

南京审计大学澄园书院在教育改革中，以通识教育为基石，致力于构建融合专业教育与全人教育的新模式。通过导师队伍引领，建立双院联动、师生共同成长的育人机制，为学生提供全方位的发展支持。同时，书院以学生社区为平台，打造"温馨、平安、共享"的学习生活环境，让学生在舒适

---

① 参见何毅：《现代大学书院的性质定位及其教育理念》，《大学教育科学》2018 年第2 期。

的环境中快乐成长。书院致力于通过"创新、体验、躬行"的素质拓展活动，激发学生的潜力和创新精神。在特色项目上，结合书院制教育管理模式以及国内高校的教育管理现状，全面考虑学生的发展需求，从思想教育到制度规范，从文化传承到创新实践，从理论学习到科研探索，为学生提供丰富多样的学习和发展机会。

（五）文化交流与国际视野

"文化"一词含义丰富，包括艺术、宗教、道德、法律、人文风俗等，其所涉领域并非某个学科可以简单涵盖，而书院却正是跨文化、跨学科的综合学习平台。书院通过打破文化间、地域间、学科间的藩篱，使不同文化、不同背景、不同学科的学生可以共同生活、交流，提供跨学科的课程和课题，培养学生综合思维能力和跨学科思考方式，进一步开阔视野意识。此外，书院着重培育学生的协作意识、团队精神及包容性品格，鼓励学生与来自不同专业领域与文化背景的同侪携手，共同探究重大的社会议题、经济现象及热点问题，不仅有助于学生累积跨学科的学识，更能锤炼其沟通技巧与团队协同能力。作为书院的一项特色管理举措，混住模式为学生搭建了更为宽广的交流平台，使他们有机会接触并汲取不同专业、不同年级同学的知识养分，从而拓宽自身的知识架构与人际网络。这种交流不仅拓宽了他们的心胸视野，还有助于他们积累社会资本，为未来的职业发展打下坚实的基础。[①]

在长期的教育实践历程中，北京大学元培学院与全球顶尖高等教育机构建立了稳固且富有成效的交换生合作体系。自 2014 年伊始，元培学院为留学生设置了与中国学生同室共居、共度四年的机会，使他们能够全方位沉浸体验独特的住宿书院文化。这一创新性安排吸引了来自美国西点军校、加州

---

① 参见蔡俊兰：《继承与创新：香港中文大学书院制研究》，《高教探索》2017 年第 5 期。

大学伯克利分校、日本东京大学、澳大利亚格里菲斯大学以及中国香港和澳门等多所知名学府的交换生前来参与，共同书写了跨文化交流的精彩篇章。元培学院致力于为学生们打造国际化、充满活力的学习和生活环境，在住宿书院内设立了丰富的国际化项目，并精心营造国际化的氛围，鼓励学生们"走出去"拓宽视野，同时也"请进来"国际友人增进交流。这些项目的实施，为学生们提供了更多与国际同行交流学习的机会，促进了学生们之间的相互认知与学术交流。①

西湖大学建立 α、β、γ、δ 四大书院，打破原有按照学院和学科划分学生的传统，不同文化、语言、家庭和专业背景的学生，可在录取后自主申请心仪的书院，实现跨学科、跨文化的交流。香港中文大学将不同学科、不同专业、不同年级、不同文化背景甚至不同国籍的学生按照学生自愿、学校随机分派并兼顾多类型搭配相结合的原则分配到相应书院。中国人民大学远见书院覆盖苏州校区三个学院，包括中外合作办学形式培养的本科生、全日制专业硕士、"一带一路"共建国家留学生，突出"多校区联动、一体化设计"，为学生提供优质的思政教育与教学科研资源，聚力创造思想交流、知识碰撞、能力拓展的学习成长空间，打造参与度高、交叉度高、协同度高的学生学习成长共同体，聚力培养"自由行走于东西方两个文化平台"的"复兴栋梁、强国先锋"。

三、高校书院的分布变化

（一）现阶段高校书院分布

据不完全统计，截至 2024 年 9 月，全国开展书院建设的 226 所高校，

---

① 参见孙华：《中国特色博雅教育体系建设初探——以北京大学为例》，《学校党建与思想教育》2018 年第 2 期。

共建成书院 711 所（如图 3-1 所示）。图 3-1 至图 3-5 为 2017 年至 2024 年
9 月全国高校书院建设情况的多维示意图。

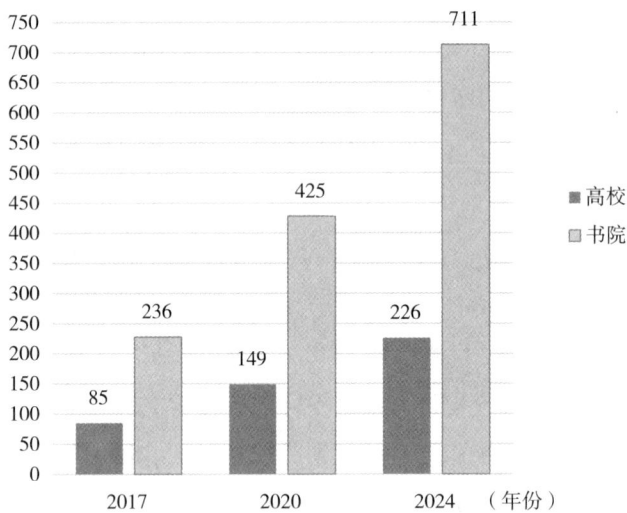

图 3-1　2017—2024 年全国高校的书院建设总量情况

从地理维度来看，华东和华北地区的书院制高校相对集中，与其高等教
育资源集聚度呈正相关。据表 2-1 可知，截至 2024 年 9 月，两地区建有书
院的高校数量约占全国的 54.9%，其书院数量约占全国书院总数的 55.4%
（如图 3-2 所示）。这说明了高校作为书院建设母体的基础性作用：书院制
的生长本质上依托于高校这一制度载体，高校密度一定程度上决定了书院发
展的可能性空间。

在总计 711 所书院中，440 所为全员制书院，覆盖学校全体学生，如海
南大学 2022 年成立丹心、子衿、乘风等 16 所书院，使每个学生都有自己所
属的书院，从而加强对学生的教育管理。其余 271 所为非全员制书院，其中
拔尖培养模式书院占比最高，约达 32.5%（88 所）；特色功能模式书院次
之，约占 26.2%（71 所）；分学科模式书院共 50 所，约占 18.5%；仅覆盖
本科部分年级的书院有 44 所，占比约达 16.2%；另有 18 所特定群体模式书
院，占比约达 6.6%。71 所特色功能模式书院中，研学制书院 32 所，课程

华北 东北 华东 华中 华南 西南 西北

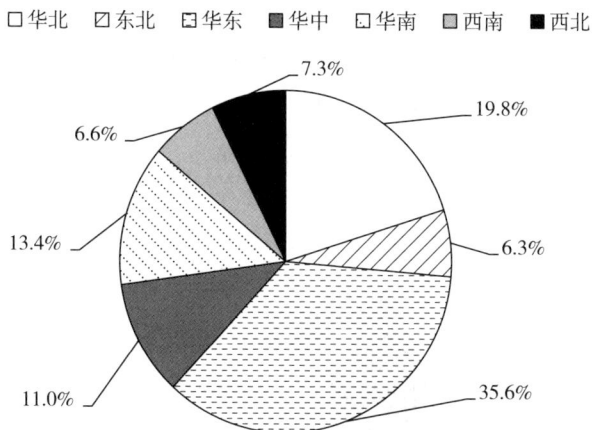

图 3-2 2024 年全国高校的书院建设分区占比饼图

制书院 28 所，项目制书院 11 所，分别约占该类型书院的 45.1%、39.4%、15.5%（如图 3-3 所示）。

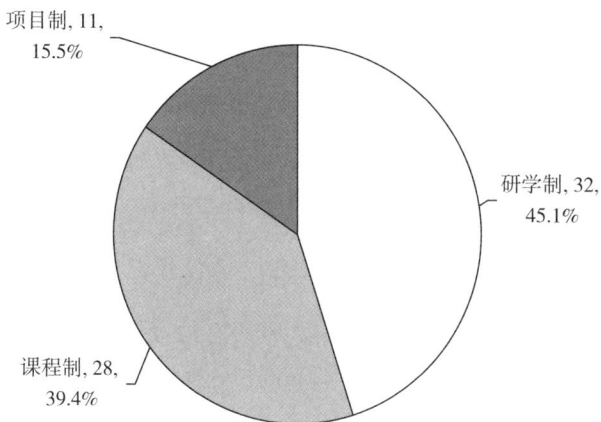

图 3-3 2024 年特色功能模式书院子类型数量占比饼图

（二）新增书院的类型变化

中国高校书院制建设的进程持续加速，自 2020 年以来，全国共有 77 所高校新成立了 286 个书院。从地域分布来看，华东地区新增 93 个，华中地区新增 54 个，华北地区新增 53 个，华南地区新增 30 个，东北地区新增 27 个，西南地区新增 16 个，西北地区新增 13 个（如图 3-4 所示）。华中和东北地区增速较快，增幅分别高达 225% 和 150%（如图 2-2 所示）。

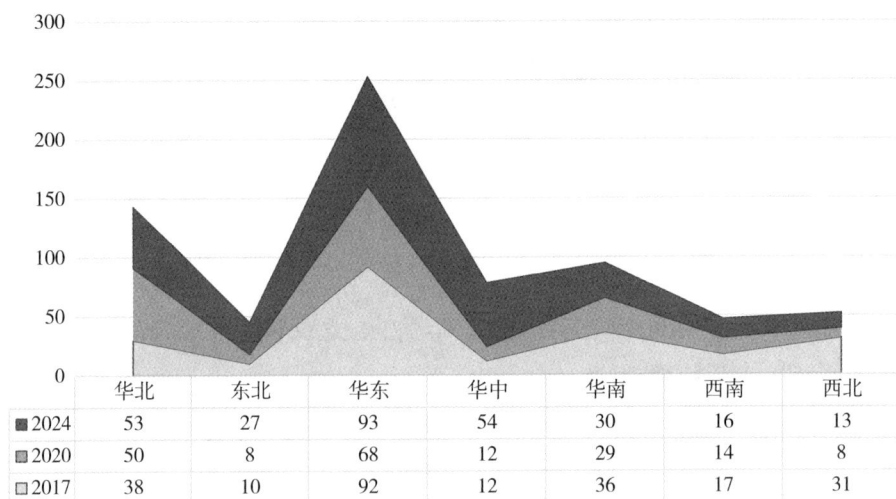

	华北	东北	华东	华中	华南	西南	西北
■ 2024	53	27	93	54	30	16	13
▨ 2020	50	8	68	12	29	14	8
□ 2017	38	10	92	12	36	17	31

图 3-4　2017—2024 年全国高校书院新增情况

在新成立的书院中，按类型划分，实体书院的数量远高于非实体书院，表明以住宿平台进行学生的教育和管理的方式更为各高校所接受并实行。多数高校倾向于依托现有宿舍楼宇划分书院，构建"一站式"学生社区。在新增的 286 所书院中，全员制模式书院共计 192 个，约占新增书院总量的 67.1%；另外的 94 个非全员制模式书院中，拔尖培养模式 32 个，特色功能模式 29 个，分学科模式 17 个，低年级模式 8 个，特定群体模式 8 个。在新增的特色功能模式书院中，研学制书院 16 个，占比 55.2%；课程制书院 9 个，占比 31%；项目制书院 4 个，占比 13.8%（如图 3-5 所示）。高校探索书院制建设时基于有教无类、因材施教的教育理念以及对自身需求的考虑，呈现出全员制模式书院远多于非全员制模式书院、重视拔尖创新人才培养与特色书院文化涵育的普遍情势。可见，将学生长期纳入书院管理，并根据不同阶段实施针对性通识教育的模式成效显著，受到了广泛认可。

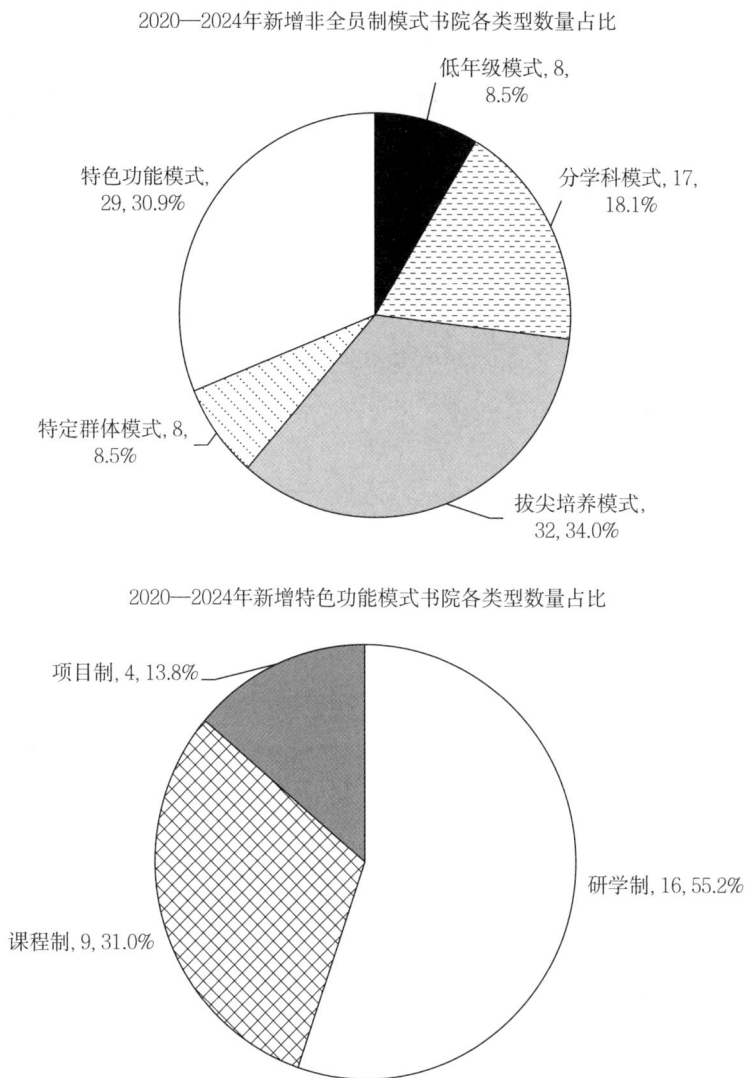

2020—2024年新增非全员制模式书院各类型数量占比

2020—2024年新增特色功能模式书院各类型数量占比

图 3-5 2020—2024 年新增非全员制模式书院（上）及
新增特色功能模式书院（下）构成饼图

由图 3-5 可知，在新增的非全员制书院中，拔尖培养模式书院数量位
列第一，共 32 个，占比 34%。这一趋势与教育部"强基计划"的实施和国

家"基础学科拔尖学生培养试验计划"的推行密不可分。许多高校也认识到在做好全员育人的基础上，突出拔尖人才培养的重要性，因而更注重根据学生特点进行教育，培养高素质人才。同时，特色功能模式书院数量位居第二，共 29 个，占比 30.9%。这反映出各高校越来越重视书院特色建设和教育实效性，力求通过更全面、灵活、务实的培养管理模式，满足学生个性化成长发展需求。

高校书院制模式的发展是一个持续优化与升级的过程。书院教育凭借其多样化的育人形式，展现出强大的生命力与适应性。随着社会的不断发展和进步，高校书院制模式正面临新的发展机遇与挑战。未来，仍需要紧跟时代步伐，适应快速变化的社会需求，不断拓宽育人维度、深化育人内涵。

| 第四章 |

高校书院育人的机遇与方向

书院制作为一种学生教育管理的积极探索和有效尝试，是书院育人的重要载体，承古纳新发展至今，在高等教育领域展示出蓬勃生机和独特魅力，具有广阔的发展前景和延展空间。新时代背景下，中国高校书院的育人实践需紧扣时代脉搏，聚焦学术前沿，立足现实需求，推动持续创新。当前，面对世界百年未有之大变局，中国高等教育步入高质量发展阶段，这不仅是服务国家发展战略的必然要求，也是教育体系自我革新与超越的历史性契机。在此背景下，中国高校书院发展面临前所未有的机遇与挑战，既是高等教育全面深化改革的缩影，也是教育模式在传承与创新中面向未来的重要探索路径。中国高校书院的未来发展需要在理论与实践层面形成深度协同，回应社会需求、助力人才培养，进一步推动教育范式的转型升级。

一、高校书院育人的发展际遇

在深化高等教育综合改革的背景下，高质量发展和人才培养模式创新已成为高等教育发展的重要议题。高校书院制作为教育管理与人才培养的创新形式，应主动寻求与时代发展需求的契合点，顺势而为探索可持续发展的路径。具体而言，高校书院制的发展需要深入认识和全面贯彻当前中国高等教育的新政策、新举措，系统把握国内外高校育人的发展趋势与特色经验。同时，应以批判性视角审视书院制发展中的"风向"（政策导向）与"路向"（实践路径）之间的契合性与可行性，从理论和实践层面厘清书院制的现实背景与发展思路。通过这一过程，能够为高校书院制建设提供科学依据，提升其实效性，助力中国高等教育的高质量发展与教育模式的创新突破。

（一）教育改革的时代脉搏

深化改革，需求先行。当前与未来，我国高校育人工作需优先关注以下发展需求：一是把握高等教育发展的平衡性与充分性，促进教育公平与质量提升；二是健全教育政策与体制机制，优化顶层设计；三是创新人才培养模式，注重多样化和高效性；四是加快教育信息化与智能化的深度应用，推动教学手段现代化；五是加强教育的国际化与合作化，拓展全球视野；六是优化书院制的科学性、适应性与延展性，以满足新时代育人需求。为实现上述目标，需要从理念更新、结构升级、技术融合三个层面协同发力，全面推动高等教育向高质量方向发展，为书院教育的创新奠定坚实基础。在人才培养模式改革方面，应坚持以学生为中心，强化个性化教育与全人教育，凸显书院在学生综合素质提升中的核心作用。同时，书院的新建设需牢固树立"以学生为本"的理念，注重智德并重、通专融合与科教协同，充分展现与高等教育发展规律及教学改革趋势相契合的时代特征，为我国高校育人工作探索出可持续发展的新路径。

1. 新时代高等教育高质量发展

"高质量发展是全面建设社会主义现代化国家的首要任务。"[①] 党的十九

---

① 习近平：《高举中国特色社会主义伟大旗帜　为全面建设社会主义现代化国家而团结奋斗——在中国共产党第二十次全国代表大会上的报告》，人民出版社 2022 年版，第 28 页。

大以来，国家明确提出要在"十四五"期间构建高质量教育体系。党的二十届三中全会也强调深化教育综合改革，推进教育数字化，指出要加快建设高质量教育体系，统筹推进育人方式、办学模式、管理体制、保障机制改革。这一战略定位不仅关乎国家经济的转型升级，也深刻影响着社会各个领域的进步与发展。在这一背景下，高等教育作为国家发展的重要基石和人才培养的摇篮，其高质量发展是推进中国式现代化的必然要求。高等教育的高质量发展，核心在于提升教育质量，培养高素质、复合型人才。这要求高等教育机构要实现理念更新、结构升级、技术融合等因素的多轮驱动，以满足社会经济发展和科技进步对人才的需求。第一，理念更新。高等教育发生注重教育过程的品质与效果、注重教育机构主动对接经济社会发展需求、注重教育公平性与多样性、注重教育国际化和开放化的理念跃迁[1]，引导书院教育朝着质量导向、需求导向、特色导向、开放导向的方向不断发展。第二，结构升级。高等教育体系正经历学科专业、层次、区域、国际等方面结构的布局优化调整，内部治理体系日趋完善，人才培养模式接续创新，由此发生的多角度、深层次演变，有助于促进构建良好的教育生态，[2] 为书院育人的创新发展提供框架支撑。第三，技术融合。科技进步与转化作为高质量发展的智能化信号，推动着教育资源的开放共享、教学模式的创新转型、教育管理与评估的精准施策，为书院教育提供海量信息、开放资源、平台支持、机制保障，从而助益个性化教学、沉浸式学习体验、教育过程精细化管理。综上，理念更新、结构升级、技术融合等方面的要素变革，映射出高等教育高质量发展的诸多有利条件和重要机遇，为书院制教育模式的健全、推广、进步奠定坚实基础，有助于提升教育的质量与效率。

---

① 参见赵继等：《中国高等教育高质量发展的若干问题》，《中国高教研究》2019 年第 11 期。

② 参见张会庆：《"三位一体"引领下中国式高等教育高质量发展的系统逻辑与行动路向》，《黑龙江高教研究》2024 年第 1 期。

2. 高等教育人才培养模式改革

习近平总书记在党的二十大报告中指出："坚持为党育人、为国育才，全面提高人才自主培养质量，着力造就拔尖创新人才，聚天下英才而用之。"① 人才培养模式的演进历经了从"以国家为本"到"以社会为本"再到"以学生为本"的历程②，彰显出从单一至多元、从封闭转开放、从分割趋融合的鲜明特点。近年来，学术型、应用型、复合型、创新型等模式探索，以及"拔尖计划 2.0"、大类招生、书院制、学分制、导师制等实践创新，均体现出高等教育体系的丰富性与适应性。自 20 世纪 90 年代以来，学界对人才培养模式的研究关注度迅速提升，学者们普遍认为，人才培养的目标、内容、方式、评价是模式改革的聚焦点，呈现出多维度、全方位的趋势。③ 高校聚焦立德树人根本任务，着眼于培养目标与育人理念的革新、课程体系与教学内容的再塑、教学方法与模式的总结、评价体系与管理机制的优化，有效推动学科交融、实践创新、灵活互动、评价合理、管理高效，致力于鼓励学生个性、服务全面成长。④ 其中，人才培养对象的多元化是改革的关注重点之一，不同层次、不同背景、不同诉求的学生群体需要精细化和个性化的培养，既是"因材施教"理念的一脉相承，也是"精准思维"思想方法的教育诠释。总之，人才培养模式改革的导向能够为书院制教育模式的路向带来关联性启发，促使高校书院育人与时俱进、响应要求、回应需求，以"人"为本，做"学生"的工作，育"人才"的未来。

---

① 习近平：《高举中国特色社会主义伟大旗帜　为全面建设社会主义现代化国家而团结奋斗——在中国共产党第二十次全国代表大会上的报告》，人民出版社 2022 年版，第 33—34 页。
② 参见郭荣祥：《高等教育人才培养模式的演进》，《现代教育管理》2010 年第 2 期。
③ 参见余胜泉等：《智能时代的人才培养模式改革与创新》，《开放教育研究》2024 年第 3 期。
④ 参见睢依凡等：《全面提高自主培养质量：大学人才培养模式创新行动的逻辑》，《江苏高教》2023 年第 9 期。

3. 书院制建设与改革同向同行

现代高校书院制以其前瞻性的教育理念和模式，与新时代高等教育教学改革的方向相一致，展示出书院育人与高等教育发展的同频共振、同向而行。首先，学生为本。书院制倡导"以学生为中心"的教育哲学，意在落实"全人教育"，通过创设活跃的学术环境、充实的课程资源与多元的实践平台，激发学生自主学习热情，强化创新思维与团队协作能力，实现个体成长与价值实现的双重目标。其次，智德并重。现代书院制凸显了书院教育的文化底蕴，不仅追求知识积累、重视专业进步，还强化德育教育、滋养人文精神，通过引导德育兴趣、开展实践教育，全面促进学生思想升华，为未来更好担当社会角色奠定坚实基础。再次，通专融合。为响应人才培育的多元化诉求，书院制通过通识教育与专业教育的交织，辅以导师制与小班教学，锻造具备广阔视野、深厚专业功底与跨学科创新力的复合型人才，以满足社会对高素质人才的渴求。最后，科教协同。书院制强调科研与教学的密切联系与融合作用，通过搭建科研平台、促进学术交流与师生合作，加速知识创新与技术进步，为培养高端创新人才、服务国家创新驱动发展战略、助力社会发展注入强劲动力。可见，现代高校书院制不仅是教育模式优化、人才培养升级的实践路径，也是高等教育适应时代变迁、实现内涵式发展的重要抓手。现代高校书院制与新时代高等教育教学改革的高度契合性和适应性，将有力助推未来高校书院制的发展。

（二）特色模式的前沿探索

多元化育人探索已成为我国高校追求卓越教育品质、培养面向未来人才的重要课题。在这一过程中，通过构建独具特色的人才培养机制，各高校逐步探索并提炼出具有推广适用性的人才培养规律。这些探究不仅对我国高等教育发展产生了深远影响，还为高校书院制的建设提供了丰厚的实践经验和理论支持，成为推动书院制创新发展的重要土壤。

1. 理念创新，体系重构

在全球高等教育的变革浪潮中，理念创新与体系重构成为高校追求卓越教育品质的关键要素。这一转变旨在打破传统的教育框架，转向以学生为中心的教育模式，通过具体的举措创新，高校旨在培养学生的创新思维、解决问题的能力以及社会责任感，使他们能够更好地适应未来社会的需求。比如，欧林工学院突破传统，以项目为轴心，构建"课程—项目"深度融合的教育体系，秉持"工程始于人，终于人"的核心理念，致力于培养具有跨学科思维、创新精神和社会责任感的未来工程师，引领工程教育从科学范式向实践范式转型。[①] 再比如，西湖大学秉承"小而精、高起点"的教育理念，聚焦理、工、医学科，通过构建特色学科平台，促进交叉融合，培养具备国际视野、创新能力的复合型拔尖人才，[②] 体现了其在学科建设与人才培养上的高定位与差异化路径。

2. 产教融合，协同育人

作为当前高等教育中一项重要改革举措，产教融合、协同育人旨在加强高校与产业、社会的紧密联系，共同构建一个教育与实践紧密结合的生态系统。由此，高校能够更加精准地对接产业需求，为学生提供实践机会，从而显著提升其实践能力和创新意识，使教育过程更加贴近现实世界的挑战与机遇。比如，深圳理工大学紧紧依托中国科学院深圳先进技术研究院的优质科研平台，将科学研究与教育实践深度融合，形成了"教育、科研、产业、人才"四位一体的现代化大学构建思路。学生能在学习过程中直接参与到

---

① 参见马廷奇等：《美国工程教育产教深度融合的经验与启示——以欧林工学院为例》，《现代教育管理》2023 年第 7 期。

② 参见阙明坤等：《我国建设新型高水平民办大学的背景、挑战与策略——以西湖大学为例》，《高校教育管理》2020 年第 4 期。

前沿科研项目和产业实践中，不仅提升了科研能力，还培养了企业家精神和
市场意识，为学生架设了从理论到实践的桥梁，为社会输送兼具科学家精神
与企业家精神的复合型创新人才。再比如，中国科学院大学以"深度学习"
课程改革为例，通过引入企业资源、科技前沿与产业平台，推动了课程内容
与教学方法的创新，实现了学术与产业的深度融合，培养了应用型卓越工程
人才，展现了科教融合在新时代背景下的新路径。①

3. 评价多元，制度创新

高校采用多元评价与制度创新，以确保教育质量和学生的全面发展。传
统上，高校往往侧重于学术成绩的评估，而忽视了学生其他方面的能力和潜
力。然而，随着教育理念的演进，越来越多的高校开始意识到，为了培养适
应未来社会需求的人才，必须采用更为全面和灵活的评价体系，关注学生的
综合能力与价值观的培养。比如，上海纽约大学在选拔与培养过程中，实行
"三位一体"的综合评价体系，强调学生高中学业、综合素质及高考成绩的
综合考量，并通过校园日活动全方位评估学生的适应性和潜力，同时建立第
三方评价和监督机构以保证育人质量。② 此外，中国科学院大学在治理体系
上不断革新，建立了以学部和学科群为核心的学术体系、"研究机构、学部、
大学"三位一体的新型办学模式、"两段式"培养、教师交叉互聘等，构建了
灵活高效的育人机制，确保了人才培养与国家战略需求的紧密对接。③

4. 文化交融，视野全球

在全球化的背景下，高等教育机构越来越注重培养具有全球视野和跨文

---

① 参见刘继安等：《科教融合的动力机制、治理困境与突破路径——基于中国科学院大学案例的分析》，《中国高教研究》2020 年第 11 期。
② 参见民盟上海市委课题组等：《关于中外合作办学运行机制的思考——以上海纽约大学为例》，《教育发展研究》2012 年第 7 期。
③ 参见王艳芬等：《深化科教融合，培养未来科技领军人才》，《中国科学院院刊》2023 年第 5 期。

化交际能力的学生。这一趋势促使高校致力于构建一个国际化学习环境，让学生能够在一个多元文化的空间里学习、生活和成长，从而促进跨文化交流与理解。这种文化交融不仅能够增强学生的全球意识，还能帮助他们在未来的职业生涯中更好地适应国际化的职场环境。比如，上海纽约大学不仅课程设计跨越东西方文化界限，将哲学、政治、社会等多元内容融入通识教育，而且通过全球学术辅导员制度，提供多语种、跨文化的学术支持，增进国际理解，促进学生在全球文化背景下的学术交流与个人成长。[①] 再比如，香港中文大学书院制独步香江，承继英国书院制度的精髓，融合中西文化，形成九大学术与文化并蓄的书院。书院文化深植传统，各具特色，既扬华夏文明之美，又纳西方博雅教育之广，形成兼容并包的教育生态。[②]

5. 科研引领，学科交叉

在全球知识经济时代，高校日益在理念上争先、在行动上落实，强调科研引领，推动学科交叉融合，培养具备深厚理论基础和创新实践能力的复合型人才。高校将科研活动置于教育的核心地位，以此作为培养未来学者和专业人士的基石。同时，高校追求打破传统学科界限，促进不同学科间的知识交流与合作，有助于学生发展全面的视角和技能，激发创新思维，跨领域工作，培养复合型人才。比如，西湖大学立足中国大地，坚持以"科学的本土化应用"[③] 为逻辑起点，致力于在基础科学研究与技术转化应用中解决本土社会经济发展的关键问题，形成科研与教育、社会服务的内在统一，体现了其在科研活动中注重与国家需求紧密对接的特色。再比如，中国科学院大学以雄厚的科研力量为依托，构建了以科研单元为基础的教育体系，将科研

---

① 参见吴小玮：《选拔"最适合"的优秀学生——来自上海纽约大学自主招生的启示》，《全球教育展望》2013 年第 12 期。

② 参见杨元建：《香港中文大学书院制的特色及优势》，《教育学术月刊》2020 年第 4 期。

③ 丁建洋：《科学的本土化应用：西湖大学科学活动的逻辑图景——一种新型研究型大学的改革方略》，《江苏高教》2019 年第 3 期。

前沿与教学实践深度融合，旨在培养既有扎实理论基础，又具备创新实践能力的复合型人才。①

6. 书院涵育，全人教育

高校通过书院制或类似体系，提供个性化教育，强化师生互动，促进学生社群文化和全面素质的提升。比如，香港中文大学发挥书院制特色，书院依据自身特色设计活动，强调专业性与品牌化，非形式教育活动丰富多彩，如"共同膳宿""领袖论坛"。导师兼具学院与书院双重角色，与学生建立密切联系，不仅在学术上指导，更在生活、职业规划上给予个性化关怀。这种制度深入学生日常，通过定期交流、师友计划等方式，实现对学生全人成长的精准导航。② 再比如，深圳理工大学建立"学院＋书院＋研究院"的"三院一体"育人模式，强调通识教育与社群教育。同时，通过书院提供的多样化活动与平台，如新生团建、寝室探访、书院第一课等，不仅关注学生的知识获取，更重视其情感、社交、伦理道德等方面的均衡发展，真正体现了"知行合一，理德正行"的校训精神。

此外，高校也在积极探索如复合型专业、智能学习空间、第四种大学形态等其他特色育人实践，为未来高校书院制建设提供崭新维度。比如，PPE（Philosophy，Politics and Economics）专业将哲学、政治学、经济学等学科结合在一起，作为一种跨学科的典范，在新文科建设中呈现出显著的特色和前瞻性。智能学习空间通过技术赋能与空间重塑、环境感知与智能响应、学习优化与教学创新，促进逐步形成了集智能化、个性化、开放性于一体的新型育人模式，不仅能提升学习者的学习效能，也可极大拓展教育的可能性边界。③ 第四种大学形态则是未来将孵化出的一种多样化的、弹性化的、全面

①　参见林彦红：《科教融合理念的创新与实践——以中国科学院大学为例》，《研究生教育研究》2015 年第 4 期。

②　参见杨元建：《香港中文大学书院制的特色及优势》，《教育学术月刊》2020 年第 4 期。

③　参见刘晓彤等：《智能时代高校数字化学习空间——特质定位、场域形态与未来图景》，《电化教育研究》2022 年第 12 期。

开放、全面智联的全新的大学形态，具有师生构成开放多元、教育资源共通共享、教学安排自由自主、教育生态协同融合等特征，为中国高校现代书院制建设提供了新的思路和方法。

（三）育人实践的政策机遇

高等教育改革的核心价值取向是为了提高教育教学质量，培养社会主义事业的建设者和接班人。[①] 近年来，我国高等教育办学育人紧跟时代步伐，响应党的号召，以立德树人为根本任务，力求在信息化、国际化的背景下，优化育人理念，创新办学体制，培养拔尖人才，理论与实践并举，推行了一系列前沿举措，比如，选拔培养国家基础学科和重大战略领域"后备军"的"强基计划"；创新高等教育办学体制、优化高等教育布局的独立学院转设；校地共建、跨区联动的异地研究院；促进多元文化交流对话的留学生教育；整合生活及工作空间的研究生教育延伸；精准指导培养复合型人才的第二学士学位等，都为高校书院制发展提供了全新机遇。

1. 强基计划

"强基计划"是我国高校立足国情和教育发展现状，基于自主招生、综合评价招生工作成效和"珠峰计划"人才培养经验进行的一项拔尖创新人才选拔与培养的实践探索。[②] 该计划聚焦于数学、物理、化学等基础学科及相关专业，致力于选拔和培育服务国家重大战略需求，并具备优秀综合素质和突出基础学科能力的拔尖学生，为其提供专门的培养路径，以输送人才至国家关键战略领域。

[①] 参见张志远等：《地方本科高校人才培养模式改革的实践探索》，《重庆高教研究》2021 年第 2 期。

[②] 参见王新凤等：《我国高校实施"强基计划"的缘由、目标与路径》，《高等教育研究》2020 年第 6 期。

"强基计划"突出基础学科的支撑引领作用，注重实行小班化、导师制培养，并探索本硕博衔接的培养模式，体现了对人才培养质量的高度重视。通过提供小班研讨、科研实践、国际交流等多元教育资源，以促进学生学术与社会能力的全面发展，[①] 为学生提供更加优质的教育资源和成长环境，促进其全面发展。该计划的实施，一方面是对以往自主招生政策的优化与调整，旨在解决自主招生中出现的诸如政策偏差、公平性等问题；另一方面也体现了教育政策的渐进主义特征，通过不断试错和完善，寻求更科学、公平的选拔机制，服务于国家战略目标和人才需求。然而，计划在执行中也面临着如何平衡计划性与个人发展自由度、如何兼顾不同利益主体诉求等挑战，需要进一步丰富政策内涵，明确高校与国家责任，完善综合评价内容，[②] 以增强政策的针对性和实效性。

"强基计划"的出台，标志着中国高校在办学育人方面的前沿探索，通过创新的招生与培养机制，服务于国家战略需求，展现了高等教育的时代使命。[③] 作为高等教育教学改革的重要节点，"强基计划"为推动高校书院制建设和书院育人发展提供了宝贵的参考与思路拓展。它不仅为书院学生的覆盖范围和模式划分提供了依据，还进一步强化了书院在培养拔尖创新人才方面的使命导向。

2. 独立学院转设

独立学院转设是当前我国高等教育体系内一项关键的改革举措，旨在解决伴随自 1999 年高等教育大众化战略实施而衍生的一系列问题。它本质上是对原有办学体制的革新与突破，旨在解决独立学院"校中校"、产权归属

① 参见阎琨等：《"强基计划"实施的动因、优势、挑战及政策优化研究》，《江苏高教》2021 年第 3 期。

② 参见杜瑞军：《"强基计划"的改革动因、面临问题及其未来走向》，《教育发展研究》2021 年第 22 期。

③ 参见全守杰等：《"强基计划"的政策分析及高校应对策略》，《高校教育管理》2020 年第 3 期。

模糊、内部治理不完善等问题，以促进高等教育体系的优化升级、高等教育的内涵式发展以及治理体系的现代化。

为规范独立学院办学，促进高等教育结构优化，自 2006 年起，国家教育行政部门陆续出台政策，推动独立学院转设。① 2020 年 5 月，教育部办公厅发布的《关于加快推进独立学院转设工作的实施方案》指出，独立学院转设的路径包括转为民办、转为公办、终止办学三种。② 独立学院转设既是新时代国家政策导向的客观要求，也是独立学院自身健康持续发展的内在需求。③ 这一改革旨在促使独立学院摆脱对母体高校的过度依赖，实现自主办学，明确产权归属，完善内部治理结构，最终促进高等教育的均衡发展与质量提升。

独立学院走向真正意义上的独立，是必然趋势。但当前，独立学院转设依旧面临一些问题，包括办学定位失准、多方利益失衡、母体品牌失效、发展资源失缺等不连续困境。因此，高质量转设需政策规范支持，激励内生动力，回归教育逻辑，综合施策确保转型，强调高标准定位与特色建构，创新发展路径，平衡各方利益，引导独立学院专注办学，优化治理，明晰功能，实现可持续高质量发展。④ 此外，转设后面临的大专业改革的适应性问题也尤需注意。

独立学院转设既是政策驱动下的重要一步，也是高等教育发展过程的阶段性表现，它标志着中国高等教育正向着更加规范、公平和高质量的方向迈进，有利于构建更加多元、包容和高效的高等教育生态。转设后的独立学院为书院制提供了培植实验田和发展新机遇，在灵活性、创新性、特色化、资

---

① 参见王一涛等：《公办型独立学院转设的困境、路径及对策建议》，《复旦教育论坛》2021 年第 3 期。

② 参见教育部：《关于独立学院转设有关问题的说明》，2021 年 6 月 6 日，见 http://www.moe.gov.cn/jyb_xwfb/moe_1946/fj_2021/202106/t20210607_536085.html? from = groupmessage&isappinstalled = 0。

③ 参见杨新春等：《独立学院转设的动因、困境及对策再探析——以江苏为例》，《中国高教研究》2021 年第 4 期。

④ 参见田一聚：《论我国独立学院的高质量转设》，《高校教育管理》2022 年第 2 期。

源整合、国际化等方面都为其提供了丰富的养料。

3. 异地研究院

创新驱动背景下，高校异地研究院成为政产学研合作的直接载体和高校科技成果转化的重要平台①，旨在整合高校科研优势与地方产业需求，推动技术转化和人才培养，服务于地方经济社会发展。这类研究院通常位于高校本部之外的地区，依托高校的科研资源和地方的产业环境，形成产学研深度融合的生态系统。它们打破了传统高校办学的地域局限，通过校地共建模式，将高校的科研优势与地方的产业需求紧密结合，成为推动地方经济社会高质量发展的重要驱动力。目前，已有各种各样的异地研究院顺势设立，比如北京大学深圳研究生院等。

在运作模式上，异地研究院通常通过建立理事会领导下的院长负责制实现内部治理的高效运行，既能保持与高校母体的紧密联系，又能享有相对独立的决策权，灵活应对地方产业发展的需求，确保科研资源的持续输入，加速科研成果向市场应用的转化，为地方经济注入创新动力。同时，高校、政府和企业三者之间紧密合作，各方明确职责，强化协同管理，共同促进研究院的内涵式发展。此外，异地研究院还扮演着高校社会职能延伸的角色，通过跨区域联动，加速知识和技术的传播，为区域创新体系的构建贡献力量。然而，异地研究院在发展过程中亦面临挑战，包括定位模糊、运行机制不健全、权责归属不清等问题，需明确自身定位、优化组织结构、建立科学合理的管理机制。

综上所述，高校异地研究院在高等教育教学改革深化的背景下，正成为高校办学育人模式的全新探索方向。它们为高校人才培养、科学研究、社会

---

① 参见寇晓东等：《新型研发机构视角下高校异地研究院的发展——以西北工业大学太仓长三角研究院为例》，《中国高校科技》2021 年第 6 期。

服务、文化传承创新、国际交流合作①等方面的职能发挥提供了丰富资源汇聚的实体依托，促进高校办学形式创新，也有助于地方政府引进高校优质资源，进而实现校地合作共建和区域协同发展。未来的高校书院制建设锚点可挖掘采纳异地研究院的特征与亮点，比如跨地域资源整合、产学研融合、科研导向、灵活创新等，以进一步完善其教育理念和实践，提升教育质量和学生体验。

4. 留学生教育

由于全球化进程的加快和我国教育对外开放程度的加深，留学生教育在高等教育体系中的地位日益凸显。随着"一带一路"倡议的深入推进，中国与世界各国特别是发展中国家之间教育合作的加强，留学生教育已然成为我国高等教育国际化和高质量发展的重要风向标。

近年来，一系列政策文件和实际举措面世，积极推动留学生教育的改革与发展，使之成为未来中国高校书院制建设的一个关键发力点。2017 年，教育部发布《学校招收和培养国际学生管理办法》，明确指出高等学校要改进管理、提升质量，增强来华留学教育吸引力。② 2018 年，教育部印发《来华留学生高等教育质量规范（试行）》，明确提出高等学校应建立健全来华留学生教育管理体制和工作机制，保障来华留学生教育的健康发展和持续改进。③

实践上，我国高等教育系统积极响应国家号召，探索留学生教育与书院制的深度融合。针对留学生教育的挑战与需求，如文化适应、跨文化交流能力和创新能力的培养，书院制的独特优势得到了充分体现。通过导师制、朋

---

① 参见《中共中央 国务院印发〈关于加强和改进新形势下高校思想政治工作的意见〉》，2017 年 2 月 27 日，见 https://www.gov.cn/zhengce/2017-02/27/content_5182502.htm。

② 参见教育部：《学校招收和培养国际学生管理办法》，2017 年 3 月 20 日，见 http://www.moe.gov.cn/srcsite/A02/s5911/moe_621/201705/t20170516_304735.html。

③ 参见教育部：《对十三届全国人大三次会议第 6859 号建议的答复》，2020 年 9 月 16 日，见 http://www.moe.gov.cn/jyb_xxgk/xxgk_jyta/jyta_gjs/202009/t20200927_491766.html。

辈互助、多元文化活动等形式，书院制能够有效地为留学生提供全面、个性化的支持服务，提升留学生的满意度和教育质量。不少高校设立专门教育管理留学生的书院，如华南理工大学广州国际校区的铭诚、峻德书院和浙江大学海宁国际校区的惟学、观通、来同书院等，不仅提供优质的学习环境，还注重将中国文化元素融入书院生活中，通过文化沉浸式的教育模式，帮助留学生更好地理解和接纳中华文化，同时也培养了一批批具有国际视野和跨文化沟通能力的高素质人才。此外，针对留学生教育，我国还推出了一系列的改革措施，如"一带一路"倡议下的留学生奖学金项目等，旨在提升我国高等教育在国际竞争中的吸引力和影响力。

书院是中华文化的生动名片，也是跨文化交流的有效载体。书院可通过将中华优秀传统文化融入留学生教育，培养"知华、友华、爱华"的国际使者，推动文化自信自强、文明交流互鉴。同时，书院也能够为留学生教育与国内学生教育创造更为自然的融合渠道，落实跨学科培养，增强留学生在华适应能力，有效促进来华留学生的综合发展。书院制度与留学生教育的有机结合，将有效助益现代高校书院的开放性、包容性、合作性进步，推动高等教育迈向更高水平的国际化，建设有中国特色、具有世界一流水平的大学。

5. 研究生教育

研究生教育在国家教育改革布局中占据关键地位，成为高校书院制度创新和改革实践的重要承载。随着改革不断深化，高等教育机构纷纷探索新型研究生培养模式，以适应新时代对高层次、创新型人才培养的需求，书院制的覆盖重点也逐渐延伸至研究生群体。一些高校开始建设独立研究院或"派出机构"，以整合学科资源、集中优质师资和科研设施，为研究生提供更加贴近科研前沿和产业实践的学习环境。比如，西安交通大学中国西部科技创新港，是一个集教学、科研、生活为一体的综合性创新基地。创新港的设计理念充分体现了研究生教育与科研、生活相融合的现代教育理念，它打破了传统校园的物理边界，通过科学合理的空间布局，将原本分散的科研教研室、实验室与学生的生活居住区有机结合起来，打造出一种新型的"一站式"研究生教育社区。再比如，香港中文大学（深圳）成立首个研究生书院——第七书院，标志着大学在书院制全人教育道路上的创新和持续探索。秉承大学"博文约礼"的理念，以"使命、品格、服务"的院训及"活出使命、身怀绝技、为人正直、谦卑服务"的学生画像，这座研究生书院有望成为国际化、创新型未来领袖的摇篮。另外，还有如岳麓书院研究生会等高校书院制在研究生教育领域的延伸典例，皆彰显出高等教育教学改革为高校书院教育所创造的前沿机遇。

未来高校可进一步将独立研究院或类似派出机构的运营模式同书院理念及书院制模式相结合，以构建更加完善的研究生培养体系。这不仅涉及对现有教育资源的高效整合，还包括对教学方式、科研管理和生活环境的全面优化，以期实现研究生培养模式的创新与教育效能的更大释放。

6. 第二学士学位

第二学士学位教育是高等教育体系中的一种独特形式，旨在为已经获得学士学位的毕业生提供进一步学习的机会，以获取第二个不同学科领域的学士学位。自 1984 年探索试办以来，历经"废而又立""改而复出"的政策变化，第二学士学位教育在 2020 年被教育部重新定位，旨在应对疫情带来的就业挑战，优化人才培养结构，为高校毕业生提供更多学习机会，以增强其就业创业能力。这一政策转向不仅反映了高等教育对社会需求的即时响应，也体现了对教育本质与功能的深入思考，凸显了其在复合型人才培养方面的优势，特别是在弥补高等教育体系中应用型、跨学科专业设置不足方面的作用。它为学生提供了在原有学士学位基础上，攻读不同学科领域第二学位的机会，促进了知识结构的交叉拓展，增强了学生的就业竞争力和适应性。[1] 同

---

① 参见张逸闲等：《"废而又立"的第二学士学位教育发展审思——基于政策行动综合解释模型的探讨》，《学术探索》2023 年第 9 期。

时，第二学士学位教育的灵活性与针对性，使其成为高等教育应对产业结构变化、劳动力市场人才需求快速调整的有效手段。

在高等教育教学改革深化的背景下，第二学士学位教育不仅是传统教育模式的补充，更是高校办学育人理念的前沿探索。第二学士学位教育革新高校育人理念，倡导跨学科融合，激发学生自主开辟个性化职业道路，强调适应变化与创新潜力的释放，被视为个人成长路径中前瞻性的自我投资与成长策略。①

第二学士学位学生在年龄、经历、人数等方面往往呈现出不同于一般本科生的独特性。对此，高校书院可以为其提供"单独成院，统一教学"的融合空间和管理模式，设计个性化、定制化培养方案，更有针对性、更具灵活性地促进学科交叉和应用型教育，契合第二学士学位教育不断响应社会发展需求和个体发展追求的性质底色，为培养新时代复合型创新人才提供模式借鉴与思路启发，有助于构建更加多元化、动态发展的书院教育生态。

新时代高校办学育人乘改革之势而发展出的众多可寻机遇、可行方向，为中国高校书院育人的不断创新和拓展其功能边界提供了启发。从各高校的特色育人实践的前瞻性、独特性探索，到"强基计划"、独立学院转设、异地研究院、留学生教育、研究生教育、第二学士学位等高校办学育人的创新性、进阶性前进，皆作为高等教育教学改革深化的前沿推手，为高校书院教育的发展前路提供了宝贵机遇与参考借鉴。

二、高校书院育人的联盟扩增

在中国高校书院制的改革与发展过程中，书院联盟的兴起为书院教育注

---

① 参见卢晓东：《适应、重混与涌现：新时代第二学士学位教育的定位与定性》，《华东师范大学学报（教育科学版）》2022 年第 10 期。

入了新的活力。这些联盟通过搭建跨校交流与资源共享的平台，促进了教育理念的融合与教育模式的创新，同时强化了书院在文化传承与创新方面的桥梁作用。高校书院联盟、长三角高校书院联盟等主要聚焦高等教育领域，围绕高等院校展开合作，代表了书院联盟的主要形式。此外，民间社会性书院联盟、书院交流共同体以及书院联合活动等其他形式，则通过会议、论坛、游学、项目等多样化载体，丰富了书院的联动形式和发展合力。这些书院联盟普遍强调全人教育、文化交融与环境育人，致力于构建开放的教育生态系统。通过这一过程，书院教育的内在活力得以激发，培养出既具有深厚文化底蕴，又具备国际视野、社会责任感和创新能力的复合型人才。

（一）书院联盟的内涵价值

书院联盟是高校合作办学的新模式[①]，也是中国高校书院制改革深化的重要表现，不仅展现出书院制度在高等教育领域的创新活力，更为跨校合作、资源共享、文化传承、服务社会搭建崭新平台。首先，书院联盟是基于共同教育理念而形成的联合体，旨在通过整合各成员书院的优势资源，促进书院之间的学术互动、文化交流和实践联动，提升书院育人的整体质量。尤其在高等教育体系内的书院联盟更强调以学生为中心，注重全人教育，倡导个性化培养，致力于为学生提供更为广阔的学习空间和更丰富的学习体验。其次，书院联盟的价值在于构建了一个开放共享的教育生态。通过定期举办学术论坛、教师互访、学生交换项目等活动，打破单一院校边界，有效促进知识与文化的跨域传播，增强了书院的影响力和竞争力。同时，联盟还为书院提供了展示特色、交流经验的机会，有利于形成百花齐放的书院文化景观。再次，书院联盟扮演着推动教育创新的关键角色。在联盟框架下，各书

---

① 参见熊丙奇：《书院制及书院联盟拓展高校学业新模式》，《光明日报》2020 年 4 月 30 日。

院能够更加便捷高效地共同探索新的育人实践，形成新的教育模式，如开展跨学科项目、引入前沿科技辅助教学、走进社会大课堂等，从而激发书院内生动力，培养学生的专业素养、创新精神和实践能力。最后，书院联盟也是传统文化复兴与现代教育融合的桥梁。联盟通过内部的文化交流活动，如经典阅读、传统艺术表演等，挖掘和弘扬中华优秀传统文化，让学生在汲取古代智慧的同时，也能适应现代社会需求，成长为兼具文化底蕴与时代精神的复合型人才。总的来说，书院联盟的建立与发展，能够打破空间局限、增进交流互动、带动资源共享、创新教育研究、弘扬优秀文化、回应社会关切，不仅丰富了中国高校书院制的内涵，也为其注入了共学共生、常探常新的活力，对于提升高等教育质量、促进书院育人进益具有深远意义。

（二）书院联盟的案例表现

当前，中国高等教育正经历深刻变革，书院联盟的诞生正是对这种变化的积极回应与前瞻布局。书院联盟作为一股新型力量，区域性聚集了国内众多高校书院，通过资源共享与联合创新，共同探索书院制这一传统性与时代性共存、普遍性与特殊性兼备的育人模式新未来。

1. 高校书院联盟

高校书院联盟是旨在实现交流合作、资源共享、优势互补、整体提升而自愿组成的非营利性组织。2014 年 7 月，高校书院联盟在北京成立，由香港中文大学联合书院、台湾清华大学厚德书院、台湾政治大学政大书院、复旦大学任重书院、西安交通大学文治书院、华东师范大学孟宪承书院、北京航空航天大学知行书院等七所高校书院联合发起，致力于成为亚洲区域内高等教育创新合作的典范。次年，澳门大学郑裕彤书院加入，成为联盟常任理事单位之一。自 2017 年起，联盟快速发展，吸纳了包括汕头大学、北京理工大学等多所高校书院，成员规模不断壮大，通过搭建完善的联盟网站，形成了广泛的合作网络。

高校书院联盟旨在通过互动交流、资源共享、学术研究，促进书院教育现代转型与发展探索。成员间签署协议，规划定期互访、通识教育资源互通、学生交流交换及联合培养等项目，遵循自愿、平等、合作、发展的原则，致力于提高办学质量、培养成效和社会影响，支持全面创新人才培育，并在全球高等教育舞台上展现中国书院教育的积极形象。

高校书院联盟的出现为书院制探索创造延展动能、为书院育人创设辐射载体，也为联盟高校发展激发活力。联盟高校通过"书院+学院"的"双院并行"协同运作模式，克服了单一学院制的局限性，优化了组织架构和运行机制，强化了学生自我管理与自我教育的角色。同时，实施"全人教育"，注重通识教育与专业教育的融合、教师教育与朋辈教育的结合。此外，联盟强调资源共享和优势互补，创建了以学生为主体的住宿社区，打破了传统的自上而下的管理模式，赋予学生更大的自主性和创造性空间。

高校书院联盟成立以来，聚焦全新议题，共话前沿热点，打造"海峡两岸暨港澳地区高校现代书院制教育论坛"品牌。2024 年以"教育数字化赋能现代书院制育人"为主题成功举办第九届论坛，通过优秀论文报告、建设成果分享、实地参观研学等环节，探索数智赋能书院发展与人才培养的新内涵、新价值、新路径。同时，联盟接续吸纳成员，逐步扩大规模。截至2024 年 7 月，共有来自 52 所高校的 93 个书院成为高校书院联盟成员单位。

2. 长三角高校书院联盟

长三角高校书院联盟成立于 2018 年 6 月，由复旦大学、华东师范大学等 10 所高校共同发起，旨在探索常态长效的"互学互访共建共享"机制，推动高校间加强交流、优势互补、形成合力、协同发展。联盟包含 20 家书院，覆盖超过 2 万名本科生，协同推进长三角地区高等教育发展。

秉持"知行合一"理念，长三角高校书院联盟致力于教育回归人本，强调学生全面发展，围绕"立德树人"构建资源共享平台，涵盖人才培养、学生事务、学术研究及教师交流，促进跨校互访、课程共建与联合培养。例如，组织成员单位互访交流、共建书院通识课程；举办"长三角高校书院联盟青春云战'疫'系列活动"，利用线上资源加强师生之间的沟通交流。同时，联盟注重党建引领和文化自信教育，如举办联合党建活动、开发体验式实践课程。2023 年 5 月，孟宪承书院党委牵头成立了长三角高校书院联盟"大思政课"育人协作平台，通过建设"大课堂"、搭建"大平台"、建好"大师资"，形成示范效应。此举吸引包括浙江工业大学健行书院在内的多所高校参与，共同实施"行知课程"等跨校实践项目，推动协同育人新实践。

经过多年发展，长三角高校书院联盟已成为打造长三角地区高校一体化协同推进立德树人的标志性工程①。联盟通过一系列创新举措，不仅强化了各成员高校之间的协作，还提升了书院育人工作的质量和影响力，为高校人才培养机制创新和教育高质量一体化发展提供了有益借鉴。

3. 海峡两岸书院联盟

海峡两岸书院联盟是一个旨在促进两岸书院文化传承与创新、加强学术交流与合作的平台，于 2019 年 6 月 23 日由福建 10 家书院和台湾 8 家书院共同签约成立。该联盟的宗旨在于推动两岸书院界及优秀传统文化的融合与交流，为两岸民众搭建一个了解彼此文化、增进相互理解的桥梁。其成立是两岸文化创意产业蓬勃发展背景下，高校与书院在文化及创意产业领域学术研究与跨界合作日益密切的体现，同时也是对两岸历史与文化认同的积极回应。

联盟成员书院各具特色，拥有丰富的历史文化遗产和深厚的学术研究基础。联盟成员彼此之间可以共享资源，交流经验，开展联合研究项目，共同

---

① 参见熊丙奇：《书院制及书院联盟拓展高校学业新模式》，《光明日报》2020 年 4 月 30 日。

举办各类文化与学术活动，如海峡两岸书院论坛等。论坛活动不仅限于学术讨论，还包括主题演讲、展览展示、文化体验等多种形式，呈现两岸书院风采，促进两岸书院界人士的互动与交流，增强两岸同胞的文化认同与情感联结。此外，联盟还致力于书院文化的普及与推广，通过"书院文化之旅"等活动，让更多人切实了解书院制度、亲身体会书院文化魅力，从而加深对中华优秀传统文化的理解与尊重。

4. 河南省高校书院联盟

2022年3月16日，河南省高等教育学会发布《关于组建河南省高等学校书院联盟的函》，组织各单位申请加盟，拉开了联盟成立的序幕。联盟自成立以来，积极投身精彩纷呈的多元书院建设实践，展现出了书院制在地方高等教育体系中的创新实践与协同效应。2023年5月，第一届书院制育人模式改革国际论坛上，来自清华大学、复旦大学、西安交通大学、北京航空航天大学、英国牛津大学、美国内华达大学等85所知名高校的众多专家学者、书院代表就书院制育人模式改革的现状和未来发展趋势展开研讨。2024年3月，联盟主办了河南省高校书院互访交流活动，深化书院制育人模式改革，促进中原地区高校书院之间的交流与合作，提升高等教育质量。其中，《河南省高校书院互访交流行倡议书》提出了建立常态化的互访机制、信息共享平台、联合育人项目等具体措施，以推动资源共享、优势互补，形成书院育人的强大合力。可见，河南省高校书院联盟不仅为书院制的本土化实践提供了平台、为书院制的持续创新与完善提供动力，也为中国高等教育改革与发展贡献了独特的智慧与力量。

5. 中国高校新书院联盟

2019年12月29日，中国高校新书院联盟成立大会暨首届中国高校新书院制建设发展论坛成功举办。该联盟由太原理工大学牵头创办，成员书院包括来自北京大学、北京工商大学、山西大学等24所高校的新书院。书院制是中国高校创新人才培养模式的重要实践。新型书院制有别于传统书院，其以价值塑造、能力培育和工程实践为目标，通过网络平台实现工程教育与双创教育的结合，致力于探索分层次、多维度、前瞻性的人才培养新模式。

联盟追求进一步促进高校新书院制教育模式建设与发展规律的共同探索，分享本科拔尖创新人才培养的探索实践及经验启示，加强校际双创教育资源的有效整合与共享，为建设创新型国家和人才强国战略服务。自成立以来，联盟通过加强信息与人员交流、定期举办学术论坛、出版和宣传研究成果、组织联盟成员对新型书院制建设进行研讨发声等方式发挥具体功能，紧紧抓住服务国家重大战略及经济社会发展需求，打造人才高地、创新基地、育人阵地，努力提升办学水平、拓展发展空间，促进在互利共赢中实现高校书院的协同融合发展。

（三）书院联盟的形态延伸

除书院联盟在高等教育领域的深耕挖掘外，还有其他丰富的书院联动育人的延伸模式，包括但不限于民间社会性书院联盟、书院交流共同体、书院联合活动等，为我国高校书院制发展及书院育人质量提升提供着广泛而有益的启发与支持。

1. 民间社会性书院联盟

民间社会性书院分布广泛，相互之间也组成了一些具有鲜明特色的书院联盟。不同于高等教育体系书院联盟，社会性书院往往更聚焦于文化繁荣和经济带动，更加具有社会价值和现实关怀，对当代高校书院育人有"纳志、悟理、参道"的启发性意义。

比如，山西书院联盟作为中国书院复兴运动的重要力量，在传承与创新儒家文化方面发挥着独特作用。联盟深刻学习领会习近平新时代中国特色社会主义思想，深入贯彻落实"文化强国"战略，抓住文旅产业快速发展的机遇，促进书院文化的创造性转化与创新性发展。截至 2020 年 12 月，山西书院联盟成员单位已有百家，按期举办年度工作会议，提出品牌书院建设计划，积极促进山西书院建设推广和高质量发展。

再比如，中国书院联盟作为基于中华国学教育工程及国学志愿者行动的全国性公益项目，隶属于教育部、文化和旅游部，由全国多家书院、研究院等教育机构联合组成，聚焦书院计划与文化旅游产业的开发，致力于促进国学教育与文化产业、书院文化与现代产业的深度融合，助力人文城市建设与国学书院文化创意产业的深度结合。联盟承担祭祀祈福、人文素质教育、学术思想探索、文化艺术交流等多重社会功能，推行九大类别国学书院项目，广泛覆盖主题、城市、乡镇、社区、大学、企业、少儿、女性及家庭书院等不同领域与群体，全面促进国学教育普及与文化深度传播。

再比如，2018 年 6 月，中国文化书院、尼山书院、敬德书院等多家书院联合发起成立中国百家书院联盟，首批成员书院包含岳麓书院等共 40 余家。联盟以"革故鼎新"与"知行合一"为指导理念，关注道德教育与文化传承，致力于培养具有高尚道德情操与社会责任感的现代公民。联盟充分挖掘地域传统文化优势与地方政府支持，整合海量优质资源，构建网络化的合作平台，同时与现代社会经济体系紧密结合，探索跨地区合作模式，以形成一种更加开放与包容的新教育生态。

此外，中华文化促进会书院联盟，于 2018 年 6 月由中国文化书院等 9 家书院共同发起成立，同样以弘扬中华优秀传统文化为核心目的，旨在搭建一个全国性的书院交流与合作平台，以促进中国书院之间的相互学习与资源共享，推动书院文化的现代化转型和国际化传播。联盟以"修身心法，知行合一"为宗旨，举办会稽山论坛等文化交流活动，结合绍兴浓厚的历史底蕴与书院文化，为书院学子提供了将理论知识与实践体验相结合的平台，推动书院学子厚植文化土壤，锻造高素质人才。

可见，民间社会性书院联盟发挥了促进国学教育弘扬中华文化、助力传统教育的重要作用，既彰显书院的人文关怀，又体现书院教育与现代社会的融合。高校书院教育可以从民间社会性书院联盟的特色理念与模式中借鉴有益做法，通过加强同各领域、各地域书院的互动，构建资源共享网络，促进跨地域文化交流，服务社会经济发展。与此同时，高校书院教育可以在充分保持其特有的学术独立性基础上，探索更加符合时代要求和社会需求的教育模式，进一步提升育人质量与成效。

2. 书院交流共同体

交流共同体作为书院联合的另一种表现形态，更侧重于以学生参与为轴，从学术到文化、从内容到管理，为联动各书院交流共享、合作共建提供宝贵平台，致力于构建一个古今贯通、求同存异的教育生态。

以中国大学书院交流共同体为例。2023 年 9 月，北京大学元培学院、澳门大学郑裕彤书院等国内 14 所知名高校的书院联合成立了"中国大学书院交流共同体"。共同体提出"在成人中成才"的教育理念，指出共同体的建立为高校书院实现强强联合、优势互补、沟通合作、共同探索创造条件，致力于培养全面发展、勇于创新、富于领导力与国际视野的青年人才。此外，共同体成员单位轮流举办年度会议、推进合作，积极举办文体活动、学术论坛、互访交流，开展"书院实践之旅"、"元桌会友"书院课体验等项目，为各高校书院学生间深度交流、增进共识创造更多机会，也为高校书院之间的沟通、交流、学习，提供一个长期稳定、积极有效的平台。

书院制是对高校教育管理模式的新构建，是对高校人才培养机制的新探索，也是对学校教育教学体系的新拓展。① 书院交流共同体作为组织性强、涵盖面广、包容性高的育人平台，通过跨校际交流合作进一步增强书院制的影响力和凝聚力。书院在"共商、共建、共享"中，可以更便捷、更自由地总结规律、活跃要素、优势互补、发现路径、互利共赢，从而给书院制发展提供强大动能，推动高校书院育人向前、向远迈进。

---

① 参见周远：《高校现代书院制在探索中成型》，《学习时报》2022 年 12 月 16 日。

3. 书院联合活动

除上述之外，还有一些不同于常规书院联动模式的联合组织形态，它们以具象化的活动、聚焦性的计划等形式呈现，发挥独特作用，贡献书院发展力量，如书院计划、开放性书院活动等。

中国式现代化中国企业书院计划，于2023年9月公布，聚焦企业升级与经济发展，旨在通过深度融合国学教育与现代企业文化，促进企业从"中国制造"向"中国创造"的战略转型。该计划的内容包括在全国推广国学人文教育、开展国学书院和企业国学院教育项目试点、设立国学教育专项基金、师资等级资质认证培训等。计划还涵盖企业书院建设、国学与创业管理、企业家高级研修项目等，以构建学习型组织，将国学核心价值融入企业文化。此外，书院选址倾向于与高校、文庙等合作共建，建设多层次国学教育教材和培训基地，聚焦企业书院，以企业视角体现了现代书院制在社会范围内的意义和价值，推动传统文化与现代管理相融合，促进国学教育的社会化、职业化、规范化、现代化和国际化，这为书院制的发展提供了重要启示。

2024年6月，中华优秀传统文化研习基地"书院联盟"专题分享会在山东济南白马山小学举办，是一场聚焦初等教育的开放性书院活动。参与者以"大树书院"为典型载体，深入了解白马山小学的育人环境及其在传统文化课程和体育、艺术、文学等活动上的多样性和丰富性，体会将传统文化融入日常教学、促进师生自信向善、引导涵育尊重传统和涵养文化品质的显著效果。活动强调书院作为"文化与教育交汇点"的独特价值，认为书院不仅是教育的核心，也是文化的灵魂，应成为师生共同成长的平台；教师应成为学生心中可依靠、可仰望的"大树"，引领学生在实践中成长。同时，鼓励各书院山长站在中华优秀传统文化弘道者的角度，结合各自学校的办学理念和需求，深入挖掘、整合、丰富中华优秀传统文化，拓宽实践路径，落实家校社协同育人、中华优秀传统文化跨学科育人实践。

诸如此类的书院组织新形态、书院联合新活动丰富多样，不断涌现。此外，还有一些书院实施专项课题，致力于书院文化与儒学的传播、发展和研究。这些书院联盟的延伸探索，对于增强书院的影响力、汇集育人合力具有积极促进作用，为高校书院育人质量提升及书院制的进一步建设提供有益参考和可行依据。

三、高校书院育人的空间转向

高校书院制之所以能够成为高校育人的关键载体，核心在于其对高等教育育人空间的认知深化与理念拓展。基于空间转向理论研究的依据支撑，从空间维度介入探讨高校育人方兴未艾。"社区"指的是在特定场域内，由多个群体或组织构成的、在生活上存在相互联系的集合体。在高校中，学生社区则是学生群体共享互联的特定有机空间，是书院育人更加体系化、生态化的跳板。基于此，推动现代书院制向学生社区转型，符合社会生产性、政治属性与时空辩证统一的规律。这一转型呈现出从空间功能的提升，到空间要素的集成，再到空间结构的完善的逐步进程。这一发展趋势是高校书院育人模式发展的下一阶段，也指向了"一站式"学生社区综合管理模式的改革。

（一）空间转向的理论依据

自 20 世纪七八十年代起，空间转向理论兴起，将空间研究引入社会历史领域，代表人物如列斐伏尔、哈维、福柯、卡斯特、苏贾等，他们基于马恩唯物史观空间思想，进行空间转向研究，从自然、物理和地理空间的传统视野，转向涵盖生产、生活与社会空间的综合考察，赋予了空间以动态、多元的新认知。而国内学者也在此基础上，将其理解为教育研究的新范式[①]，强调从空间的视角审视教育问题。

空间转向理论主要认为：第一，空间是社会生产的产物。这意味着空间被视为不仅是社会生产的舞台，也是社会生产的过程与成果。第二，空间与权力之间存在重要关系。空间不仅服务于公共生活，更是权力与民众互动的关键媒介，以确保国家权威的有效实施，并对民众产生一定的规训和引导作用，因而具有一定的政治性。第三，强调时空同存与交叉互动。即力图强化空间的重要性，突出时间和空间维度的交织互动，并强调它们与社会的紧密联系。以上三点对于分析书院教育向学生社区的演进提供了可靠的理论依据，其演进过渡的背后体现出空间的社会生产性、政治属性和时空辩证统一的理论内涵。

1. 空间的社会生产性：社会活动的产物

空间的社会生产性意味着空间并非被动的容器，而是社会活动的产物。列斐伏尔指出："今日，对生产的分析显示我们已经由空间中事物的生产转向空间本身的生产。"[②] 这说明了空间的形成和演化是社会活动和社会关系的结果。社区空间的社会生产性不仅表现在超越物理呈现的社会关系的集合，它还通过空间的构建、重组与利用，生产出新的社会关系和文化形态。在高等教育领域，学生社区作为学生日常生活的重要场所，不仅满足了学生基本的生活需求，更重要的是通过空间的优化升级和育人功能的拓展，革新育人模式和治理结构，并作为重要阵地开展思想政治工作，促进学生的全面发展。比如，通过将过去较为单一和独立的教学空间、宿舍空间升级为覆盖面广、涉及度高的多元化、一体化的教育生活园地；育人模式由点到面、由单到合、由泛到精进益，空间内的主体互动关系发生变革；对社区空间进行活化改造，涵盖物理建筑空间的升级，以及活动空间的创意重组、文化赋予

---

① 参见刘丙利、胡钦晓：《论智慧教育的空间逻辑》，《现代远程教育研究》2022 年第 34 期。

② 转引自包亚明：《现代性与空间的生产》，上海教育出版社 2003 年版，第 47 页。

和数字赋能等，使社区空间本身更具有现实增强、亲和增强的人性化美学、个性化创意和人文精神；通过建立和发展协同育人机制、资源配置机制、制度保障机制和宣传引导机制，整合各类育人资源，体现了空间的社会生产性在育人中的应用。

2. 空间的政治属性：权力与空间的交织

空间不仅是一个物理的存在，还是权力运作的基础。福柯指出："空间是任何公共生活形式的基础。空间是任何权力运作的基础。"① 空间与权力之间关系密切。社区空间的政治属性通过空间的规划与使用、控制与管理而得以体现。在学生社区中，这反映了交互关系，引导和规范学生行为，还为学生提供了发展个性和提升能力的机会。例如，通过空间的规划和布局，坚持"以学生为中心"，教育管理主体对学生行为加以引导和规范；通过建立学生自治组织，让学生参与到社区的管理和服务中来；多元主体共同参与空间育人，发挥协同合力，推动从高校学生社区教育"管理"到"治理"的模式转变；学生社区是坚持党的领导的重要载体，学生社区建设通过将党组织的力量下沉到学生中间，实现党组织在学生社区的全面覆盖，增强党组织在学生社区中的凝聚力、影响力和战斗力。这不仅体现了空间的政治属性，还通过空间建构来加强党的基层组织建设，实现党的全面领导。

3. 时空的辩证统一：时空的同存与互动

空间与时间的辩证统一关系，强调了时间与空间在人类活动中不可分割的联系。苏贾提出的"空间三维辩证法"认为空间与时间、社会存在等概念构成了地理、历史与社会之间的辩证关系。② 在学生社区中，空间场域、

---

① 转引自包亚明：《后现代性与地理学的政治》，上海教育出版社 2001 年版，第 13—14 页。

② 参见［美］爱德华·W. 苏贾：《后现代地理学——重申批判社会理论中的空间》，王文斌译，商务印书馆 2004 年版，第 5 页。

时间概念、人的互动共存共变、相辅相成,通过改变组合方式,适配出一个动态、灵活、多元、综合的空间育人系统。例如,学生社区中的自习室在白天作为学生自主学习的空间,到了晚上则可能转变为小组讨论或学术讲座的场所;社区组织的各种活动,如文化节、讲座等,都需要在特定的时间内进行空间布置和使用;社区成员的生活经历、社会关系、个体差异等社会存在因素客观活跃地表现,由此在社区的生活空间、学习空间、服务空间、文化空间等定期开展学业指导、心理辅导、发展引导以及生活服务等工作,及时发现、回应学生的学习生活需求和成长诉求等①,都体现了时间对空间安排的影响,以及社会存在的时间性和空间性。

综上所述,从空间的社会生产性、政治属性,以及时空辩证统一的理论视角看待当代学生社区空间育人的根本逻辑,对于认识好、运用好、发展好高校学生社区空间这一育人新场域、新模式具有基础性作用。新时代高校书院制的创新发展,向书院社区育人转化是顺应空间育人、社区育人研究热点的大势所趋,也是顺应高等教育发展趋势的必然选择。这不仅是教育模式的变革,也是空间转向理论的实践应用。

(二) 空间转向的实践表现

社区空间是学生日常学习生活的重要场域。随着高校学分制改革和后勤社会化改革的深入②,逐步自"书院育人"向挖掘学生社区空间维度可利用潜力以推动"三全育人"与"学生自由全面发展"的"学生社区育人"转向,主要体现在空间功能的整合与拓展、空间要素的汇聚与统筹、空间治理结构的丰富与优化三个方面。这种由浅入深、由表及里的转变不仅肯定了学

---

① 参见周远等:《高校"一站式"学生社区的空间建构逻辑与路向》,《思想理论教育》2022 年第 7 期。

② 参见白晓东等:《新时代学生社区空间育人的内在逻辑、现实问题与优化路径》,《思想理论教育》2022 年第 6 期。

生社区空间的要义与潜力，也推动了高校思想政治工作的创新发展。空间育人的丰富内涵对于培养德智体美劳全面发展的社会主义建设者和接班人至关重要，标示着高校书院发展的可行走向。

1. 空间功能的整合与拓展

功能整合与拓展是空间转向的基本表现。高校学生社区空间的塑造和打通创造了一个开放包容、综合多元的平台，响应建设号召和现实需要进行描画绘制。通过对学生社区各项空间功能的维护现有、挖掘潜在，让学生社区空间从"单一现实""片面零散"走向"形神兼备""全面到位"，使得育人空间发生相较于传统书院空间的功能性转向。

思想政治教育功能是学生社区空间育人的核心旨归功能，让思想政治教育边界扩展至时时、处处、人人全覆盖，符合高等教育立德树人根本任务。在此基础上，高校学生社区空间功能的统筹协调皆围绕此进行。学生社区的空间设计梳理协调了学习支持、生活便利、交流互动、实践活动等多种既有功能于一体，为学生提供一个全方位、立体式环境，推进思想政治教育工作深入人心，促进学生自由全面发展，充分体现出空间育人发生转向的功能性整合。

现有功能的系统性整合为下一步的功能拓展提供了一个基础性平台和全新的孕育摇篮，主要体现在通过需求更新追踪、理念创新升华、空间改造升级、资源注入覆盖、管理服务优化等来扩大学生社区空间的能力范围，使校园学生社区空间被赋予了更多的教育意义，辐射出更多的教育行为。例如，增加虚拟现实实验室或创业孵化器；与越来越多的外部机构建立合作关系，为学生提供更多实习项目、海外交流计划等；将德智体美劳"五育"元素融入学生日常生活，增建活动室、学业研讨室、健身房、美育室、阅读室、英语角等多种具体实感的功能区等。

2. 空间要素的汇聚与统筹

人员、资源、技术的汇聚是育人空间能够发生转向的要素支撑。高校学生社区空间得以发挥场域效能建立在集聚效应的基础之上，空间为人的交互与关系的建立创造场域，人员背后不乏海量资源，技术进步赋能手段革新，都汇聚为空间功能性开发提供构成性要素。相较于过去的书院制，社区更加开放交互、动态灵活，给予要素集聚与统筹充足的空间和更多的方案。

学生社区空间成为多支育人队伍共同发挥作用的平台，包括辅导员、班主任、专业教师、学生骨干、社区管理服务人员等在内的主体力量共同参与社区的育人工作，各有分工，各有侧重，形成了育人合力。同时，社区内部的多样空间为队伍入驻开展工作提供了保障，使得他们可以随时随地为学生解决思想、学业、心理、就业等方面的问题和困惑，通过浸润式、精准化、个性化的学生工作，满足大学生的成长诉求和发展需要。

队伍进驻深入学生日常生活第一线，让育人力量和育人资源整合下沉到学生社区，结合功能化空间，将课程育人、科研育人、实践育人等优势资源延伸到学生身边，注重知识教育与价值引领相结合、因材施教、特色培养。例如，组织思想政治理论课教师在学生社区空间开展实践教学，加强心理健康教育力量下沉到学生社区；规范学生社区第二课堂的课程体系，围绕提升学生的思辨能力、文化素养、表达能力等开设综合素养提升课程；将学生社区建设成学生实践锻炼的成长平台，在社区设立勤工助学、志愿服务岗位等。

此外，学生社区进一步推动智能化建设。例如，利用大数据、云计算等技术，搭建综合事务管理平台和数据分析服务平台，能够精准了解学生需求，并提前预警潜在问题。这种技术赋能的方式不仅提升了社区育人工作的效率与质量，还促进了教育管理从经验驱动向数据驱动转变，实现了从结果性评价到过程性评价的过渡，使得学生能够在社区空间中获得更加个性化、精细化的成长支持。

3. 空间治理结构的丰富与优化

空间治理结构的丰富与优化是空间转向的组织保障，它建立在要素齐备的基础之上，是功能表现的系统背景，与空间育人模式的升级相伴相生、相辅相成，共同助力高校学生社区空间育人质量提升、水平拔高。

学生社区运用整体性和系统性思维，院系或部门单位组织重构、流程优化，将功能、队伍、资源、技术进行一体化整合，分类别、分层次、分区域组织利用，推动校院各种公共事务与教育力量有序下沉。同时，搭建"线下+线上""校内+校外""物质+精神""显性+隐性"的全方位平台，并重视社区文化注入与价值观塑造，缩短了育人空间距离，推动了"五育"的空间延伸，使全校公共事务空间的使用效率提高、资源力量汇聚、育人功能深化，形成各方协同、相互支持的高校育人格局，为学校育人共同体建设奠定了基础。在丰富了治理结构的同时，也映射出空间治理结构的优化。相应地，学生社区空间育人模式也得以从以管理为中心向以育人为中心转变，从同质性要求向个性化发展转变，从分割模式向育人合力转变，从班团集体向个体环绕转变，[①] 创新性地拔高空间师生互动质量，促进师生上好学生社区的"大思政课"。

可见，高校学生社区空间转向在治理结构上的丰富与优化，在功能跃升和要素充盈的基础上，进一步强调了制度健全、组织强化、协同育人，提升了管理服务工作的科学化水平，也回应了高校治理体系和治理能力现代化的要求，从而形成了一个全面支持学生成长和发展的育人环境。

（三）空间转向的线索指向

优秀人才的孕育与其所处的环境息息相关，场域之内的符号特色和文化底蕴等，都为处在该特定范围内的主体提供潜移默化的空间养料，影响所培育之人的价值判断与行为选择。思想政治教育环境是思想政治教育理论与实

---

① 参见刘润：《论新时代高校学生社区空间育人功能的拓展》，《思想理论教育》2021年第4期。

践的要素之一，高校学生社区空间则是思想政治教育环境的重要承载体。让思想政治教育实现时时、处处、人人育人的全覆盖，既是高等教育立德树人根本任务的落实要求，也是学生社区空间育人的重要使命。

纵观高校书院育人发展变革史，从继承古代书院传统价值、借鉴西方书院成功经验，再到探索本土现代书院制、开发学生社区育人空间，空间转向实际上一直都在进行，本质上都是人们对可用于育人育才的空间场域的关注、重视、运用、完善。可以说，高校书院育人发展史同时也是高校空间育人演进史。中国古代书院通过园林式的建筑布局与自然环境相结合，营造静谧的学习氛围，利用讲堂、藏书楼以及休憩区域的空间布局促进学生的修身养性和学术研究；西方采用住宿书院制，以集体寄宿为平台，以学习实践为承接，通常拥有独立的建筑群落，利用公共餐厅、图书馆、讨论室等空间贯彻融合博雅教育，并特别重视空间文化的熏陶晕染和集体归属感的形成巩固；现代高校书院制则在空间布局上吸纳了中国传统书院文化、借鉴了西方住宿学院制的经验，同时结合中国高校的实际情况进行创新，通常将书院设立在学生宿舍区内，办公室、活动室、自习室等功能空间相对独立，并抓牢思想政治教育和全人教育的工作重心，赋予空间以更多思想引领、精神引导、文化引向的作用；高校学生社区承前启后，以前者的已有模式为基础，建立开放式园地，秉持空间设计复合化多元化、空间利用动态化灵活化的思路指南，凝聚空间运维协同合力，鼓励学生自我管理和服务，强化社区意识、文化与社会责任感，意在筑牢系统化的空间育人体系。

在"人"与"空间"的社会性交互作用下，空间的设施不断健全、内涵不断丰富、功能不断完善、视野不断拓展，使得其育人价值得到升华、作用日益增强、水平逐渐跃升，为当下及未来的高校书院发展导引出了充足的进益潜力、可循的前行路径、光明的发展前景。顺势而为，高校学生社区空间的发掘利用接续进行，"一站式"学生社区综合管理模式以此为基，打造集思想教育、师生交流、文化活动、生活服务为一体的综合性教育生活园地，① 逐渐成为高校书院育人演进的新机遇与新方向。

按照政策文件的明确要求，自 2019 年起，"一站式"学生社区综合管理模式建设从先行先试到集成探索，规模逐年扩大，② 至 2024 年 5 月，适建高校全覆盖的目标已然实现。③ 因此，构建"一站式"学生社区已成为高校人才培养的重要趋势，也成为当下及未来高校书院育人的关键抓手。在此基础上，正确理解把握高校书院与"一站式"学生社区之间的关系，是高校育人空间转向得以发生并不断前进的认知前提。一方面，高校书院与"一站式"学生社区具有高度契合性。高校书院强调学生的全面发展，与"一站式"学生社区推动思想教育、师生互动、文化活动与生活服务一体化的理念相一致。另一方面，二者之间还存在一定的递进关系。"一站式"学生社区体现了高校育人空间从传统单一模式到现代多元化模式的转变，同时围绕教育培养模式探索、管理服务体制改进、协同育人体系完善、支撑保障体系拓展等四个方面不断推进。高校书院与"一站式"学生社区的关系反映了高校育人模式创新的方向，两者在融合中相互促进、共同发展，为做好新时代人才培养工作提供了重要支撑。

综上所述，高校要实现立德树人的根本任务，不仅要发挥思政课程主渠道的作用，而且还要重视课程思政的微循环效果。④ 社区作为高校学生所处单位时间最久、状态最放松的空间，虽是"小切口"，却能释放"大力量"。挖掘其育人功能、建立其育人体系、发展其育人模式，不断纵深推进"一站式"学生社区建设，是深化高等教育改革、培养时代新人的重要路向和

① 参见周远等：《高校"一站式"学生社区的空间建构逻辑与路向》，《思想理论教育》2022 年第 7 期。

② 参见《教育部召开高校"一站式"学生社区综合管理模式建设工作推进会》，2023 年 3 月 27 日，见 http://www.moe.gov.cn/jyb_xwfb/gzdt_gzdt/moe_1485/202303/t20230327_1052950.html。

③ 参见《学生社区"末梢"变工作"前哨"——高校"一站式"综合管理模式全覆盖建设综述》，《中国教育报》2024 年 5 月 10 日。

④ 参见马利霞等：《系统思维视域下构建思政课程与课程思政协同育人体系》，《系统科学学报》2021 年第 1 期。

承接载体，也是高校高质量发展的关键阵地和崭新场域。展望未来，高校书院与"一站式"学生社区建设深度融合，在既有理论与实践经验的基础上，继续秉持开放、包容、创新的理念，紧跟时代步伐，借鉴成熟思路，厘清发展逻辑，持续优化人才培养体系和学生管理模式，努力为高等教育内涵式发展增添新动能、夯实好基础。

下　篇

学生社区建设探索

第五章

"一站式"学生社区的发展定位

开展"一站式"学生社区综合管理模式建设，是新时代高校落实立德树人根本任务、加强学生社区党建和思政工作、深化"三全育人"综合改革的重要措施和实践路径。近年来，在高校实施"学分制""大类培养"等改革的背景下，"同学不同班""同班不同学"成为常态，传统班级建制的管理方式受到越来越多的挑战，学生社区逐渐成为学生交流互动最经常最稳定的场所，成为课堂之外的重要教育阵地。

在此背景下，中央教育工作领导小组高度重视，教育部等相关部门在《关于加强高校党的政治建设的若干措施》《关于加快构建高校思想政治工作体系的意见》《关于开展"一站式"学生社区综合管理模式建设试点工作的通知》《高校"一站式"学生社区综合管理模式建设提质增效指南》等重要文件中作出专门部署，推动"一站式"学生社区从提出到实践、从试点到深化。在各地各校的共同努力下，作为推动高校高质量发展的重要阵地，"一站式"学生社区建设已然成为新时代中国特色社会主义大学学生教育管理的新范式。

一、"一站式"学生社区的历史演进

自 2019 年以来，教育部通过政策指导、试点推进、过程管理、经验推广等基础性工作，实现"一站式"学生社区建设从 31 所高校率先试点到 1000 所高校自主试点，再到 2720 所高校应建尽建，推动"一站式"学生社区形神兼备、富有成效的高质量建设。作为一项新时代围绕青年、关照青年、服务青年的重大探索性实践，"一站式"学生社区综合管理模式建设工作始终坚持"以学生为中心"的办学治校理念，聚焦学生的发展性矛盾，致力于构筑学生党建前沿阵地、建设"三全育人"实践园地、打造智慧服务创新基地、争创平安校园样板高地。

（一）推进阶段

"一站式"学生社区的政策演进反映了高校学生社区建设和管理在不同历史阶段的不同特点。起初，初步探索期基于传统班级建制管理方式等教育改革背景，开始尝试构建新的学生管理模式，将学生社区作为育人的重要阵地，积极探索学生组织形式、管理模式、服务机制改革。随后，试点建设期把"一站式"学生社区概念引入高校治理，制定相关政策文件，遴选部分高校作为试点单位，进行模式探索和实践，总结有效建设经验，梳理典型建设模式。接着，全面推广期通过制定建设工作指南、召开工作推进会议、展示高校建设成功经验等方式，推动全国高校应建尽建、全面覆盖。最后，内涵深化期在全覆盖建设的基础上，聚焦高质量建设，丰富社区建设内涵，提升社区育人质效。

1. "一站式"学生社区的初步探索期

2002 年 2 月 22 日，教育部印发《关于进一步加强高等学校学生公寓管理的若干意见》（教发〔2002〕6 号），指出学生公寓是学生日常生活与学习的重要场所，是课堂之外对学生进行思想政治工作和素质教育的重要阵地。

2004 年 6 月 7 日，教育部印发《关于切实加强高校学生住宿管理的通知》（教社政〔2004〕6号），其中提到："学生宿舍和公寓是学生日常生活与学习的重要场所，是对学生进行思想政治工作和素质教育的重要阵地，要坚决落实学生公寓思想政治工作队伍建设的有关要求，切实选派足够数量的政治素质高，思想作风好，具有较强组织管理能力，善于做学生工作的辅导员进驻学生公寓，做到'同住、知情、关心、引导'，通过了解学生思想动态，关心学生思想、生活，引导学生正确处理各种问题，开展经常性的思想政治工作。"学生公寓是学生社区的载体，学生社区也是学生公寓的功能演化与提升。将学生公寓确立为课堂之外开展思想政治工作和素质教育的重要阵地，为建设和深化"一站式"学生社区综合管理模式奠定了坚实基础。

2004年10月，中共中央、国务院印发《关于进一步加强和改进大学生思想政治教育的意见》（中发〔2004〕16号），明确指出"高校要高度重视大学生生活社区、学生公寓、网络虚拟群体等新型大学生组织的思想政治教育工作"，"发挥大学生自身的积极性和主动性，增强教育效果"。随后，为贯彻落实《意见》精神，2004年12月13日，教育部、共青团中央印发《关于加强和改进高等学校校园文化建设的意见》（教社政〔2004〕16号）。《意见》指出，要充分发挥学生社区、学生公寓、网络虚拟群体等新型大学生组织在校园文化建设中的重要作用，加强有效引导，确保校园文化的正确发展方向。该文件首次在思想政治教育领域引入了"学生社区"概念，这一提法对高校教育管理模式创新和实践探索提出了新的要求。

2005年12月23日至24日，中组部、中宣部和教育部联合在京召开第十四次全国高等学校党的建设工作会议，指出"要积极探索在学生公寓、学生社区和学生社团中建立党组织，不断创新党的组织设置形式"。这次会议是从党中央层面对"学生社区"提出要求，并明确要依托"学生社区"建立党组织、建强基层堡垒。

2007年6月19日，教育部办公厅印发《关于进一步做好高校学生住宿管理的通知》（教思政厅〔2007〕4号）。《通知》第四条"继续推进思想政治教育进公寓"提到"学生宿舍和公寓是开展大学生思想政治教育的重要阵地。要以按班级调整学生住宿为契机，深入推进大学生思想政治教育进公寓。要充分发挥现有学生工作体系的作用，充分发挥学生的积极性和主动性，以宿舍和公寓为阵地，开展丰富多彩的思想政治教育活动，为学生成长成才营造良好的环境和氛围"，进一步强调了学生宿舍和公寓在开展学生思想政治教育中的基础性作用和重要阵地作用。

2011 年 2 月 23 日，教育部办公厅印发《普通高等学校学生心理健康教育工作基本建设标准（试行）》（教思政厅〔2011〕1 号）。《标准》第五条"大学生心理咨询服务体系建设"指出："高校应根据行业要求设立心理咨询室，为学生提供心理咨询服务。有条件的高校可在院（系）及学生宿舍设立心理健康教育辅导室。心理咨询室开放的时间应能满足学生的咨询需求。"

2012 年 2 月 15 日，中宣部、教育部印发《全国大学生思想政治教育工作测评体系（试行）》（教思政〔2012〕2 号），将"定期开展学生宿舍及生活园区文化活动""学生宿舍楼或生活园区设有学生党团活动室"等内容列为思想政治教育工作测评体系的评价指标。

党的十八大以来，以习近平同志为核心的党中央高度重视思想政治教育工作，围绕思想政治工作新理念、新模式、新方法和新要求等内容发表了一系列重要讲话，为新时代思想政治工作提供了基本遵循。2013 年 12 月 5 日，全国高校心理健康教育示范中心培育建设推进研讨会指出，要把心理健康教育作为大学生思想政治教育的重要组成部分，坚持心理健康教育和思想政治教育相结合的原则，系统设计、整体推进。2016 年 12 月 7 日，习近平总书记在全国高校思想政治工作会议上指出，要坚持把立德树人作为中心环节，把思想政治工作贯穿教育教学全过程，实现全程育人、全方位育人，努力开创我国高等教育事业发展新局面。2017 年 2 月 27 日，中共中央、国务院印发《关于加强和改进新形势下高校思想政治工作的意见》，指出要推进高校思想政治工作改革创新，强调要加强学生互动社区建设，运用大学生喜欢的表达方式开展思想政治教育。同年 9 月，中共中央办公厅、国务院办公厅印发《关于深化教育机制体制改革的意见》，提出："探索建立书院制、住宿学院制等有利于师生开展交流研讨的学习生活平台。"

为深入贯彻落实党中央的指示精神，教育部也相继制定出台了相关政策文件，为高校思想政治工作提供方向指引和行动指南。2017 年 12 月 5 日，中共教育部党组印发《高校思想政治工作质量提升工程实施纲要》（教党〔2017〕62 号），提出："要提升高校思想政治工作质量的顶层设计，着力构建一体化育人体系，打通育人最后一公里。"2018 年 2 月，《2018 年教育重点工作指南》指出，探索建立书院制、住宿学院制等有利于师生开展交流研讨的学习生活平台。同年 5 月 18 日，教育部办公厅发布《关于开展"三全育人"综合改革试点工作的通知》（教思政厅函〔2018〕15 号），强调要"形成全员全过程全方位育人格局""实现各项工作的协同协作、同向同行、互联互通"。

表 5-1 "一站式"学生社区初步探索期相关文件

序号	文件名	发文单位	发文时间
1	《关于进一步加强高等学校学生公寓管理的若干意见》	教育部	2002 年 2 月
2	《关于切实加强高校学生住宿管理的通知》	教育部	2004 年 6 月
3	《关于进一步加强和改进大学生思想政治教育的意见》	中共中央、国务院	2004 年 10 月
4	《关于加强和改进高等学校校园文化建设的意见》	教育部、共青团中央	2004 年 12 月
5	《关于进一步做好高校学生住宿管理的通知》	教育部办公厅	2007 年 6 月
6	《普通高等学校学生心理健康教育工作基本建设标准（试行）》	教育部办公厅	2011 年 2 月
7	《全国大学生思想政治教育工作测评体系（试行）》	中宣部、教育部	2012 年 2 月
8	《关于加强和改进新形势下高校思想政治工作的意见》	中共中央、国务院	2017 年 2 月
9	《关于深化教育机制体制改革的意见》	中共中央办公厅、国务院办公厅	2017 年 9 月
10	《高校思想政治工作质量提升工程实施纲要》	中共教育部党组	2017 年 12 月

序号	文件名	发文单位	发文时间
11	《2018 年教育重点工作指南》	教育部	2018 年 2 月
12	《关于开展"三全育人"综合改革试点工作的通知》	教育部办公厅	2018 年 5 月

初步探索期是"一站式"学生社区建设的萌芽阶段。这一阶段,教育部等相关部门开始关注并研究学生社区综合管理模式的可行性,为后续"一站式"学生社区综合管理模式建设工作的提出和推广奠定了基础。

2. "一站式"学生社区的试点建设期

2019 年 1 月 15 日至 16 日,在第二十六次全国高校党的建设工作会议上,王沪宁同志提出要扎实推进高校党的建设和思想政治工作。作为当年的重点工作任务之一,高校"一站式"学生社区综合管理模式建设正式启动。

2019 年 2 月 22 日,《教育部思政司 2019 年工作要点》提出,遴选部分高校开展"一站式"学生社区综合管理模式改革试点,推动高校党建和思政工作深入进学生生活园区。2 月 26 日,教育部思想政治教育工作专题会议提出,进行"一站式"学生社区综合管理模式改革,依托书院、宿舍等学生生活园区,积极探索学生组织形式、管理模式、服务机制改革,打通育人"最后一公里"。这次会议正式提出进行"一站式"学生社区试点工作,实现了从探索到试点的里程碑式新跨越。

2019 年 3 月 20 日,中共教育部党组发布《关于加强和改进高校领导干部深入基层联系学生工作的通知》(教党函〔2019〕34 号),指出"高校领导班子成员尤其是党委书记、校长,要主动进课堂、进班级、进宿舍、进食堂、进社团、进讲座、进网络,深入一线联系学生",明确了高校领导干部深入基层联系学生的重点任务。

2019 年 4 月 19 日，《教育部高教司 2019 年工作要点》（教高司函〔2019〕21 号）提出，深入探索书院制模式，强化使命驱动，注重大师引领，创新学习方式，注重环境浸润熏陶，促进拔尖学生脱颖而出。

2019 年 10 月 8 日，教育部思政司发布《关于开展"一站式"学生社区综合管理模式建设试点工作的通知》，遴选西安交通大学、北京航空航天大学等 10 所高校开展"一站式"学生社区综合管理模式建设试点工作，指导高校从党建引领、管理协同、队伍进驻、服务下沉、文化浸润、自我治理六个方面积极探索，为全国高校提供可借鉴、可复制的经验。同年 12 月 21 日，在厦门大学召开"一站式"学生社区综合管理模式建设试点工作推进会。

2020 年 2 月 20 日，《教育部高教司 2020 年工作要点》（教高司函〔2020〕1 号）提出，支持高校开展"三制"（书院制、学分制、导师制）拔尖人才培养模式改革。

2020 年 4 月 22 日，教育部等八部门印发《关于加快构建高校思想政治工作体系的意见》（教思政〔2020〕1 号），第五条"管理服务体系"中提到"推动'一站式'学生社区建设"，指出要"依托书院、宿舍等学生生活园区，探索学生组织形式、管理模式、服务机制改革，推进党团组织、管理部门、服务单位等进驻园区开展工作，把校院领导力量、管理力量、服务力量、思政力量压到教育管理服务学生一线，将园区打造成为集学生思想教育、师生交流、文化活动、生活服务于一体的教育生活园地"。

2020 年 6 月 18 日，中共教育部党组等印发《关于加强高校党的政治建设的若干措施》（教党〔2020〕29 号），第三条"突出育人工作的政治标准"中提到："着眼党建和思想政治工作对青年学生全员全息覆盖，实施'一站式'学生社区综合管理模式改革，把校院领导力量、管理力量、思政力量、服务力量压到学生中间。"

2020 年 10 月 13 日，中共中央、国务院印发《深化新时代教育评价改革总体方案》，指出要"坚持科学有效，改进结果评价，强化过程评价，探索增值评价，健全综合评价"，同时强调"各级党委和政府要完善定期研究教育工作机制，建立健全党政主要负责同志深入教育一线调研、为师生上思政课、联系学校和年终述职必述教育工作等制度"。

2021年2月4日，《教育部高教司2021年工作要点》（教高司函〔2021〕1号）提出，支持和引导高校开展"三制"（书院制、学分制、导师制）拔尖人才培养模式改革，完善交流研讨机制和政策协同机制。同年3月，《教育部思政司2021年工作要点》提出，全面推进"一站式"学生社区综合管理模式改革，打造党委领导、学工牵头、教师协同、学生参与、支部引领、社团助力、辅导员入驻的学生党建前沿阵地、"三全育人"实践园地、平安校园样板高地，创造高校版"枫桥经验"。

2021年4月22日，教育部印发《关于深化"一站式"学生社区综合管理模式建设试点工作的指导意见》。《意见》指出，深化"一站式"学生社区综合管理模式建设试点工作的总体思路是，坚持党委领导、学工牵头、教师协同、学生参与、支部引领、社团助力、辅导员入驻，引领干部教师全员践行"一线规则"，着力打造学生党建前沿阵地、"三全育人"实践园地、平安校园样板高地，切实创造新时代高校版"枫桥经验"，为推进高等教育治理体系和治理能力现代化、扎根中国大地办好中国特色社会主义大学延伸实践路径、夯实内涵支撑。

2021年7月12日，中共中央、国务院印发《关于新时代加强和改进思想政治工作的意见》，指出"思想政治工作是党的优良传统、鲜明特色和突出政治优势，是一切工作的生命线"，"加强和改进思想政治工作，事关党的前途命运，事关国家长治久安，事关民族凝聚力和向心力"。

2021年7月27日，教育部思政司发布《关于深化"一站式"学生社区综合管理模式建设试点工作的通知》（教思政司函〔2021〕7号），提出要扩大"一站式"学生社区综合管理模式建设试点范围，深化"一站式"学生社区综合管理模式改革，引领学校党员干部、教职员工践行"一线规则"，推动把领导力量、思政力量、管理力量、服务力量下沉到学生中间，将学生社区打造为学生党建前沿阵地、"三全育人"实践园地、平安校园样板高地，创造高校版"枫桥经验"。同时，发布《"一站式"学生社区综合管理模式建设试点工作指南》，深化教育培养模式、管理服务体制、协同育人体系、支撑保障机制改革，在党委领导、队伍入驻、学生参与、条件保障等方面创机制、拿举措、出办法，在全部或部分试点领域形成面向全国高校可推广可复制的经验模式。7月29日，教育部在西安交通大学召开试点工作现场推进会，交流经验，部署任务。

2021年11月18日，教育部思政司《关于依托云平台深化"一站式"学生社区综合管理模式建设工作的通知》（教思政司函〔2021〕11号）指出，依托云平台拓展高校参与试点渠道，实现试点工作网络管理，发挥试点高校示范带动作用，加快把学生社区打造成为学生党建前沿阵地、"三全育人"实践园地、平安校园样板高地的进程，创造新时代高校版"枫桥经验"。

表5-2 "一站式"学生社区试点建设期相关文件

序号	文件名	发文单位	发文时间
1	《教育部思政司2019年工作要点》	教育部思政司	2019年2月
2	《关于加强和改进高校领导干部深入基层联系学生工作的通知》	中共教育部党组	2019年3月
3	《教育部高教司2019年工作要点》	教育部高教司	2019年4月
4	《关于开展"一站式"学生社区综合管理模式建设试点工作的通知》	教育部思政司	2019年10月
5	《教育部高教司2020年工作要点》	教育部高教司	2020年2月
6	《关于加快构建高校思想政治工作体系的意见》	教育部等八部门	2020年4月
7	《关于加强高校党的政治建设的若干措施》	中共教育部党组等	2020年6月
8	《深化新时代教育评价改革总体方案》	中共中央、国务院	2020年10月
9	《教育部高教司2021年工作要点》	教育部高教司	2021年2月
10	《教育部思政司2021年工作要点》	教育部思政司	2021年3月
11	《关于深化"一站式"学生社区综合管理模式建设试点工作的指导意见》	教育部	2021年4月

序号	文件名	发文单位	发文时间
12	《关于新时代加强和改进思想政治工作的意见》	中共中央、国务院	2021 年 7 月
13	《关于深化"一站式"学生社区综合管理模式建设试点工作的通知》	教育部思政司	2021 年 7 月
14	《"一站式"学生社区综合管理模式建设试点工作指南》	教育部思政司	2021 年 7 月
15	《关于依托云平台深化"一站式"学生社区综合管理模式建设工作的通知》	教育部思政司	2021 年 11 月

试点建设期是"一站式"学生社区综合管理模式发展的关键阶段。教育部制定《"一站式"学生社区综合管理模式建设试点工作指南》，通过抓细抓实政策指导、试点推进、过程管理、经验推广等基础性工作，实现从10 所高校的率先试点到 31 所高校的集成探索，推动试点高校先试先行，全面总结有效做法和典型经验，形成面向全国高校可推广可复制的经验模式。"一站式"学生社区综合管理模式成为中国特色社会主义大学治理体系下学生管理模式改革的重要抓手和有效途径。

3. "一站式"学生社区的全面推广期

2022 年 2 月 15 日，中央教育工作领导小组制定《关于在高等学校实施"时代新人铸魂工程"的方案》，对推进"一站式"学生社区综合管理模式建设作出专门部署。随后，《教育部 2022 年工作要点》提出，推进"一站式"学生社区综合管理模式，实现对 1000 所左右高校有效覆盖。2 月 23日，《教育部高教司 2022 年工作要点》（教高司函〔2022〕1 号）提出，创建统一的学生实验、实习、实践、创新创业、科学探索（线上书院）的门户。同年 3 月 3 日，《教育部思政司 2022 年工作要点》提出，全面开展"一站式"学生社区综合管理模式建设，争取实现对 1000 所左右高校的覆盖，常态化、机制化打造学生党建前沿阵地、"三全育人"实践园地、平安校园样板高地。

2022 年 4 月 20 日和 5 月 20 日，教育部思政司分别在浙江大学和西安交通大学召开试点工作经验云分享会，进一步推动"一站式"学生社区建设，充分发挥试点高校示范带动作用，加强高校交流互鉴。

2022 年 6 月 7 日，共青团中央、中共教育部党组印发《关于改革创新高校共青团工作　切实增强思想政治引领实效的若干措施》（中青联发〔2022〕5 号）。《措施》指出："创新团的组织体系，激发班级团支部活力，探索依托书院、学生社区、项目团队、见习实习基地、网上青年社群等设置贴近学生的功能型团组织，普遍建立学生会、学生社团团（总）支部。"

2022 年 7 月 25 日，教育部等十部门印发《全面推进"大思政课"建设的工作方案》（教社科〔2022〕3 号），提出继续深入推进"三全育人"综合改革，持续扩大高校"一站式"学生社区综合管理模式建设试点。

2022 年 8 月 7 日，高校"一站式"学生社区综合管理模式建设试点工作研究课题组在东北大学召开年度工作研讨会，课题组交流研讨"一站式"学生社区建设经验，明确研究目标思路和任务分工。

2023 年 2 月 22 日，《教育部思政司 2023 年工作要点》提出，全面推进高校"一站式"学生社区建设。遴选一批学生社区综合管理创新基地，切实提升党建引领学校基层治理水平，打造新时代高校版"枫桥经验"。

2023 年 3 月 21 日，教育部思政司在华中科技大学召开现场工作推进会，强调各地各高校要提高政治站位，贯彻落实党的二十大精神和 2023 年全国两会精神，加快推动"一站式"学生社区建设。同时，正式发布了《高校"一站式"学生社区综合管理模式建设研究报告（2019—2022)》白皮书。

2023 年 6 月 29 日，教育部思政司召开高校"一站式"学生社区综合管理模式建设进展视频调度会。会议指出，高校要切实增强推进"一站式"学生社区建设的政治自觉，持续不断推进"一站式"学生社区建设的党组织全覆盖、育人力量全覆盖、学生社区全覆盖、数字化全覆盖，大力提升推进"一站式"学生社区建设质量效果。

2023 年 6 月 30 日，教育部发布《高校"一站式"学生社区综合管理模式建设工作指南》，以《"一站式"学生社区综合管理模式建设试点工作指南》为基础，总结前期建设经验，从党建引领、队伍入驻、学生参与、条件保障四个方面，为建设高校提供全面性、针对性、实操性指导。

表 5-3 "一站式"学生社区全面推广期相关文件

序号	文件名	发文单位	发文时间
1	《关于在高等学校实施"时代新人铸魂工程"的方案》	中央教育工作领导小组	2022 年 2 月
2	《教育部 2022 年工作要点》	教育部	2022 年 2 月
3	《教育部高教司 2022 年工作要点》	教育部高教司	2022 年 2 月
4	《教育部思政司 2022 年工作要点》	教育部思政司	2022 年 3 月
5	《关于改革创新高校共青团工作 切实增强思想政治引领实效的若干措施》	共青团中央、中共教育部党组	2022 年 6 月
6	《全面推进"大思政课"建设的工作方案》	教育部等十部门	2022 年 7 月
7	《教育部思政司 2023 年工作要点》	教育部思政司	2023 年 2 月
8	《高校"一站式"学生社区综合管理模式建设研究报告（2019—2022）》	教育部思政司	2023 年 3 月
9	《高校"一站式"学生社区综合管理模式建设工作指南》	教育部	2023 年 6 月

全面推广期是"一站式"学生社区综合管理模式的重要阶段。在这一阶段，教育部梳理《高校"一站式"学生社区综合管理模式建设工作综述》，发布《高校"一站式"学生社区综合管理模式研究报告（2019—2022)》白皮书，制定《高校"一站式"学生社区综合管理模式建设工作指南》，召开视频调度会，展示各高校学生社区建设风采，推动全国高校应建尽建、全面覆盖。经过两年的建设努力，实现了 2720 所适建高校全覆盖目标，将学生社区"末梢"转变为思想引领、发展指导、生活保障等工作"前哨"，有效打通了高校育人的"最后一公里"。

4. "一站式"学生社区的内涵深化期

2024 年 1 月,国家发展改革委、教育部等七部委联合印发《关于加强高校学生宿舍建设的指导意见》,提出"充分发挥学生宿舍育人阵地作用""推广'一站式'学生社区综合服务模式"。

2024 年 2 月,《教育部思政司 2024 年工作要点》提出,要纵深推进"一站式"学生社区高质量建设,强化有效覆盖和高质量发展,进一步构建中国特色社会主义大学基层治理和学生教育管理模式。

2024 年 4 月 30 日,教育部思政司发布《高校"一站式"学生社区综合管理模式建设提质增效指南(第一版)》,涉及党建引领、队伍入驻、学生参与、文化建设、数字赋能和条件保障六个板块,70 条建设内容和观测重点,基础指标和高阶指标共同推动高校"一站式"学生社区建设形神兼备、富有实效。

2024 年 6 月 18 日,教育部思政司在上海交通大学召开高校"一站式"学生社区综合管理模式建设工作专题培训会暨高质量建设交流会,要求各地各高校深入学习贯彻习近平新时代中国特色社会主义思想和党的二十大精神,研究建设情况、探索建设规律、把握建设趋势,推进"一站式"学生社区全覆盖建设与高质量发展,构筑立德树人新生态新格局。同时,发布了《高校"一站式"学生社区综合管理模式建设研究报告(2023)》白皮书。

2024 年 11 月 14 日,高校"一站式"学生社区综合管理模式建设工作研究咨询组工作会议在西安交通大学召开,就下一阶段的工作导向以及核心工作重点如何从"有形"到"有效"进行了部署安排。

表 5-4 "一站式"学生社区内涵深化期相关文件

序号	文件名	发文单位	发文时间
1	《关于加强高校学生宿舍建设的指导意见》	国家发展改革委、教育部等七部委	2024 年 1 月

序号	文件名	发文单位	发文时间
2	《教育部思政司 2024 年工作要点》	教育部思政司	2024 年 2 月
3	《高校"一站式"学生社区综合管理模式建设提质增效指南（第一版)》	教育部思政司	2024 年 4 月
4	《高校"一站式"学生社区综合管理模式建设研究报告（2023)》	教育部思政司	2024 年 6 月

内涵深化期是"一站式"学生社区综合管理模式建设的高质量发展阶段。教育部制定《高校"一站式"学生社区综合管理模式建设提质增效指南（第一版)》，梳理《高校"一站式"综合管理模式全覆盖建设综述》，发布《高校"一站式"学生社区综合管理模式建设研究报告（2023)》，巩固拓展全覆盖建设经验，纵深推进"一站式"学生社区形神兼备、富有实效，构筑立德树人新生态新格局。

（二）演进特征

从对学生公寓育人功能的强调到学生社区的建立，从"七进"到"一线规则"的形成，从主动适应信息化到智慧服务创新基地的搭建，"一站式"学生社区建设从单一的生活功能空间向集思想教育、师生交流、文化活动、生活服务于一体的综合功能场域转变，通过整合优化多方资源，实现功能集成化和服务全面化。这一过程既体现了对传统高校管理模式的优化，也体现了对高校学生社区建设新理念的践行。

1. 育人功能日益凸显

从学生公寓育人功能的显现到学生社区的提出，体现了高校在教育、管理、服务等方面的转变和创新。传统的学生公寓管理主要关注学生住宿等基本内容，重点在于满足学生日常需求，教育功能受到了极大限制。学生社区的提出使得高校管理模式发生极大变化，即更多关注学生成长成才和全面发展需求。在承担住宿功能基础之上，学生社区进一步成为聚合学习、生活、文化、社交等多种功能于一体的综合性育人场域。

"一站式"学生社区注重在原有物理空间基础之上打造充满人文关怀和文化氛围的学习生活空间，努力为学生营造温馨、舒适、便捷的成长环境。学生社区建设不仅着眼于学生日常生活，更注重满足学生成长成才需求。学生社区建设秉持共建共治共享理念，发挥学生主人翁精神，积极引导学生参与社区治理，增强学生自我教育、自我管理、自我服务的能力。"一站式"学生社区通过开展各类文体活动、志愿服务活动和学生自治活动，鼓励学生成为社区建设的参与者、维护者和推动者，为学生提供更为广阔的成长成才空间，促进学生全面发展。

2. 管理服务日臻完善

高校在学生社区管理方面的不断完善和创新，体现了对教育管理体系的深入思考和实践探索。从"七进"到"一线规则"的形成，标志着高校在管理制度和服务模式上的重大提升，为学生社区规范化和高效化管理奠定了坚实基础。

一方面，"七进"所提出的多角度进入学生生活的方式使得高校实现对学生学习生活的全息把控。通过进课堂、进班级、进宿舍、进食堂、进社区、进讲座、进网络，全方位的"七进"方式使高校更加及时、精准感知学生面临的问题和诉求，从而有针对性地开展管理和服务工作，为学生提供差异化、精准化服务，真正做到围绕学生、关照学生、服务学生，促进学生全面发展。

另一方面，"一线规则"的形成为学生社区建设提供了重要保障。校院领导、机关干部常态化深入学生社区，有效解决学生在思想、学习、生活、发展等方面的现实困难和发展需求；辅导员与学生同吃同住同生活，做到全员覆盖、全时保障；思政课教师、专业教师、心理教师、生涯规划教师、后勤物业等育人力量进驻学生社区，开展思想引导、学习辅导、心理疏导、生涯向导、生活指导等活动；学术名家、行业专家等校外导师引入社区，实现校内外育人资源深度融通，最终形成多元主体在学生社区的"大合唱"。

3. 技术运用日渐广泛

高校"一站式"学生社区勇立时代潮头，主动适应信息化发展趋势，紧跟国家教育数字化战略步伐，运用数字技术赋能学生社区建设，利用数字信息、智能平台、现代设施，深入分析与把握学生成长规律和个性需求，全时空推进智慧社区创新平台建设，打造涵盖"价值引领、资源汇聚、能力提升、风险防范"于一体的数字化教育体系，通过精细化服务，更加精准地响应和支持学生的全面发展需求。

从主动适应信息化到搭建智慧服务创新基地，突显高校在利用科技手段提升学生服务质量和水平方面的创新。随着信息技术不断发展，高校积极探索智慧化服务模式，利用大数据、人工智能等技术手段，提供更具智能化、个性化的服务。建设智慧服务创新基地有利于满足学生多样化需求，提高管理效率，提升服务质量，实现学生社区管理模式的现代化和智能化。各高校借助科技强化支持，促进管理协同合作，推动服务深度融合，营造校园数字生态，全方位保障学生成长成才，提升人才培养质量。

二、"一站式"学生社区的理论依据

"一站式"学生社区建设根植于深厚的理论基础，以马克思社会关系理论为凭借，注重构建多元主体间的协同共育格局。融合共同体理论中的共同目标、身份认同与集体归属等要素，强调通过社区平台促进成员间紧密联系与协作。借鉴空间政治理论，认识到空间不仅是物理存在，更是意识形态与教育活动的重要载体，通过划分物理与网络空间，实现资源有效整合与育人全方位覆盖。以社区理论为指导，致力于打造一个功能齐全、服务完善的生活学习综合体，以满足学生成长成才需求。

（一）马克思社会关系理论的研究视角

马克思在《关于费尔巴哈的提纲》中指出："人的本质不是单个人所固有的抽象物，在其现实性上，它是一切社会关系的总和。"① 从人的自然生命、人类历史发展进程、人所处的社会场域来看，每个人并非完全独立，也不存在个人的抽象自由。人是社会的人，社会的人是处在各种关系之中的联合的人。费尔巴哈借助感性直观，错误地把"现实的个人"看作抽象的、孤立的、纯粹自然的人。马克思"人是一切社会关系的总和"深刻揭示了人的本质，并将处于社会关系中的人与人之间的活生生的现实交往活动作为理解社会历史发展与变革的出发点和落脚点。马克思社会关系理论强调人与人之间交往关系的复杂性和动态性，对于"一站式"学生社区建设具有重要的指导意义。学生社区不仅是物理空间的集合，更是各种关系交织的场域。在"一站式"学生社区建设过程中，必须考虑到各个主体及其间的相互关系，确保这些关系在"一站式"学生社区中发挥应有作用，进而为学生成长成才提供有力支撑和保障。

一是学生内部的关系。"一站式"学生社区作为大学生日常学习生活和交流互动最经常、最稳定的场域，旨在通过整合资源、优化服务，构建集学习、生活、交流、成长于一体的综合性平台，紧密围绕大学生的日常学习、生活与交流互动，实现学生内部关系的深刻联结。首先，组织体系的联动成为关键。通过党支部、团支部、班委会和学生宿舍四个平台的紧密联动，形成"党—团—班—舍"四级贯通的组织体系，增强学生组织的凝聚力，发挥学生党员的模范带头作用，推动学生实现自我教育、自我管理和自我服

---

① 《马克思恩格斯文集》第 1 卷，人民出版社 2009 年版，第 501 页。

务，为学生社区治理注入强大动力。其次，学生交流更加频繁。"一站式"学生社区提供的多元化活动空间为学生搭建了面对面交流的平台，有助于促进情感的沟通与共鸣，营造积极向上的社区文化氛围。最后，学生自我管理与服务能力得到显著提升。在"一站式"学生社区中，学生不仅是被服务者，更是积极的参与者与创造者。通过参与社区管理、志愿服务等活动，使学生的能力进一步提升，为学生成长成才奠定坚实基础。

二是学生社区与校内部门的关系。在建设"一站式"学生社区过程中，领导力量、思政力量、专业力量、管理力量、服务力量五支力量实现深度融合，通过共同进驻社区，形成多队伍深度参与、协同共育的生动局面。五支力量各司其职，又相互协作，共同作用于学生身上，如校院领导力量提供政策支持；思政力量负责学生的思想政治教育和价值观引领；专业力量为学生提供学术指导和职业发展建议；管理力量确保社区的秩序和稳定；服务力量满足学生的日常生活和学习需求。五支力量的共同作用为学生提供了全面、细致的成长指导和服务。校院领导、专职辅导员、后勤服务、班主任等多支育人队伍进驻社区，如校院领导与学生"面对面"交流、辅导员与学生同吃同住同生活，不仅为学生提供了学术指导和生活帮助，亦通过自身言行和榜样作用影响学生的价值观和行为习惯。育人队伍通过带来丰富育人资源，如科研项目、社会实践机会、文化活动等，使育人资源直接服务于学生，针对学生的多元化需求，提供精细化、个性化、专业性的成长支持服务。

三是学生社区与校外育人力量、资源的关系。在"一站式"学生社区建设过程中，校外资源如家长、企业等亦被有效整合和利用。聘请时代楷模、道德模范、国企骨干、杰出校友、退役军人等在社区担任校外导师，为学生匹配全方位的成长资源。家长通过参与学生社区活动、提供反馈意见等方式与社区建立紧密联系，共同关注学生成长成才。学生社区与校外机构合作共同打造志愿服务平台，指导学生将理论应用于实践。企业通过提供实习机会、就业指导、资金支持等方式与学生社区建立合作关系，帮助学生更好地了解职场需求，提升就业竞争力。学生社区与校外单位共建就业实习基地，定期邀请企业进社区，开展企业人才需求、面试技巧、企业人才发展路径等职业生涯规划专题讲座，满足学生就业发展需要，建立企业与毕业生的对接路径，常态化开展生涯规划和就业指导服务，为学生就业输送"助推剂"，为学生提供了解就业市场的条件，激发学生发展自我的内在动力。这些校外资源的引入不仅丰富了学生的成长环境，亦为学生提供了更加多元化的发展机会和保障，进一步织密织牢了学生的社交网络。

（二）共同体的研究视角

共同体表示人们之间相互联结、相互融合的关系。现代意义上的共同体思想主要起源于德国社会学家斐迪南·滕尼斯的《共同体与社会》一书，他认为共同体是"一种持久的和真正的共同生活"，是"一种原始的或天然状态的人的意志的完善的统一体"。① 马克斯·韦伯在现代工业社会的时代背景下将共同体的形成与目的理性的行动相联系。涂尔干的机械团结和有机团结是对滕尼斯"共同体"理论的一种重要发展，指出了共同体形成的动力。马克思、恩格斯把有生命的个人的存在作为其共同体思想的起点，指出"真正的共同体"意味着"每个人的自由发展是一切人的自由发展的条件"②，是"人和人之间的矛盾的真正解决"③。

从根本来看，共同目标、身份认同与集体归属等构成共同体的基本要素。第一，共同目标是共同体生成的前提。共同体是在追求共同目标的协作中产生的，其独特之处在于其强调"满足成员需求"，而非"追求外在目的"。第二，身份认同是共同体生成的基础。共同体中的身份认同指涉个体根据血缘、地缘、业缘等归属对群体不同社会组织和不同文化传统等的认

---

① ［德］斐迪南·滕尼斯：《共同体与社会》，林荣远译，商务印书馆1999年版，第2页。
② 《马克思恩格斯文集》第2卷，人民出版社2009年版，第53页。
③ 《马克思恩格斯文集》第1卷，人民出版社2009年版，第185页。

同，滕尼斯认为其实质在于人与人之间的紧密关系①。第三，集体归属是共同体维系的纽带。集体归属以共同利益、共同信仰、共同道德以及人与人之间相互的信赖感、安全感等为现实来源，对提升共同体的韧性具有重要价值。

"一站式"学生社区将教育、管理与服务功能相融合，全方位满足社区学生多元化、个性化的思想启迪、学习进步及生活服务等需求；推动实现过程陪伴、伴随指导，促进共建、共享、共融、共通。学生社区围绕学生生活园区而建立的教育生活成长共同体，旨在发挥富有中国特色、体现思政要求的育人功能，以促进学生课外成长成才为目标，通过共同价值理念将师生紧密联结在一起。围绕落实立德树人根本任务、服务学生成长成才，遵循思想政治教育工作规律、教书育人规律以及学生成长规律，坚定社会主义核心价值观、构筑师生同频共振的良性关系、紧扣道德实践，"一站式"学生社区的成长共同体形成价值共同体、关系共同体、实践共同体的基本内涵。其中以价值共同体的引领为根本展开关系共同体的构建，并在实践共同体中得以深化落实。

具体而言，其一，价值共同体。价值是认知、理解、判断或抉择的基点，任何价值都是出于维护共同体的目的而起源，任何一种共同体亦需要价值规范约束其成员的行为。相同的价值目标是共同体存在和发展的基础，有助于团结不同个体，增强成员集体归属感和共同体意识，推动成员达成共识，采取统一行动，成为共同体发展的核心动力。"一站式"学生社区以党建引领为特征，凝聚起师生对社会主义核心价值观的认同和实现立德树人根本任务的价值共同体。

其二，关系共同体。关系标示着人与人互相依赖的状况，个人的存在不是独立的，而是体现在一系列的社会关系之中。关系共同体着重于交往主体

---

① 参见［德］斐迪南·滕尼斯：《共同体与社会》，林荣远译，商务印书馆1999年版，第52页。

在交往过程中展现出的独立性与主动性，并通过主体间的积极对话交流和不断反馈互动，构建起彼此之间的关联，推动主体间的思想碰撞和心灵沟通，从而突破单一主体的桎梏，形成多元主体交往互动的局面。"一站式"学生社区通过育人多主体之间的理性与行为交往，在共同体视野下构筑多元育人体系，汇聚全员力量，形成师生同频共振的关系共同体。

其三，实践共同体。实践是主观与客观的交汇点，有利于在现实活动中将价值、关系等进一步拓展深化。实践共同体是链接德育知识、道德信仰的纽带，其通过凝聚共识目标、构建机制保障、推动资源互换、锚定未来发展等，促使共同体成员在共同的实践中真正从内心深处认同、接受并建立起坚定的目标信念。"一站式"学生社区以服务下沉为抓手，社区内各主体在集体实践中提升理论认知和道德品质，构建共识、机制、资源、发展四位一体的实践共同体。

（三）空间政治的研究视角

马克思主义明确指出空间对于一切人类活动的必要性，即空间是一切生产和一切人类活动的要素。马克思从资本主义生产过程的视角出发，剖析阐释工人在"劳动场所"中的生产活动。从 20 世纪 60 年代开始，列斐伏尔、福柯、苏贾等人基于马克思、恩格斯的唯物史观空间思想，进一步分析空间的社会性与生产性，并提出空间是连接权力与公众之间的重要媒介，具有意识形态规训作用。思想政治教育空间范畴借鉴空间政治理论，指出空间维度是对思想政治教育研究范式的重要补充。空间既具有意识形态生产功能，又为意识形态功能的发挥提供场域，"已然成为当代意识形态发挥作用的隐性话语场所"[1]。

"一站式"学生社区空间作为学生成长的复合场域，缩短了育人的空间

---

[1]　林滨等：《意识形态空间化的机制与建构》，《贵州社会科学》2020 年第 1 期。

距离、促进了资源的空间整合、推动了"五育"的空间延伸、建构了多主体的空间联动，从而将思想政治教育内容融进学生日常生活空间，建构起育人空间，极大拓展思想政治教育的现实载体，使其成为"看得见""听得到""摸得着"的存在，切实提升高校思想政治工作的有效性。"一站式"学生社区得以发挥空间育人的独特作用，一是将校内校外、线上线下的资源转变成为学生身边触手可及的育人资源，推动课堂教学与课外活动、学习与生活、常规教育与自我教育的有机结合，更好地支持学生全面发展与成长；二是精心设计与布局社区物理空间，促使空间整体成为利于文化建设和传播的"文化装置"载体，可促使社区学生脱离原有时间规律和空间位置来达成相应教育功能；三是通过营造和谐人际关系、打造道德规范化的"熟人空间"，促使社区空间的每位个体最终形成一种趋向道德规范的动力，由此营造出良好的育人氛围。

一方面，物理空间是学生社区建设的基础和保障。高校物理空间涵盖教学运行空间、自主学习空间、思想教育空间、实践活动空间、公共服务空间、日常生活空间，承担着传授知识、启迪思维、引领思想、熏陶文化、强健体魄、服务生活等重要功能，支撑起学生全方位的发展。但是从全校层面而言，边界清晰、位置分散的物理空间建设难以解决高校学生耦合性、日常性的学习生活需求，更阻碍着高校育人工作的精细化开展和精准化发展。"一站式"学生社区以日常生活空间为依托，根据学生需要与育人需求灵活安排社区空间，更好补充思想教育、公共服务、自主学习等校内空间，更快链接教育、管理、服务等育人资源，是高校物理空间建设的深化拓展。突破对学生社区空间功能的单一化认识，构建一个集多种功能于一体的综合性空间，推动思政教育场地、多功能学习场所、休闲娱乐场所、公共服务设施等精细运行，有力支撑全员全过程全方位育人，有效提升社区空间的隐性思想政治教育功能。具体而言，通过打造党建空间，有效融合校史故事、革命文化、优秀传统文化开展思想引领；建设学习空间，促进学生之间的思想碰撞、学科交叉、专业融合；融合文化空间，构建文化标识、营造文化氛围、拓展育人环境；打造服务空间，维持社区日常运转。

另一方面，网络空间是学生社区建设的补充和拓展。网络空间是学生日常活跃、高度热衷的重要思想文化生活场域，是高校加强思想引领服务的重要阵地。学生社区网络空间有助于突破物理时空的限制汇聚学习资源、完善服务方式、拓展交往关系，深化社区学习空间、服务空间、交往空间等的建设。其一，重塑学习空间。以学生社区网络空间建设链接校内图书馆、实验室等公共学习资源，引进校外科研院所、博物馆、纪念馆等独特教育资源，联动中国大学 MOOC（慕课）等优质课程资源，拓展资源开放性、学习个性化的社区学习空间。其二，完善服务空间。运用网络空间提升学生社区管理服务系统化、精细化水平，通过建设"一站式"线上服务大厅将校内业务从线下向线上迁移，整合工作流程、打破部门界限，实现一站受理、综合办理、集成服务；拓展服务领域，引进户政服务、火车票购取票、交通卡充值等社会服务，形成更智能化、更轻便化、更人性化的社区服务模式。其三，拓展交往空间。网络空间中的师生交往具有稳定、高频、双向等显著优势，建设学生社区网络空间有助于推动学术科研、社会实践、社团活动、体育运动等方面的师生交往关系广泛建立，促进社区师生交流从单一的学业指导、事务办理向思想引领、行为规范转变，创新社区学生与校外育人力量的交往方式。

（四）社区理论的研究视角

社区理论，又称社区探究法，是对社区研究领域内各种理论、学说及观点的统称。社区理论关注社区的体系、结构功能等，主要包括区位理论、社会体系理论、社会互动理论、社区行动理论等内容。其中，区位理论将人文区位问题用人口、组织、环境、技术四个要素及其相互间的关系加以解释，并着重强调人口与其他三个要素的关系。社会体系理论将社会视为一个庞大且由多个相互关联的部分构成的体系，着重研究这一体系中各个组成部分之间的相互联系，以及该体系与其他社会体系之间的相互作用关系。社会互动理论着重探讨了社区中的合作、冲突等社会互动过程。社区行动理论注重研究社区领导的能力、决策过程以及社会参与等。社区理论具有广泛应用场景，为"一站式"学生社区建设提供了坚实理论基础。

一是区位理论。区位理论主要关注人口、组织、环境、技术等要素及其在社区中的相互关系。在"一站式"学生社区建设过程中，首先，需要牢牢把握"以学生为中心"的理念，考虑学生学习、生活等多元化需求，确保治理始终围绕学生、关照学生、服务学生。其次，校内管理部门作为组织力量，需要通过设置合理的组织架构和资源配置方式，确保学生社区功能全面性和服务便捷性。再次，"一站式"学生社区需要打造完备物理空间和文化环境，通过建设以宿舍为主体的生活空间、以功能室为主体的学习空间、以辅导员办公室为主体的服务空间、以庭院为主体的文化空间、以智慧场域为主体的线上空间等，倾心为学生成长成才营造温馨育人环境。最后，广泛运用物联网、大数据、云计算、人工智能等现代数字技术，打造智慧党建信息运营平台、教学质量实时监测平台、学生综合事务管理平台、大数据分析与服务平台，提高社区管理效率和服务水平，为学生学习、生活提供智慧化支撑。

二是社会体系理论。社会体系理论将社区视为由多个相互关联的部分组成的整体系统。"一站式"学生社区是融合思想教育、师生互动、文化活动及生活服务于一体的多功能场域，通过对教育培养模式、管理服务体制、协同育人体系、支撑保障机制等方面的改革，实现党组织全覆盖、育人力量全覆盖、校区全覆盖、数字化全覆盖。构建全员全过程全方位育人格局，让育人资源、育人力量向学生社区汇聚，服务学生成长各阶段、各环节，满足师生学业、生活、情感等多重需求，实现功能集成化和服务全面化，形成功能齐全、设备先进、服务完善，"一站式"满足学生成长成才需求的生活园区。"一站式"学生社区建设以价值引领、空间建构、队伍进驻、资源下沉、学生参与、技术支撑和制度保障七大要素构成社区建设的基础和必要条件，统一协调各要素相辅相成、协同发力、动态运转，以系统化的要素运行答好新时代的育人命题，服务学生健康成长成才，打通育人"最后一公里"。

三是社会互动理论。社会互动理论强调社区中的合作、冲突等社会互动过程。在"一站式"学生社区建设过程中，其建设目标的达成有赖于学生、高校职能部门、企业等各方力量共同努力，加强合作。第一，学生间的合作。通过学生参与社区治理、参与学生自治组织、参与志愿服务等，引导学生发挥自身优长，培养责任意识、团队合作能力和社会实践能力，提升综合素质。第二，校内职能部门间的合作。学生社区职能部门之间需要形成紧密的合作与协调机制，建立信息互通、资源互补的工作体系，确保各类育人资源得以有效整合和合理利用，为学生全面发展提供支撑保障。第三，学生社区与社会资源的合作。学生社区与社会资源的密切合作，极大拓展思政教育的广度和深度，为学生成长提供多元化的资源。同时，建立与社会资源顺畅的合作机制有助于提升"一站式"学生社区育人的温度和效度，形成"价值共育、文化共享、成长共赢"的生动局面。

四是社会行动理论。社会行动理论强调社区领导的能力、决策过程和社会参与。首先，党委统一领导。"一站式"学生社区建设通过加强党委统一领导，发挥"指挥棒"的关键作用，坚持"一盘棋"统筹，形成"党委统一领导、党政齐抓共管、师生共同参与"工作格局，以党建成效引领"一站式"改革坚定有力开展。其次，科学管理决策。"一站式"学生社区利用大数据、云计算等现代信息技术，打造智能化决策平台。邀请专家学者参与决策，确保决策的科学性和可行性。听取师生意见，确保决策反映师生需求、体现师生意志，创设决策共谋的学生社区治理新局面。最后，多元主体参与。除辅导员、班主任、专任教师等深入学生社区，参与社区文化建设、学风建设、心理健康教育等工作外，"一站式"学生社区建设积极引入社会资源，如家长、企业、公益机构等，与学生社区建立合作关系，共同开展就业实习、志愿服务、社会实践等活动，形成多元共治的强大育人合力。

三、"一站式"学生社区的实践逻辑

高校"一站式"学生社区综合管理模式建设工作是深入学习贯彻习近平总书记关于教育的重要论述,适应新形势新情况、加强高校党的建设和思想政治工作的重要体制创新,作为推进"时代新人铸魂工程"的重要行动,需要落到实处、取得实效。为破解高等教育工作现实难题,回应和解决新时代高校立德树人的时代要求、"三全育人"的实然境况、人才培养的改革需求、思政工作的现实挑战、一站集成的发展机遇,教育部启动"一站式"学生社区试点建设,坚持以学生为中心,全力推动各方育人力量下沉学生社区、各类育人资源汇集学生身边,有效提升新时代高校党建和思想政治工作的系统性与精准性。

(一)立德树人的时代要求

立德树人是高校立身之本。新时代高校育人工作要从"培养什么人、怎样培养人、为谁培养人"这一根本性问题出发。"一站式"学生社区以打造集学生思想教育、师生交流、文化活动、生活服务于一体的教育生活园地为目标,成为全面贯彻和落实"立德树人"根本任务的重要抓手。

1. 注重价值引领,筑牢思政教育阵地

"一站式"学生社区注重价值引领的育人导向,把坚持正确的政治方向贯穿于"一站式"学生社区的建设始终。通过设立功能型党组织、党员责任区、党员宿舍挂牌等方式,发挥党员先锋模范作用,带动学生树立积极向上的世界观、人生观及价值观。开展思想政治教育、爱国主义教育、感恩励志教育等活动,将思政教育融入学生日常,实现价值引领的常态化、生活

化。推动队伍进驻与资源下沉，缩小与学生的"距离感"，实现理想信念"浸润式"教育，增强思想政治工作的亲和力与实效性。

2. 增强师生互动，构建良好教育生态

"一站式"学生社区打破了传统教育模式中师生交流局限于课堂的界限，为师生互动提供了更加开放、灵活的交流空间。在学生社区，教师不仅是知识的传授者，更是学生成长道路上的引路人和朋友。通过社区内的研讨、答疑、咨询等各类活动，有助于教师更加深入地了解学生的需求与困惑，及时给予指导和帮助。这种紧密的师生互动不仅增强了教育的针对性和实效性，也营造了温馨和谐、积极向上的教育生态，为立德树人的实施提供了有力保障。

3. 坚持五育并举，促进学生全面发展

"一站式"学生社区以学生共同生活区域为基础，锚定服务学生成长成才目标，持续发力、精准施策，成为培养德智体美劳全面发展的社会主义建设者和接班人的重要育人载体。开展思想政治教育、爱国主义教育等活动，引导学生树立正确的道德观念和行为规范；搭建学科竞赛辅导、学术分享交流等平台，助力学生夯实专业基础和提升学术素养；举办各类体育活动，帮助学生增强体质，培养团队合作精神；举办文化沙龙、艺术展览等活动，提升学生文化素养和艺术修养；组织志愿服务、社会实践等活动，培养学生的劳动意识和实践技能。

(二)"三全育人"的实然境况

作为新时代高等教育领域改革创新的重要命题，高校"三全育人"直接指向高质量思想政治工作体系和高水平人才培养体系。[1] 当前，全员育人

---

[1] 参见冯刚：《新时代高校"三全育人"的理论蕴含与深化路径》，《厦门大学学报（哲学社会科学版）》2023 年第 11 期。

合力凝聚不足、全过程育人链条仍有脱节、全方位育人体系仍不够完善，以及资源有效下沉到学生身边缺少有力承接，对高校"三全育人"新格局的形成造成了一定影响。

1. 全员育人的"碎片化"挑战

全员育人的"碎片化"挑战在高校育人工作中较为常见，导致各部门间的育人合力不足。一方面，育人体制整体性不足。传统育人工作机制依托于职责清晰、分工明确的管理架构。随着高校改革逐渐深入，教育、管理和服务等各项职能日益精细化，导致育人主体逐渐形成相对封闭、自成一体的思维模式。党政部门、教务部门及学生工作部门等有效的跨部门沟通和协作不足，协同育人理念推进不够，在一定程度上削弱了"三全育人"的整体效果。

另一方面，育人主体协同化不够。当前，高校的育人工作需要跨部门、跨领域的多元主体共同负责，在大学生思想政治教育工作中承担着沟通协调者、规范监督者等多重角色。然而，由于各部门在职责界定、工作要求和考核标准上存在差异，在具体工作中的侧重点也有所不同。如何有效整合多元育人主体协同联动、发挥所长、凝聚合力，确保育人工作的连贯性和一致性，是亟待解决的问题。

2. 全过程育人的"区隔性"难题

全过程育人的"区隔性"难题是当前高校育人工作的一大挑战。一方面，有些高校缺乏整体性和系统性的顶层设计，各部门在开展育人工作时往往存在重复建设和推诿扯皮的情况，使得全过程育人链条无法贯通，学生的德智体美劳全面发展受到影响。具体表现有些高校缺乏对学生思想状况的深入了解，育人内容设计存在短板、育人资源配置不够合理、育人环境塑造实效不足，未能全面覆盖和满足大学生在成长过程中的需求。

另一方面，部分高校在育人活动中的价值取向、育人主体间的利益诉求、育人方式上的规范有效等方面缺乏整合机制，无法在育人实践中形成合力，难以建立起良性循环、动态平衡的育人体系，使得育人工作难以与人才培养的各个环节保持同步，缺乏应有的同频共振效果，育人链条不畅，难以建立起涵盖宏观、中观、微观层面的一体化育人体系。

3. 全方位育人的"阻断性"问题

全方位育人的"阻断性"问题是高校育人工作中需要重点关注的，高校各项工作蕴含的育人元素和育人逻辑尚未形成完善的全方位育人体系。

一方面，部分高校育人工作的队伍、内涵、渠道、载体、环境等育人元素和资源较为分散，在整体制度设计和具体操作环节及育人成效的顶层设计和综合考量中，高校人才培养工作的目标和重音未能凸显。例如，在育人活动设置上偏重于面向低年级学生，忽视高年级学生成长需求，导致育人工作衔接性不强。

另一方面，部分高校在活动类型设置上追求"短平快"，忽视育人工作的长期性和持续性，未形成体系化、制度化的育人工作机制。在办学治校各领域、人才培养各方面、教育教学各环节缺乏全方位的联动整合，影响了"一站式"学生社区作为"三全育人"实践园地的建构落地。

（三）人才培养的改革需求

加强对人才培养模式的理论研究既是时代发展的强烈呼唤，也是高等教育自身发展的迫切要求。① 随着高等教育深入发展，招生模式创新、培养方式改革、人才队伍建设要求等问题逐渐成为高校持续面临的问题，而"一站式"学生社区的建设恰好回应了高校人才培养的改革需求。

---

① 参见董泽芳：《高校人才培养模式的概念界定与要素解析》，《大学教育科学》2012 年第 3 期。

1. 招生模式创新

招生模式创新是高校为拓宽生源渠道、提高生源质量而设置的人才选拔机制，目前，高校招生模式创新主要体现在强基计划和大类招生两个方面。

第一，强基计划。强基计划是一项由教育部制定的高等教育招生改革工作，目的在于选拔培养一批具有创新能力和实践能力，有志于服务国家重大战略需求且基础学科拔尖或综合素质优秀的人才。强基计划注重提升教师素质，加强教育经费投入，确保学生能够在优质的教育环境中得到全面发展；同时，强基计划在建设中多采用小班化教学，实现学科交叉基础上的差异化、特色化人才培养，"一站式"学生社区恰好能够满足强基计划实施需求。

第二，大类招生。大类招生是指在专业设置上按照专业共性和潜在需求进行分类，拓宽学生专业选择范围，促进人才培养的多样化和交叉融合，培养适应社会发展需求的复合型人才，实现专业教育的多元化和深入发展。大类招生要求加强建设第二课堂资源平台和多元化的实践教学育人体系，突出通识教育和多部门协同的育人要求，而传统以单纯围绕学科或专业的学院为基础的人才培养模式，已然无法满足新时代教育教学改革的要求。

2. 培养方式改革

拔尖计划和完全学分制在高校培养方式改革中扮演着重要角色，对高校人才培养质量的提升起到直接促进作用，为高校培养方式改革注入新鲜活力，间接推动了学生社区的建设和发展。

第一，拔尖计划。拔尖计划是一项旨在培养中国学术大师和领军人才的重要教育计划，核心目标是通过提供导师制、小班化教学、国际化培养等模式，选拔并培养在基础学科领域具有杰出才能和潜力的学生。作为一项具有深远意义的教育计划，拔尖计划为中国培养自己的学术大师和领军人才提供了有力保障，同时为国家科技进步和社会发展注入了新鲜血液。

第二，完全学分制。完全学分制是指学生根据个人兴趣和需求自由选择课程，完成一定数量学分取得毕业资格，具有高度灵活性。首先，完全学分制有助于激发学生的学习兴趣和动力，增强学习的主动性和积极性。其次，完全学分制有助于提高教育的灵活性和多样性，更好地适应未来人才培养需求。最后，完全学分制可以通过自主选择课程的方式提高学生学习效率。

3. 队伍建设要求

人才队伍建设是实现国家发展和提升竞争力的重要因素之一。目前，人才队伍的结构性矛盾较突出、人才政策精准化程度不够高以及人才发展体制机制改革不够顺畅等问题日益凸显，在一定程度上影响了人才队伍的建设和发展。

第一，人才队伍结构性矛盾较突出。随着社会经济发展的日益加快和科技进步的不断推进，对人才的需求也在不断增加，特别是对高素质、高技能人才的需求更加迫切。然而，人才队伍结构中还存在着部分传统产业仍然依赖低端人才，而高端人才却供不应求的现象。因此，需要加大对人才培养的投入，提高人才培养质量，对人才队伍结构进行优化升级。

第二，人才政策精准化程度不够高。在人才政策制定和执行过程中，还存在不合理或不够精准的情况，导致政策效果不明显，甚至产生浪费资源和人才的后果。因此，需要对人才政策进行全面审视和调整，根据不同领域、不同层次的人才需求，制定更具体、更有针对性的政策，推动人才资源的合理配置和有效利用。

第三，人才发展体制机制改革不够顺畅。对于人才的培养、评价、激励等方面，目前的体制机制还存在些许难以适应社会发展和人才需求变化的问题。因此，需要加快推进人才发展体制机制改革，建立和完善人才培养、评价和激励机制，营造更有利于人才成长和发展的环境。

（四）思政工作的现实挑战

高校学生群体的新特点和新变化，以及信息技术快速发展、文化激烈碰撞、价值观相互侵蚀、社会思潮碰撞涌动等复杂教育环境，成为新时代思政工作的新课题和新挑战。

1. 教育对象个性化

随着"Z世代"大学生逐渐成为高校的主力军，大学生群体个性化与差异化特点更加明显，如何在保持统一性的前提下，实现个性化的教育目标，是思政工作当前面临的现实挑战。

第一，主体意识增强。受多元文化和价值观影响，"Z世代"大学生群体自我意识较强，对新鲜事物具有较高的接受度和包容度，对公平、民主和法治具有较为深刻的认知，对自我发展也更有选择意识和规划意识。尤其是在大类招生和学分制背景下，学生的自主化、个性化和多元化需求更为鲜明。"一站式"学生社区立足"Z世代"大学生群体的特征和需求，具有较高的实效性和亲和力。

第二，时代标签明显。"Z世代"大学生成长在一个多元时代，各类信息良莠不齐，时刻考验着青年学生的判断力、分辨力、意志力。各类价值观念对大学生的价值观塑造与发展产生极大影响。教育工作者要从"Z世代"大学生鲜有现实顾忌和束缚、更加关注内心深层需求等特点出发，从人性关怀和教育本质的角度，与其进行平等交流和深层对话。

第三，价值思想多元。互联网的高速发展使思想和知识呈现出多元化的无序状态。一方面，知识和信息透明度不断增强，使得大学生对教育者的尊崇感降低；另一方面，思想和知识变得"碎片化"，使得只有在工作领域有一定专长、能给予大学生专业而全面的思想教育引领、与他们的思想困惑点碰撞、有共情力和思想力、能真正理解和关怀他们的教育者，才能打动他们，真正实现因信其道、愿受其教。

2. 教育环境多样化

自高校实施大类招生、书院制、学分制等教育教学改革以来，学生的学习方式也随之变化，给传统思想政治教育观念和立场带来诸多挑战。

第一，从依赖型学习到自主学习的转化。随着完全学分制的实施，学生的学习方式正在逐步向自主型学习转变，要求学生树立自主型学习观念，摆脱对教师和书本的过度依赖，学会独立思考、自主探索和发现知识，注重知识的再研究、再创造，勇于挑战权威、敢于创新，培养创新思维和实践能力。

第二，从线下学习到线上学习的转化。传统思想政治工作主要以课堂讲授、互动讨论等方式开展，线上学习的兴起使得思想政治工作者必须积极适应新型教育形式，建立师生互动机制，增强学生参与感和获得感。同时，确保教育内容的准确性和权威性，提升教学质量和效果。

第三，从单一化学习到多元化学习的转化。多元文化的冲击、错误思潮的渗透以及不良观念的侵蚀，容易对学生的思想观念、价值取向、思维方式和行为模式造成影响，导致部分青年学生陷入政治信仰的困惑、诚信品质的缺失以及集体观念的削弱。如何在多元价值观的冲击下，引领青年学生树立正确的价值观，成为当前高校思想政治工作亟待解决的问题。

3. 教育模式单一化

理论与实践结合不够紧密、创新能力培养不够充足以及评价指标不够丰富多元等简单化的教育模式导致学生在面对现实挑战时的适应力和竞争力不足。

第一，理论与实践结合不够紧密。传统教育注重理论知识传授，学生缺乏将理论与实践结合的机会，无法将所学知识灵活运用于解决实际问题，知识与实践之间的脱节加剧了教育的虚无感和学习的枯燥性，削弱了学生的学习兴趣和动力。

第二，创新能力培养不够充足。传统教育注重的是对基础知识的机械化运用，对于学生的创新思维和实践能力的培养相对较弱。过于注重标准答案和统一教学的教育模式难以激发学生的创造思维和创新潜能，这使得学生在面对复杂问题和挑战时存在路径依赖，难以提出新思路和解决方案。

第三，评价指标不够丰富多元。传统的教育评价往往将分数作为唯一评判标准，忽略了学生个性特点和综合能力发展，给学生带来了极大的心理压力，也制约了学生的自主学习和发展潜力。这种基于单一评价标准的选拔机制容易造成学生思维僵化、降低探索欲和好奇心，影响人才培养质量。

（五）一站集成的发展机遇

"一站式"学生社区建设是内生动力与外在机遇相互作用的结果。立德树人的时代要求、"三全育人"的实然境况、人才培养的改革需求、思政工作的现实挑战等使得高校治理体系的深化与改革成为应有之义，而理念、机制、实践、技术等方面的创新发展又成为高校育人工作理念和模式转变的重要机遇，能够有力推进"一站式"学生社区建设。

1. 理念创新：一站集成育人功能

理念创新是推动教育改革发展的重要动力之一，在提高教育质量和效果方面发挥着重要作用。聚焦一站集成育人功能理念，可以通过实行网格化管理、提供精细化服务和寻求信息化支撑等方式来实现。

第一，网格化管理。目前，"一站式"学生社区综合管理模式建设工作已经实现适建高校全覆盖，各高校积极探索出资源供给建设管理模式、网格化建设管理模式、书院制建设管理模式、学生自治建设管理模式等建设形态，通过多种途径和方式充分发挥学生社区管理育人、组织育人、文化育人等功能。

第二，精细化服务。思想政治教育工作的交叉性、关联性和复杂性要求高校必须突破传统院系和部门界限，通过组织结构优化和流程再造，实现育人资源和育人力量在学生身边的汇集，推动思政教育与专业教育实现深度融合，发挥第一课堂和第二课堂的协同育人功能，将学业辅导、心理疏导、创新创业指导等多元化服务融入学生社区，提供精细化、专业化、差异化的成长支持。

第三，信息化支撑。信息技术的发展为学生社区治理提供了全新的可能性，通过信息化手段有助于更好保障学生社区的教育、管理和服务工作，实现育人资源的共享和整合，为学生成长提供精准、实时的支持和指导。同时，运用信息技术可以帮助学校精准掌握学生需求和困难，及时调整教育、管理、服务政策，提升育人质量。

2. 机制完善：一站集成育人资源

在育人实践中，高校通过科学划分部门、院系、社区权责，引导党员干部、教职员工自觉践行"一线规则"，将多方育人资源汇集到学生身边，构筑"全领域覆盖、全要素融合"的立体化育人体系，逐步形成"一站式"育人创新机制。

第一，全链条运行。通过协调教务处、学生处等职能部门和学院、书院（学生社区），探索"通识教育＋宽口径专业教育"培养模式，联动开展招生、培养、毕业、就业等工作。同时，通过推行学院、书院（学生社区）干部互兼互任、定期交流的工作模式，着力构建"双院"协同育人机制。

第二，全方位关怀。构建领导力量、思政力量、专业力量、管理力量、服务力量等队伍常态化进社区的体制机制，坚持全员入驻、全时保障，实现育人力量有效整合、育人资源合理配置，为学生提供贴身守护、贴心交流、贴近指导。

第三，全周期推进。通过全周期推进教育教学、课程设置、学生管理，确保教育工作不断深入且有序进行。持续深化改革和创新，有效提升教育教学质量，充分回应学生的成长需求，致力于培养出更多有理想、敢担当、能吃苦、肯奋斗的新时代好青年。

3. 实践探索：一站集成育人项目

在"一站式"学生社区综合管理模式建设的实践探索中，高校始终致力于把学生社区打造成正学风、长才干、育新人的重要阵地，积极完善社区第二课堂育人体系，搭建素质提升和品格养成平台，形成一批立意深刻、形式新颖、富有实效的育人项目。

第一，让思政教育活起来。通过打造党建文化馆、组建朋辈宣讲团、建设思政影音室等方式创新思政教育场域，全方位、浸润式开展理论学习，实现有感引领与无感熏陶深度融合，将党的创新理论传播到社区每个角落。

第二，让学习热情涨起来。通过集中授课、研讨沙龙、学习小组等形式，用好用活微型图书馆、学业辅导室、示范答疑室、师生研讨室等公共空间，为学生提供丰富的学习资源和学习平台，助力学生激发学习兴趣，夯实专业基础。

第三，让综合素质强起来。通过开展书香阅读、社会实践、传统体育、艺术表演等活动项目，为学生提供全方位的综合素养养成教育，促进学生德智体美劳全面发展，提升学生在社区的获得感和成就感。

4. 技术赋能：一站集成育人平台

充分发挥信息技术的赋能作用，全时空开展智慧社区创新基地建设，加强信息系统、智能平台等数字化设施在学生社区的应用，以精准化服务更好满足学生成长需求，营造智慧社区良好生态，是新时代思想政治教育工作因事而化、因时而进、因势而新的必然要求。

第一，强化"一网通管"。在社区建设网上服务平台，完善数字化管理应用，强化社区信息化软件建设。持续推动开学报到、学习辅导、就业创业、生活保障等各类业务线上办理，提高辅导员和管理干部工作效率，在实现"让信息多跑路，让学生少跑腿"的同时，为学生工作智慧化建设奠定数据基础，通过数字化应用为学生减负、为管理赋能。

第二，推动"一网联办"。建设线上线下相结合的社区服务中心，打造数据中心（中台），推动多平台数据汇聚，破除"信息孤岛"。关联学工业务系统和社区业务系统，保障学生从入学报到至毕业离校各阶段需求的"全链条"服务和"一站式"办理，实现社区信息互联互通，发挥数据集聚效应。

第三，实现"一键画像"。构建多维度、全周期的学生成长电子档案，提高学生管理工作科学性。基于学生学习生活和成长发展数据，"一键生成"学生画像，实现过程记录、趋势预警、智能推荐和科学评价，将学生成长数据回流至教育培养方案设计中，让思政工作开展方式从"大水漫灌"转变为"精准滴灌"，推动思政教育高质量发展。

第六章

"一站式"学生社区的结构要素[①]

"一站式"学生社区建设始终围绕立德树人根本任务，以培养德智体美劳全面发展的社会主义建设者和接班人为核心目标，依托楼宇宿舍，聚合价值引领、空间建构、队伍进驻、资源下沉、学生参与、技术支撑、制度保障等要素，确保要素间相辅相成、协同发力、动态运转，将育人力量和资源压实到教育管理服务学生第一线，打通高校育人"最后一公里"。

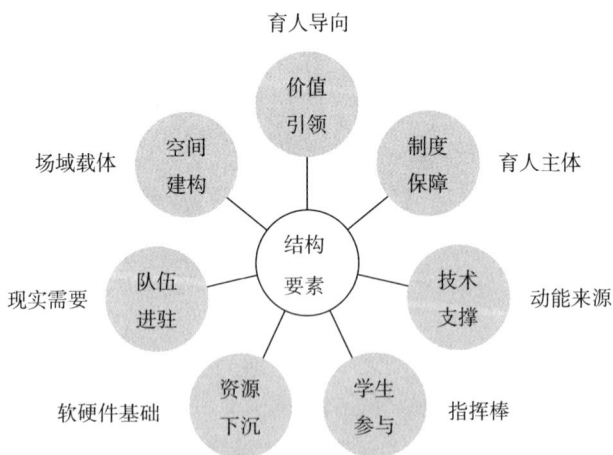

图 6-1 "一站式"学生社区的结构要素

---

① 本章相关案例来自"全国高校思想政治工作网"（https://www.sizhengwang.cn/）。

一、价值引领

价值引领是"一站式"学生社区建设始终坚持贯彻的重要任务，作为学生成长成才的重要育人导向，在高校"一站式"学生社区建设中起着联结共同价值理念的关键作用。突出价值引领在"一站式"学生社区建设中的指导地位，有助于在育人过程中形成共识价值和统一理念，为学生成长成才提供坚实思想基础。

（一）筑牢学生社区党建前沿阵地

学生党建是高校党建工作的重要组成部分，对于强化党对高校的全方位领导、全面贯彻党的教育方针、落实立德树人根本任务具有特殊而重要的作用。① 价值引领旨在把坚持正确的政治方向贯穿于"一站式"学生社区建设的全过程、各方面，以党建引领为龙头，强化党建引领学生成长功能，发挥党组织引领学生成长优势，建立网格化党建管理服务体系，把学生社区打造成为学生党建前沿阵地，为"一站式"学生社区建设提供政治引领和思想引领。

首先，强化党建引领学生成长功能。以党建引领学生社区建设，让党的先进性延伸到学生的生活空间，实现党建元素在学生社区的全覆盖。深圳职业技术学院将党建引领作为"一站式"学生社区管理工作的前提，实现党群服务中心在学生社区的全覆盖，打通思想政治教育工作"最后一米"。

其次，发挥党组织引领学生成长优势。利用党组织优势为学生提供强有

---

① 参见王军华：《高校"一站式"学生社区建设的内生价值、现实挑战与突破进路》，《思想理论教育》2022 年第 10 期。

力思想指引，培养学生成为合格的社会主义建设者和接班人。通过灵活设置党支部，将党建工作融入学生社区，发挥学生党员先锋模范和带头作用。厦门大学设立163个勤业先锋功能型党支部，推进全国高校"双带头人"教师党支部书记工作室、全国党建工作样板支部入驻社区，实现院系和社区党建双向融合。

最后，建立网格化党建管理服务体系。建立线上线下党员责任区、先锋岗、工作坊等，确保学生党建工作全方位覆盖，培养学生成为具有远大理想和坚定信念的有为青年，为学校育人工作注入持久活力。华东交通大学构建学校党委统一领导、党委学工部统筹负责的管理机制，建立"1+N"学生社区制度体系，形成"楼栋、楼层、宿舍、学生"全覆盖的网格化工作体系。

（二）强化党团班学组织育人功能

党组织、团组织、班集体、学生会作为学生社区中的重要组织，在学生育人工作中发挥着重要作用。发挥学生组织育人功能，有效强化党史学习教育、爱国主义教育、社会主义核心价值观教育、理想信念教育，合理设计并开展各类主题教育活动，强化党团班学组织育人功能。

一是强化党组织育人功能。作为学生党员的精神"家园"，党组织开展党史学习教育、理想信念教育等活动，有助于引导学生坚定理想信念、加强党性修养，树立正确世界观、人生观、价值观。北方民族大学以学生公寓楼为基础，年级纵向贯通、专业横向交融，形成"党团建设工作室（学院党委）—联合党小组—宿舍"管理运行机制，将学生社区建设成为"党建领航、党团联动、各族师生共融"的党建引领新阵地。

二是提升团组织育人实效。作为中国共产党领导的先进青年群众组织，共青团组织通过开展爱国主义教育、社会主义核心价值观教育等活动，引导学生热爱祖国、关心社会，培养学生社会责任感和使命感。山西大学开展"青春作答，强国有我"线上青马培训，以"青春的声音""青春的模样"

"青春的光芒"为主题,引导青年在青春的赛道上奋力奔跑。

三是凸显班集体育人地位。班集体是学生成长成才的重要环境,注重班级文化建设、班风班纪培养,使班级成为学生的心灵家园,促进学生在集体中相互关爱、互相帮助。新疆师范大学以创建思想品德强、学习创新强、身心体魄强的"三强班级"为目标,构建社区化全方位思政育人体系。

四是发挥学生组织育人优势。作为学生自治组织,学生会及相关社团策划志愿服务、寝室文化节等活动,培养学生组织协调能力和团队合作精神,为学生成长成才提供实践机会。中南财经政法大学充分发挥学生组织的自我教育功能,通过勤工助学、实践锻炼等形式,将互动式、浸润式的育人载体融入社区,培养学生自主意识和自律能力。

(三)打造独特社区文化识别系统

教育部等八部门联合发布《关于加快构建高校思想政治工作体系的意见》,在"管理服务体系"部分明确提到要"推动'一站式'学生社区建设,将园区打造成为集学生思想教育、师生交流、文化活动、生活服务于一体的教育生活园地"①。紧扣学校人才培养目标,凝练社区育人理念和育人价值,形成独特社区文化识别系统,旨在培养堪当民族复兴重任的时代新人,引领学生成为社会的栋梁和民族复兴的中流砥柱。

一是形成独特社区文化品牌。基于学校育人理念和培养目标,聚焦思想引领和价值引导,形成社区讲堂、书香社区等独特社区文化识别系统。打造思政教育活动品牌,优化思政工作模式,推动学生社区由生活场域向育人场域转型升级。优化资源配置,一体推进"领学、导学、讲学、比学、践学、展学",融合线上线下、贯通校内校外,打造社区理论宣教矩阵,确保学习

---

① 《教育部等八部门关于加快构建高校思想政治工作体系的意见》,《中华人民共和国教育部公报》2020年第4期。

体系化、结构化、逻辑化。推动讲堂组织与社区建设同步发展，讲堂内容与社会实践充分互动，党建元素和思政元素同频共振，有效提升学生社区建设质量和水平。岭南师范学院积极打造具有"岭南特色"的思政工作新品牌，发挥思政教育新阵地的作用。

二是开展多样社区文化活动。围绕理想信念、文化传承、科技创新、心理健康等主题，通过宣讲、研讨、沙龙等形式，激发社区育人效能。引导学生深入参与，体验文化魅力，营造浓厚文化氛围，让学生在文化中成长。以独特文化价值体系为引领，引导学生树立正确人生观、价值观，塑造高尚人格品质，培养勇于承担责任、创新进取的精神。通过符合实际、学生喜爱的活动，引领广大青年心怀"国之大者"，实现习近平新时代中国特色社会主义思想入脑入心入行，引导学生在真学真看真听中感悟思想伟力、深化人民情感、强化责任担当。天津师范大学常态化开展读书交流、沙龙研讨，打造富有专业特色的宿舍文化长廊，让学生在文化浸润中提升文明素养、传承文化精神。

（四）构建思想政治教育全新场域

不断挖掘学生社区中的思想政治教育资源，对提升学生思想政治教育成效，全面落实立德树人根本任务具有十分重要的意义。[①] 搭建思想政治教育全新场域旨在使思想政治教育融入学生圈层，不断缩小与学生的"距离感"，实现理想信念浸润式教育，增强学生社区党建和思想政治工作的亲和力、实效性，逐步构建思想政治教育在学生社区中落细落小落实的长效机制。

一是建立思政教育资源库。整合学校资深教师、优秀学生资源，开展多

_____

① 参见张亦佳：《高校开展"一站式"学生社区思想政治教育的重要性及实践路径》，《思想理论教育导刊》2023 年第 5 期。

形式思想政治教育活动，同时与校外机构合作，拓展思政教育的广度和深度，为学生成长成才提供资源保障。广西医科大学通过思政课教师向学生授课、举办现场宣讲等线下活动，撰写网络文章、设计动漫作品、录制短视频等线上方式，在社区广泛宣传马克思主义基本原理、习近平新时代中国特色社会主义思想，把思想教育与引领做到"家"。

二是打造专业思政教师团队。注重教师专业发展和培训，不断提升思想政治理论课教学水平。倡导思政课教师构筑学生"成长陪伴"共同体，加强师生互动交流，以高尚师德师风和深厚学术造诣引领学生成长、启迪学生智慧，将"师者"角色发挥到极致。北京航空航天大学建立"思政教师工作坊"，让专业思政力量进驻学生社区，将优质资源汇聚到学生一线，构建"大思政"工作格局，确保思政课程与日常思政同向同行。

三是丰富社区育人场景元素。在"一站式"学生社区空间丰富社区育人场景和元素，通过主题展览、文化沙龙、座谈会议等形式，吸引学生参与，促进思想政治教育与学生互动交流深度融合。中南财经政法大学坚持将学生社区思想政治教育贯穿于教育的全链条和学生成长的全过程，打造"语思护航"思政育人品牌项目。

二、空间建构

"一站式"学生社区不仅是大学生日常学习生活的主要空间场域，更是开展高校思想政治教育工作的重要工作阵地。[①] 空间是"一站式"学生社区建设的重要场域和载体。空间建构旨在依托社区、楼宇、寝室、网络等生活基本空间单元，满足学生住宿、学习、交流、休闲等各方面成长需求，增进

---

① 参见周远等：《高校"一站式"学生社区的空间建构逻辑与路向》，《思想理论教育》2022年第7期。

师生在社区空间中的归属实感、体验实感和获得实感。

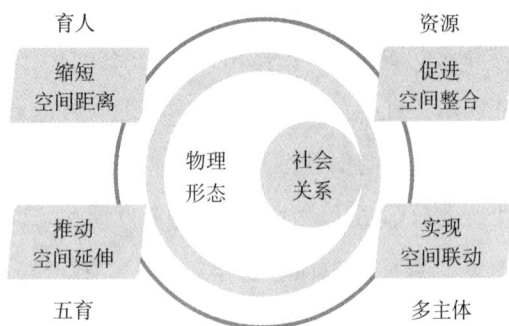

图 6-2 "一站式"学生社区的空间建构逻辑

（一）以宿舍为主体的生活空间

宿舍是"一站式"学生社区建设的基本场域。不同专业、不同年级的学生混合居住，使得宿舍日益成为学生之间思想碰撞、专业融合、学科交叉的重要场所。

一方面，持续完善宿舍基础建设。做好学生服务工作，切实解决好学生的"心头难"是"一站式"学生社区的重要属性。除有能满足学生正常生活的服务设施外，宿舍所在楼宇配备洗衣房、浴室、微型消防站、咖啡厅、自助贩卖机、自助打印机等设施，满足学生基本生活需要。天津师范大学在学生宿舍楼宇内建设会客区、洗衣房、特护室等，为学生提供便捷、舒心的生活环境。

另一方面，积极开展宿舍特色活动。在宿舍区组织开展健康指导、心理科普、生活课堂等活动，为学生提供个性化服务，满足学生健康成长发展需求，增强学生健康意识和独立自主能力。北京科技大学立足学生主体，以构建文明和谐的宿舍文化为切入点，开展公寓党支部宿舍文化节，彰显宿舍成员特点与专业特色。

（二）以功能室为主体的学习空间

随着学生管理精准化要求不断提高，简单升级住宿配置已无法满足学生日常学习和生活的需求，以功能室为主体的学习空间逐渐成为"一站式"学生社区的标配。

一方面，打造"一站式"学习生活新环境。建设涵盖微型图书馆、自主学习室、师生研讨室、示范答疑室、共享生活厅等活动区等，建设以功能室为主体的学习空间，为学生打造全新的学习生活园区，增进师生在社区空间中的获得感、体验感和归属感，为提升育人成效提供丰富场景。内蒙古师范大学在公寓楼中均配备了辅导员工作室、多功能学习区以及社区服务用房等共享空间，保障师生学习、生活、交流等基本需求。

另一方面，拓展个性化成长发展新路径。建设党团活动室、心理辅导站、职业规划室、艺术排练厅、美学研习室、运动健身房等多元活动空间，将学业导师和朋辈队伍引进社区，根据学生学习需求和兴趣，提供个性化学术指导和支持，满足学生生活、学习、交流等多种需求，将学生社区打造成为功能齐全、综合性强的生活共同体，为实现协同育人目标提供有力保障。西安交通大学建设党员工作站、学业辅导室、心理辅导站、职业规划室等公共空间，保障班主任、学业导师、党建工作指导教师、心理咨询教师、校外导师等育人队伍在社区近距离指导学生，满足学生分众化的成长需求。

（三）以辅导员办公室为主体的服务空间

随着教育改革深化，"一站式"学生社区的功能性不断拓展增强。多功能意味着多主体的参与，这样才能将各项功能落到实处。为此，需要基于原有空间布局，继续完善学生社区空间划分，打造以辅导员办公室为主体的服务空间，实现学生社区高效治理。

一方面，配备专属交流空间。在学生社区为辅导员开展思政教育和处理日常事务配备固定办公场所，学生可随时与辅导员谈心谈话，辅导员可随时掌握学生思想动态，为学生答疑解惑。浙江大学通过改造存量、扩建增量等方式，新增辅导员工作室、谈心讨论室等物理空间，推动辅导员全时入驻学生社区，助力学生成长发展。

另一方面，提供即时服务场域。以辅导员办公室为主体的服务空间为解决学生困难提供实时场域，辅导员通过与学生同吃同住同生活，随时了解、快速解决学生难题，及时应对各种突发事件，守住思想政治教育底线。四川大学发挥社区物理空间优势，依托辅导员办公室设置心理辅导场地，协同育人资源下沉学生社区，开展心理健康源头治理。

（四）以庭院为主体的文化空间

文化育人是"一站式"学生社区的长效工程，通过各类文化标识，潜移默化感染熏陶学生，让学生时刻感受中华文化、学校文化、社区文化。

一是文化标识融入公共空间。以公共区域为阵地，在转角、门厅、连廊、过道、庭院等区域布置传统文化、校训校风、学子榜样、大师风采等鲜明文化标识，打造独具特色的社区文化墙，通过富有特色的墙壁元素，展示社区文化精神，营造浓厚的文化育人氛围。重庆大学精心打造多个特色育人园区，结合园区文化特色改造门厅和公共空间，创建区域明确、主题鲜明、富有特色、紧扣时事的社区文化环境。

二是依托庭院开展文化活动。依托社区庭院开展丰富多彩的文化活动，通过读书、观影、摄影、绘画、书法等形式，营造和谐向上的文化氛围，充实学生第二课堂生活。重庆医科大学打造西迁人物校史长廊，在潜移默化中强化医学生职业道德教育，引导学生探究医学道路，教导学生敬畏职业操守，鼓励学生树立探索精神。

三是实体空间与文化熏陶并重。引入图书馆、教学区各类图书资源，系统布局社区育人空间，营造崇尚阅读的文化氛围，为学生创造随时随地享受阅读的社区环境。注重以文化人，引导学生爱读书、善读书，切实把阅读文化渗透到日常，深化学生读书报国责任担当。从加强制度建设、优化书香环境、创新活动形式、推动载体协同等方面健全长效机制，不断激发润心启智成效。东北大学修建"知行书吧""转角书吧"等阅读空间，将阅读文化融入社区学生学习生活点滴。

（五）以智慧场域为主体的线上空间

随着数字化、智慧化建设的不断推进，有效运用移动互联网、大数据、云计算、人工智能等数字技术，是学生社区协同育人的有效支撑。[①] 除物理空间外，"一站式"学生社区通过搭建以智慧场域为主体的线上空间，为学生提供高效便捷的学习、生活与交流平台。

在硬件建设方面，通过配置先进的网络设备、服务器等硬件设施，保障学生社区服务顺畅运行。配备必要的监控设备、消防设施等，确保学生生命财产安全。加强设备维护和更新，确保设施正常使用。建设互联网硬件设施，为社区建设提供基础支撑。浙江理工大学建立视频监控、入侵报警、访客预约等系统，引入智能集群调度、AR 实景指挥等技术，打造"一图、一网、一平台"数字化校园安全综合防控体系。

在软件建设方面，通过建立完善的学生信息管理系统，实现学生信息集中管理和共享。打造学生社区线上事务平台，集成信息公告、在线咨询及服务预约等功能，使学生能够便捷地获取所需的个性化服务。加强网络安全建设，确保学生信息安全。打造集多种业务功能于一体的线上事务大厅，以及建立社区论坛、线上班群、分享平台等虚拟空间，为师生沟通交流提供便

---

① 参见史龙鳞等：《新时代高校学生社区协同育人的机制研究——基于浙江大学"一站式"学生社区综合管理模式的观察》，《思想教育研究》2021 年第 3 期。

利。着力加强学生社区信息化建设，坚持数字赋能，依托大数据进行科学化分析和管理，通过事事通办的"智慧场域"助力高效育人。复旦大学建设集数据引擎、分析引擎、智能引擎、展示引擎于一体的学生社区发展平台，收集、分析、管理学生纪实数据，直观呈现学生发展态势和能力图谱。

三、队伍进驻

"一站式"学生社区聚合辅导员、班主任、学业导师、校院领导、机关干部、离退休教师、校外导师和后勤保障人员等力量，各司其职、各展所长，涵盖思想引导、学业辅导、心理疏导、生涯向导、生活指导等方面。通过"自上而下+自下而上"相结合的方式，增强育人队伍主动性、力量聚合协同性、资源要素集聚性、管理服务专业性，实现以多平台深度联动、多主体协同共治为特色的学生社区教育培养模式。

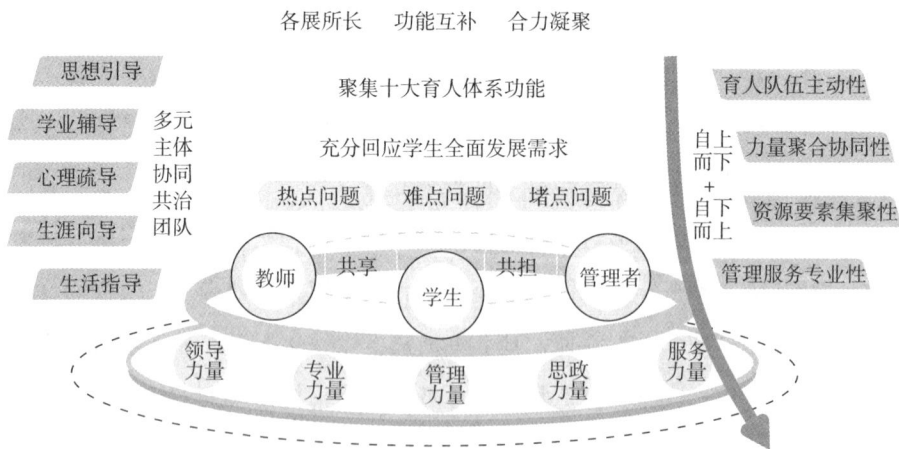

图6-3 "一站式"学生社区的队伍进驻逻辑

（一）校院领导队伍

校院领导常态化进驻学生社区，通过多种形式定期参与思政教育活动、深入所联系学院学生班级、宿舍，"面对面"与学生进行谈心谈话，及时有效解决学生在学习、生活等方面的实际困难，真正将思想政治教育深入学生的内心深处。

一是统筹领导社区建设。建立校党委书记、校长牵头的学生社区综合管理模式建设工作领导小组，负责统筹"一站式"学生社区建设，定期研究学生社区建设发展的重大问题，审定社区工作计划与制度，指导和协调各学生社区及相关部门开展建设工作，保障社区建设与管理工作高效运行。华南农业大学制定学校"党建引领，协同创新，构建'三全育人'新格局"综合改革试点工作方案，强化各级党员领导干部"头雁效应"。

二是定期深入社区一线。定期在学生社区开展常委进支部、校院领导接待日等活动，在开学季、毕业季以及节庆日等重要时间节点深入社区一线，全面了解学生需求，积极回应学生诉求，及时解决学生困难。西南石油大学在社区开展"书记校长零距离""院长下午茶"等活动，指导学生成长、回应学生诉求。

三是加强思想政治引领。成立学校思想政治工作领导小组，书记、校长担任"双组长"，将学校育人资源和育人优势整合到学生社区。结合时政热点，通过召开主题座谈会等，加强思想引领，深化专业教育。华中科技大学实施"五个一"工程，每位校领导通过联系1个班级、走访1次宿舍、开展1次谈心、关注1名毕业生、结对1名学生，真正将领导力量下沉到学生身边。

（二）机关干部队伍

机关干部队伍作为学校管理的中坚力量，其角色的功能与作用发挥直接影响着学校的整体运行效率与育人成效。机关干部深度融入学生社区，有助于拉近与学生的距离，更能在细微之处彰显教育的温度与深度，为构建和谐、高效、富有活力的学生社区环境奠定坚实基础。

一方面，深度融入共筑和谐社区。推动教务处、组织部、宣传部、机关党委等机关干部队伍深入学生社区一线，及时掌握社区的实际状况和真实问题，积极支持并推进学生社区的各项建设。联系学生宿舍，深入学生楼栋，走进学生一线，与驻楼辅导员、楼栋党支部和自律会学生骨干、楼栋学生交流，了解学生学习生活情况，帮助学生答疑解惑。以实际行动深入学生社区，成为连接学校与学生的桥梁，共同绘制学生社区高质量发展的新篇章。四川大学选派机关青年骨干，深入社区协助开展学生思政教育，探索形成"一融三进"的管理育人工作模式。

另一方面，锤炼队伍肩负责任使命。通过有针对性地提升年轻干部的思想深度、政治觉悟、实践能力和专业素养，助力机关干部队伍更有效地承担起新时代高等教育工作者的责任与使命。提高机关干部政治站位，聚焦立德树人根本任务，加强个人能力建设，锤炼过硬工作作风，做有信仰、有格局、有担当、有本领、有底线、有情怀的实干者，传递真善美，激发精气神，迎接新挑战，努力开创工作新局面。中国药科大学建立领导干部定期与学生面对面交流工作机制和"1+N"挂联模式，促进校院两级领导干部体察校情、关爱学生、答疑解惑。

（三）专职辅导员队伍

作为最贴近学生生活的育人主体，专职辅导员队伍入驻"一站式"学生社区，与学生同吃同住同生活，不仅起到链接育人资源的作用，同时承担着开展思想引领、落实育人举措、管理育人空间、处理日常事务等具体职责，是社区育人机制的运营者、育人资源的连接者、育人空间的管理者。

第一，全员入驻社区，链接育人资源。专职辅导员队伍与学生同吃同住同生活，始终守候在社区第一线，建立起更加紧密的师生关系，对学生需求和困难有较为清晰的了解和把握，能够及时给予帮助和指导，为学生成长提供全时保障。作为育人资源的连接者，辅导员既有了解一线问题的经验，又有连接各方力量的资源，能够为各方育人主体和学生搭建桥梁，为学生成长需求匹配相对应的力量资源，助力社区有序运行、助力学生健康成长。西安交通大学辅导员全员全时入驻学生社区，协同其他部门合力夯实学生社区思政育人、环境育人、文化育人等功能，为学生提供精细化、差异化、专业化的成长服务。

第二，管理育人空间，落实育人举措。管理育人空间是辅导员队伍的责任之一。专职辅导员队伍需要着眼于学生社区的整体建设与管理，为学生提供良好的学习生活环境，提供必要支持和服务。专职辅导员需要制定并落实相应育人举措，在关注学生学业表现的同时，关心学生的心理健康和个人发展，为学生创造和谐、积极向上的成长环境。南京大学实施辅导员队伍进驻学生社区制度，在学生宿舍为辅导员开辟专门的工作生活空间，将相关工作情况纳入辅导员评价体系，做到全时保障、全时守护。

第三，开展思想引领，处理日常事务。开展思想政治教育、心理健康教育和处理日常事务是辅导员队伍的主要工作内容。辅导员需要通过思想政治教育和心理健康教育，帮助学生解答思想困惑、缓解心理困扰，引导学生坚定理想信念，树立理性平和的健康心态。处理学生社区安全维护、活动组织等日常事务，确保学生社区正常运转及学生需求得到基本满足。同济大学实施"三进三知"工作模式，通过岗位职责、思想引领、成长帮扶进驻社区，实现学生情况知底、学生特点知情、学生成长知心，着力打造全方位、立体式的辅导员学生社区思想政治工作微体系。

（四）班主任队伍

班主任队伍在学生社区建设中发挥着重要的纽带作用，随时入驻学生社区，搭建起师生之间的密切沟通桥梁；开展主题班会、知心谈话、班级管理等活动，促进学生成长、提升班级凝聚力；经常性开展学风建设、就业指导等工作，随时随地解决学生学习生活难题。

第一，入驻学生社区，搭建沟通桥梁。班主任作为学生的第一任课老师，担负指导和管理学生学习生活的责任，通过入驻学生社区，近距离与学生互动交流，了解学生生活状态和心理需求，在学生面临困难时给予及时的支持和鼓励，为学生学习生活保驾护航。苏州城市学院实行"双班主任制度"，通过走进宿舍、走进课堂、走进网络等形式，立足班级、面向院（系）、贴近学生，全方位多角度地参与社区育人工作。

第二，开展各类活动，凝聚班级合力。主题班会是班级教育管理的重要形式，班主任通过设置不同主题的班会，引导学生思考、交流，提升学生综合能力。谈心谈话是班主任与学生之间的一种亲切交流方式，通过倾听、理解和关怀，建立起师生之间的信任和情感连接，激发学生的学习热情和发展潜力。武汉科技大学通过"班主任微课堂"，开展科研零距离、竞赛面对面、暖心情交流、读书分享会、职规指导会等主题班会，旨在及时解决学生遇到的各种实际问题。

第三，开展专题指导，解决学生难题。学风建设是培养学生良好学习习惯和行为规范的重要环节，班主任需要通过各种形式的活动引导学生养成自律、刻苦学习的好习惯，提高学生学习积极性和主动性。作为学生的引路人和导师，班主任需要关注学生的职业发展规划，帮助学生了解就业形势，提供职业指导和就业建议，指导学生树立正确就业观念，帮助学生更好适应社会需求，顺利就业或升学。福建农林大学通过班主任进社区开展学术宣讲、学业帮扶、发展指导，形成育人工作合力，陪伴学生健康成长。

（五）学业导师队伍

作为"一站式"学生社区建设中最具专业性的育人力量，学业导师队伍依托学业辅导室和示范答疑室等场所，定期入驻学生社区开展育人活动，全链条、无缝式指导学生学业发展、科研训练、项目实践，提升育人实效。

第一，定期入驻学生社区。学业导师是学生学业的指导者，定期入驻学生社区能够帮助学业导师更好地准确了解学生学习状态，精准定位学生成长发展需求，全链条、无缝式给予学生专业指导和支持，及时帮助学生解决学习问题和困难，促进专业教育提质增效。苏州大学建立"铸魂·领航"导师团队，构建"三三制"模式，构筑学生"成长陪伴"共同体。

第二，及时开展育人活动。学业导师可依托学业辅导室、示范答疑室、师生研讨室等多元育人场域，与学生进行面对面交流，为学生提供学术指导、解答学习疑问、展示学习方法，帮助学生增强学习动力、提高学习效率、提升学习成绩。武汉东湖学院推动学术骨干、学业导师、专业教师等进社区，指导学生开展知识学习、项目实践、生涯规划等活动，实现"一班级一学业导师"。

第三，即时指导科研实践。学业导师可根据学生兴趣特长，引导学生端正学习态度、树立学习目标、明确学习方向，为学生提供个性化指导和建议；也可通过集中授课、研讨沙龙、学习小组等方式，助力学生夯实专业基础，激发学习兴趣，拓宽学术研究视野，提升科研实践能力。西安电子科技大学建立新生社区导学团队，构筑"新羽计划、腾飞计划、翱翔计划"三层科技创新体系，覆盖学生成长全周期。

（六）后勤服务队伍

后勤服务队伍在"一站式"学生社区建设中具有重要地位，是学生社区建设不可或缺的基石，更是推动"三全育人"深入实施的重要力量。后勤服务队伍的工作内容全面渗透在学生社区各个角落，能够为学生生活提供坚实的基础保障，确保每一位学子都能享受到温馨、便捷、高效的校园服务。

一是保障学生基本生活需求。后勤服务队伍全面覆盖学生社区，负责提供餐饮、住宿、卫生清洁、水电供应等基本生活服务，为学生提供安全、舒适、便捷的生活环境，是校园生活不可或缺的一部分。打造优质后勤服务保障团队是切实提升高校"一站式"学生社区服务质量和水平的重要途径。中国药科大学打造"一站式"学生事务综合服务中心，提升后勤、物业、保卫等部门的联合工作能力，根据学生实际需求，随时提供细致周到服务。

二是维护学生社区基础设施。后勤人员负责维护、保养和修理校园内各类设施，包括教学楼、宿舍楼、图书馆、体育场馆等公共设施，以及校园绿化、环境卫生等，为师生创造整洁干净、设施齐全、功能完善的社区环境。同时，建立服务管理平台，全程跟踪维修进度，实现件件留痕、件件回访；通过服务热线、智慧后勤系统、后勤服务单位的密切协作，提升师生满意度和幸福感。重庆工商职业学院后勤党总支通过"线上+线下""面对面+键对键"方式，走访调研师生期待和诉求，推动后勤服务高质量发展。

三是实现学生社区和谐稳定。安保等后勤服务队伍负责安全巡逻、监控管理、突发事件处理等工作，紧急情况下快速响应，有效维护师生人身安全和财产安全，确保校园安全稳定。积极调研和了解师生意见和建议，不断改进服务质量和方式，提供更加优质高效的服务，努力满足师生实际需求，增强师生归属感和认同感，构建和谐温馨的社区氛围。湖北工业大学宿管人员、维修人员、安保人员等后勤服务队伍全时下沉社区，24 小时在岗在线，及时处置社区各类突发事件。

（七）校外导师队伍

校外导师队伍在学生社区建设中也扮演着十分重要的角色。依托社区生涯规划指导中心等活动空间，邀请名师大家、行业精英等作为校外导师，通过多样化活动，引导学生探索个人兴趣、能力和优势，为学生提供个性化生涯规划、就业指导等成长发展指引。

一是树立榜样。校外导师队伍成员来自不同领域和行业，具有丰富人生经验和专业知识，是学生学习的楷模和榜样。聘请时代楷模、道德模范等人士担任校外导师，通过其崇高品质和行为影响学生，激励学生树立正确世界观、人生观和价值观，启发学生积极投身社会实践、为社会贡献力量。西安交通大学聘请时代楷模、道德模范、国企骨干、退役军人等在社区担任校外导师，定期在社区举办师生交流活动。

二是职业导航，规划学生未来。校外导师队伍成员拥有丰富的职场经验和行业洞察力，在指导学生职业生涯规划方面具有充分优势。国企骨干等人士作为校外导师，通过分享自身在职场中的成功经验，帮助学生了解不同行业的就业形势和发展趋势，指导学生选择适合自身发展的职业方向，规划未来的职业发展路径。校外导师的专业指导和职业建议可以帮助学生更快地了解职场需求，适应角色转变，顺利实现自身职业目标。北京理工大学设置学术、学育、德育、朋辈、通识、校外等六类"三全育人"导师，其中，校外导师负责资源协调、平台搭建。

三是专业指导，促进全面发展。校外导师的榜样力量和专业指导可以帮助学生提前规划专业发展路径，做好专业知识储备和实践能力锻炼，引领学生职业生涯发展。校外导师队伍的带领和指导，能够为学生提供丰富的成长机会和资源，帮助学生拓宽发展视野，增长见识才干，为学生全面发展提供有力保障和支持。苏州大学开展"校外导师谈专业"系列新生入学教育，引导学生开好头、起好步，感受专业魅力，强化职业认同。

（八）兼职育人队伍

选聘兼职育人队伍配合开展社区育人工作是"一站式"学生社区队伍进驻的重要补充措施。"一站式"学生社区中的兼职育人队伍由离退休教师、企业负责人、优秀校友、朋辈学生等担任，负责汇聚优质育人资源、开展心理健康教育等具体育人活动，有助于完善社区协同育人机制，全面提升社区育人工作实效。

一是汇聚优秀资源，共同构建多元化育人新格局。组织离退休教师、企业负责人、优秀校友等兼职育人队伍走进学生社区，充分发挥各自优势和力量，为学生提供多元化优质资源，更好地满足学生个性化需求，助力学生成长成才。华中科技大学聘任企业负责人和优秀校友担任校外兼职辅导员，将校外优秀资源汇集到学生社区，共同参与"一站式"学生社区工作，促进学生全面成才。

二是聚焦心理健康，全力打造全方位关怀新体系。配齐建强心理健康教育专职队伍，选聘朋辈学生兼任心理咨询师和心理健康教育导师，多形式完善学生社区一线心理健康教育工作体系，制定心理健康教育工作实施细则，有针对性地开展主题鲜明、形式多样、内容丰富的心理健康教育和辅导活动，形成强有力的心理健康教育工作合力，引导学生树立心理健康意识，增强心理自助能力、提升心理健康水平。闽南科技学院形成"学校心理专业辅导室+社区心灵驿站"两级服务平台，深入了解学生动态，有效缓解日常生活压力及负面情绪。

四、资源下沉

资源下沉是"一站式"学生社区建设的重点，是对标学生不断变化的成长成才现实需要、汇聚优质资源到学生身边的重要举措和抓手，也是其他要素深入学生社区，工作开展落到实处、取得成效的重要环节。通过科学划分各职能部门、院系和社区权责范围，有效整合思政育人、科研育人、实践育人等多方面优势资源，使其直接服务于学生，满足学生多样化的需求，为学生提供精细化、差异化和专业化的成长服务，从而构建全方位、立体化的育人格局。①

（一）引入思政育人资源

将思政育人资源引入"一站式"学生社区建设，有利于为学生提供更加全面、多元的教育资源和支持，促进学生在思想层面的深度成长，帮助学生全面发展个人素养，提升综合能力。

一是思政资源下沉学生社区。为更好发挥思政育人资源在"一站式"学生社区的作用，需要选拔专业思政教师团队入驻学生社区，充分发挥思政教育队伍的扎实专业知识和丰富思政教育经验，基于学生特点和需求，开展有针对性的思政教育活动。针对学生个性特点和需求，通过个人或小组形式，提供量身定制的思政教育工作方案，为学生开展价值引领和思想引导，助力学生坚定理想信念、厚植家国情怀、培养道德情操、养成良好品格。北京航空航天大学紧扣思政课和学生社区两大关键要点，选拔一批思政教师入驻学生社区，开展思政研讨课、读书沙龙等活动，点对点为学生解答思想困惑。

二是营造浓厚思政教育氛围。通过开展思政教师工作坊，为思政教师提供专业培训和指导，与思政教师共同探讨如何更好引入和合理运用思政育人资源，使思政育人资源在"一站式"学生社区建设管理过程中更具实效性和针对性。定期举办思政研讨课、读书沙龙等社区文化品牌活动，营造浓厚的思政教育氛围。内蒙古医科大学构建形式多样、特色鲜明的学院"思政文化长廊"，突出党建与业务元素的融合，彰显独特学科文化，使学生在"沉浸式"的教育管理中增强思政文化的育人实效。

---

① 参见周远等：《高校"一站式"学生社区的内涵生成、结构要素和现实意义》，《中国高等教育》2022 年第 19 期。

（二）凝聚科研育人资源

科研育人资源下沉学生社区有助于实现科研资源和学术信息共享，提升科研育人资源利用效率。科研育人资源涵盖课程学习、科研实践、文化体验、网络交流等各个方面，为学生提供更加丰富和全面的学术资源和科研支持，助力学生全面成长。

第一，专家学者下沉社区。邀请具有丰富科研经验和学术成果的专家学者下沉学生社区，担任科研导师，指导学生开展科研项目，分享科研心得和经验，激发学生对科研的兴趣和热情。河海大学将专家学者力量引入社区，持续开展"院士大讲堂"，邀请全国劳模、先进工作者等进校园、进社区进行优秀事迹宣讲，让学生足不出户领略大师学术风采，激励学生成长。

第二，设立科研育人平台。在学生社区内建立起相对应的科研育人工作坊或实验室，为学生提供实验设备和科研资源，并组织相关科研活动，通过实践性学习和研究，培养学生科研思维和实践能力。西安交通大学组织"实验室开放日"活动，面向新生开展"我的第一份科研报告"活动，由学院专业教师指导进行科研训练。

第三，组织参与科研项目。激发学生创新潜能和团队合作意识，通过组织科研竞赛，丰富学生实践经验，培养学生学术素养。浙江科技学院打造各类实践平台，组织学生开展学科竞赛、科研项目交流和大学生创新项目，拓宽第二课堂参与面，积极搭建跨学院、跨学科互动学习的实践平台，使其成为学校应用型专才教育及二级学院专业教育的有效补充。

第四，建立科研交流机制。通过与其他高校或科研机构建立合作关系，共享科研资源和成果，为学生提供更多实践机会和科研支持，促进学术交流合作。南京审计大学全面实行本科生导师制，搭建全人教育与专业教育相结合的梯级式导师队伍，指导学生专业学习、科研训练、项目实践。

（三）整合实践育人资源

整合实践育人资源是资源下沉工作的重要保障。在实践资源下沉过程中，各方资源提供者需要形成紧密的合作与协调机制，实现资源共享、优势互补。

一是建立联动机制，优化资源配置。通过建立起贯通联动的工作体系，使得各类实践育人资源得以被有效整合和合理利用，为学生提供更加全面化、个性化、精准化的支持和指导，实现资源下沉的最大效益。实践资源下沉最终目的在于激发学生主动性和积极性，积极参与社区治理和学生自治组织等，培养责任意识，提升综合素质。华中农业大学以区域内图书馆、博物馆、体育馆、大学生活动中心等为主要平台，联结并激活场所、师资、物料等资源，为学生全面成长和个性发展提供更广阔的教育机会和实践平台。

二是深化实践场域，强化参与热情。实践资源下沉是"一站式"学生社区建设的重要环节，通过全面整合实践育人资源，为学生提供实践场域，强化学生主人翁意识，满足学生成长需求，激发学生参与热情，在齐心营造社区成长共同体中涌现出一支支有力队伍，推动"一站式"学生社区建设提质增效。华南理工大学依托"一站式"学生社区构建涵盖"体验—实训—孵化"的全链条国际化实践育人平台，让学生充分体验跨学科、跨学院、跨校园、跨国境的学习氛围。

五、学生参与

学生是大学最重要的利益相关者群体①，学生参与能够为有效激发学生

---

① 参见秦惠民等：《学生参与大学治理的理论逻辑与实践路径》，《高等教育研究》2021年第3期。

社区活力提供强大动能。学生参与是学生在社区治理中实现自我教育、自我管理、自我服务的重要方式，提高学生自主、自律、自立、自信的意识、能力和水平，增强育人的温度和效度，有助于形成"价值共育、文化共享、成长共赢"的生动局面。

（一）自我教育

自我教育是学生参与"一站式"学生社区治理的重要途径，通过主动思考自我成长发展的需求和问题，为学生成长成才提供实践支持，进而促进学生全面发展。

一是拓宽视野，奠定成长基石。通过自我教育，使得学生拓宽视野，增长见识，提高综合素养。通过参与学术讲座、文化展览、社区活动等形式，帮助学生积累知识、培养兴趣，提升个人认知和思维能力，为更深入参与社区治理奠定基础。南京大学举办学术科创、文体艺术、劳动实践等社区文化活动，打造贯穿学年、内涵丰富的一体化特色育人品牌，助力学生全面发展。

二是鼓励探索，激发创新活力。学生在自我教育中主动探索和解决生活学习中的问题和困惑，提升解决问题能力，培养创新思维。通过参与社区日常管理事务、社区特色文化活动等，分享经验、交流想法，形成共同进步的学习氛围，激发努力进取的热情和动力。清华大学博士生讲师团推出"教育、科技、人才""文化传承发展"等课程清单，充分发挥朋辈引领成长的积极作用。

三是培养技能，提升综合能力。通过自我教育，了解各种学科、领域的知识和技能，培养跨学科思维和综合应用能力。通过参与学术研讨、技能培训、社会实践等活动，拓宽自身知识广度和深度，提高跨学科知识整合和运用能力，为解决复杂问题提供支撑。上海交通大学生活园区学生楼栋管理委员会通过思政教育、学业辅导、安全检查、社区维护、楼栋值班等服务，培养学生自主意识和自律能力。

（二）自我管理

自我管理是学生参与"一站式"学生社区治理的重要组成部分。充分发挥学生党员、积极分子、学生干部等学生骨干的先锋模范作用，建立"楼长—层长—宿舍长"三级网格自我管理体系，帮助学生在学习、生活、社交等多方面进行自我管理，从而实现全面发展。

第一，发挥学生党员的先锋模范作用。以党建为引领，注重引导学生党员在社区建设中亮身份、争先锋、做表率，提高学生党员社区示范力、引领力。通过党员先锋岗鼓励大学生党员牢固树立责任意识，积极引导大学生党员争先创优当模范，彰显新时代大学生党员的精神风貌。东北大学实行"示范表率计划"，推进"亮身份、树形象、做贡献"活动，实施党员寝室挂牌制度，制定党员责任宿舍网格化管理机制，设立"党员示范寝室""党员示范岗""党员责任区"。

第二，发挥学生党组织的战斗堡垒作用。建立学生会、社团等学生组织功能型党支部，以学生社团、青年志愿服务组织为主力军，引导学生参与社区建设和楼宇管理，丰富学生社区社团活动内容和形式。在学生社区设立志愿服务和勤工助学岗位，让学生在社区建设和楼宇管理中得到实践锻炼，把学生社区打造成为学生自我管理、全面发展的空间。成立团工委（团委），指导各类学生组织、社团进驻社区，启动学生自治委员会、社区联席会议机制等，广泛动员优秀学生参与自我治理。江苏大学发挥大学生自我管理委员会作用，组织学生协助处理中心事务，定期向全校学生征求服务反馈意见和中心发展建议。

（三）自我服务

自我服务是学生参与"一站式"学生社区治理的重要方式，通过主动参与服务活动、关心他人需求、奉献服务社区，促进社区共建共治共享，培养学生的社会服务意识和奉献精神。

一方面，通过参加志愿服务、社会实践等活动，培养学生的人文素养、公民意识和社会责任感。通过参与和组织文艺演出、文化展览、体育比赛等活动，弘扬传统文化、推广现代文化，丰富社区文化生活，搭建社区文化交流平台，提高学生文化修养。南昌大学成立学生事务服务中心，持续开展"义工服务日""党员先锋岗"创建等活动，拓宽学生锻炼服务渠道，引导学生自主学习、自我管理、自我教育、自觉成才，打造全时服务型社区。

另一方面，通过参与社区事务管理、社区服务等活动，提升学生服务意识和问题解决能力。自我服务有助于保障社区事务平稳有序运转，为社区发展提供服务支持。学生在"一站式"学生社区中通过参与自我服务，贡献自身力量、展现个人价值，树立起服务意识和团队合作精神，为构建和谐、有序的社区环境提供有力支持，作为社区建设中坚力量，共同书写"价值共育、文化共享、成长共赢"的"一站式"学生社区建设新蓝图。西安交通大学打造"星航计划"，学生志愿者巡航校园并第一时间反馈问题，职能部门 24 小时解决回应诉求，学生由"受助者"变为"施助者"，师生部门协同织密安全防护网。

六、技术支撑

物联网、大数据、云计算、人工智能等现代信息技术的介入，促使高校思想政治工作理念和工作机制发生重大转变。技术支撑的核心作用是为保障社区建设智能化运转，打通校内各部门数据壁垒，为精准思政提供靶向决策支持，通过打造智慧党建信息运营平台、学生综合事务管理平台、教学质量实时监测平台、大数据分析与服务平台，助力"一站式"学生社区建设的"数智赋能"。

（一）打造智慧党建信息运营平台

推进"一站式"学生社区建设过程中，需紧密结合大学生的成长特性和发展规律，借助物联网、大数据、云计算等现代信息技术手段，实现智慧党建、精准育人、安全防护，使"一站式"学生社区建设工作更加智能化、专业化、安全化。[①] 智慧党建信息运营平台的建设是探索学生党建工作体系、强化学生党建工作抓手的新途径，有利于提升学生社区党建工作的智慧化和精细化水平。建设智慧党建信息运营平台，有助于打造立体式、全方位的社区党建引领新阵地。

一是提高党建精准化水平。利用数字技术赋能"一站式"学生社区党建工作，对党建工作进行全方位数字化管理，达到对党员学生信息的精准掌握、对党组织活动的实时跟踪、对活动感受和心得体会的及时抓取，形成"过程记录—阶段分析—总结评价"的全周期评价，跟踪记录党员培养全过程，实现党员评价科学化，提高社区党建的精细化水平。西安电子科技大学以"大数据+"思维导向打通多个数据孤岛，实时跟踪党员培养过程。

二是提升党建智慧化水平。借助数字党建系统延展"指尖服务"、拓展组织功能，通过"再组织化"打破空间、地点限制，把党员连到网上，把组织建在云端。通过数字党建平台，师生党员足不出户就能完成身份认证、信息查询、交纳党费、关系调转等事务处理，切实提高社区党建的智慧化水平。南开大学开发集"教育引导性、规范标准化、反馈督导式"于一体的"e 手领航"学生社区党建系统，实现党建工作数字化。

[①] 参见江孤迅：《互联网技术视域下"一站式"学生社区建设探析》，《中国高等教育》2022 年第 22 期。

（二）构建学生综合事务管理平台

学生综合事务管理平台的构建旨在保障学生各项事务性工作的系统化、科学化、规范化和自动化，实现数据从单一部门应用向多部门、多领域协同应用的转化，从而实现对学生信息的全面掌握、学生工作的高效管理以及学生事务的整体覆盖。

一是搭建大数据管理平台。运用便捷、灵活、智能的信息化管理工具，建设学生基础信息管理、学生事务管理等功能，同步 PC 端、APP 客户端、微信企业号和微信小程序等各类数据，依据学生在校期间的学习、消费、上课、社交、宿舍、门禁、社团、上网、作息等各方面数据进行建模，发挥数据要素潜能，实现学生信息一键画像、学生工作高效管理、学生事务整体覆盖。昆明理工大学建立"一站式"信息管理系统，运用信息技术实现学生宿舍查询、宿舍管理、床位管理、假期留校管理等模块功能，提高学生社区管理质效。

二是提供全生命周期服务。横向联动，纵向贯通，从新生入学前的宿舍选用，到学生在校期间的管理服务，再到毕业生离校手续办理、毕业生就业跟踪服务等，形成学生从进校到离校的全生命周期信息化服务链。中山大学整合第一课堂与第二课堂的系统功能，打通教育教学、管理服务之间的各环节，为学生提供温馨、便捷、安全的全时空、全链条智慧服务，真正做到学生从入学到离校，衣、食、住、行、学"一网通办"。

三是实现智慧化预警推送。结合多维网络数据反馈信息，建设行为预警、精准资助、个人画像等大数据功能模块，及时研判学生在校状态，探索学生成长发展的需求和规律，有针对性地采取相应的管理方案，形成"校级—院级—班级—宿舍"四级预警推送机制，实现学生管理智慧化，凸显全员参与、全过程记录、全方位育人特征，有效提高学生综合事务管理质效，为高校学生社区治理按下"加速键"。华南理工大学打造涵盖校园运行监测、智能分析研判、事件协同管理、统一联动指挥于一体的校区中央管理平台。

（三）建设教学质量实时监测平台

教学质量实时监测平台的建设初衷在于通过监测教学过程、评价教学效果、提升教学质量，引导师生共同敬畏课堂，促进师生共同发展进步。

一是搭建智慧化教育平台。搭建随身课堂、智慧教室等信息化平台，确保教育教学资源的汇集、联通和共享，实现第一课堂与第二课堂无缝衔接，增强师生实时互动交流，促进教学效果提升。武汉东湖学院通过建设精品课程平台、数字图书馆云平台、随身课堂、智慧教室等，实现教育教学资源的互联互通、共建共享。

二是打造个性化学习方案。通过大数据精确管理，多维度记录学生学习成长数据，根据不同学生的学科背景和专业特点，提供个性化的学习方案，实现精准育人。通过智慧学工系统建构学生个性化综合素质测评和成长体系，对不同专业学生的发展目标进行指引，多措并举实现学生成长成才向上引领和向下托底双重功能。西安外事学院按照"资源共享、数据集成、功能完善、精准服务、全程护航"思路，不断完善线上智慧平台建设，充分满足学生个性化学习生活需要，全面实现学生社区智慧服务。

三是构筑立体化育人体系。实时查看学生学习状况，根据学生在校的学业成绩、实习履历、实践经历、作息规律、第二课堂等数据特征，一键生成个人成长档案，以智能化方式实现对教学质量的全过程监测，重点聚焦学生培养全过程，构筑"全领域覆盖、全要素融合"的立体化育人体系。苏州大学强化"五育并举"数据收集，对学生成长成才情况进行全过程跟踪、记录，整合结果性数据和行为性数据，直观展示"一站式"学生社区学生学习生活、成长发展等多维度动态变化。

四是提供精准化教学评价。通过课堂授课、实时监测、教学分析等模块建立信息采集、评价、督导、反馈机制，对影响课堂教育教学质量的各类要素进行结构化分析，提供课堂质量监督的全过程信息化服务，推动教学质量评价精准化。复旦大学打通学生发展平台与学校大数据集成平台，通过统一活动入口，支持导师数据分析和呈现，收集、整理、分析学生学习生活和成长发展纪实数据，实现学生发展状态的过程记录、趋势预警、智能推荐、科学评价等功能。

（四）优化大数据分析与服务平台

大数据分析与服务平台将信息技术终端与个体行为习惯结合起来，推动学生工作由"管理型"向"服务型"转变，其建设目的在于帮助学校客观掌握学生发展情况，为制定培养方案提供数据支撑和决策依据，赋能学生教育、管理、服务提质增效。

一方面，运用大数据分析技术。以学生在校期间全过程数据为基础，以大数据分析技术与算法模型为支撑进行分析挖掘，从学业、生活、第二课堂等多个角度动态展示学生画像，实现从定性化教育经验到定量化教育引导、共性化课堂到个性化定制、后置性应急到前置性预警、离线静态分析到自适应动态分析的升级。分析引领学生就业或升学去向的数据关系，寻找反映育人过程中隐匿的细节和特征规律，建立相应公式或模型，通过智能化途径引领学生成长成才和全面发展。桂林理工大学依托"智慧校园数据治理与服务"项目建设，创建数据中心基础平台，汇聚学生各方面在校数据资源，在教学、科研、管理、服务等领域推出创建可信、安全、健康的数据服务生态体系。

另一方面，建设线上线下服务大厅。以线上线下服务大厅为依托，涵盖党团建设、思政教育、学业辅导、学生事务、经济资助、心理咨询等模块，整合学工部（处）、教务处、研究生院、团委、网信中心和学生就创中心等多个职能部门、多项业务流程，设立多个服务办事窗口，真正为学生提供高效、便捷、贴心的服务。在线上服务大厅数字集成党建、思政、公共事务等内容，为学生提供舒适、便利的智慧化学生社区，推动服务"指尖化"，提升学生办事的幸福感和满意度。构建学生成长支持系统，精准对接学生学习和生活需求，有效化解学生"办业务来回跑，服务响应慢"的难题，做到"让数据多跑腿，业务迈开腿，师生少跑腿"，确保治理始终围绕学生、关照学生、服务学生。重庆工程职业技术学院依托"掌上服务系统"实现线上迎新和社区生活缴费功能，应用模块灵活配置，可按业务需求选择相应项目，简化线下业务办理流程，实现学生"一部手机在手，通行校园无阻"。

七、制度保障

制度体系建设是确保学生社区运行平稳、机制顺畅、改革成效落地落实的重要支撑，为"一站式"学生社区建设中的其他要素发挥着保障作用。"一站式"学生社区制度建设要把握好科学性、系统性、可执行性和可反馈性，主要包括领导决策制度、议事决策制度、协同育人制度、队伍建设制度等四个方面。

（一）领导决策制度

党委对高校负有全面领导责任，决策中要总揽学校改革发展稳定的全局。[①] 通过建立强有力的领导决策制度，加强党委统一领导，成立专项领导

① 参见冯身洪：《党委领导下的校长负责制是办好中国特色社会主义大学的根本保证》，《中国高等教育》2021 年第 21 期。

小组，发挥"指挥棒"的关键作用。

第一，加强党委统一领导。党委统一领导是确保学校各项决策和工作有序开展的关键。加强党委统一领导有助于确保学校工作与育人目标保持一致，提高决策科学性。华中科技大学将"一站式"学生社区建设深度融入学校的整体办学理念和人才培养体系过程之中，确立由学校党委统一领导，各部门明确职责、协同配合，师生积极参与的工作格局。

第二，成立专项领导小组。专项领导小组围绕育人工作重点问题展开讨论，制定相应措施，负责督导落实，形成合力、强化管理，推动学校育人工作取得更好效果。电子科技大学由党委书记和校长共同担任组长，集结学工、后勤、基建、宣传等多个职能部门，聚焦在机制改革、资源配置以及经费保障等方面所遇到的关键问题。

（二）议事决策制度

建立议事决策制度，保证党政"齐抓共管"，运用好"责任矩阵"等管理工具，打破部门壁垒、明确权责划分、强化协调联动，统筹推进"一站式"学生社区建设。

第一，党政齐抓共管。党委和行政机构形成合力，确保各项决策得到全面考虑和充分执行。党委负责思想引领和政治监督，行政机构负责具体执行和管理，二者相辅相成，促进学校育人工作顺利开展。南京审计大学成立领导小组，加强顶层设计，形成党委统一领导、党政齐抓共管、部门联动协调、学院书院紧密配合的育人工作格局。

第二，个体参与决策。针对沟通不畅、信息共享不足、决策效率低下等问题，积极鼓励个体参与决策。黄河水利职业技术学院社区党团员在党工委的领导下参与社区治理和公共管理决策，在党小组的指挥下自主开展宣传教育学习活动，党小组对党团员社区工作进行考核，并把考核结果与评优评先、发展入党等相结合，实现"党工委—党支部—党小组—党员工作片区"的线性工作路径。

（三）协同育人制度

强化协同育人制度，夯实管理服务机制，定期举办协同育人联席会议，促进院系与社区领导岗位交叉任职、干部互兼、联络员互派，强化协同育人优势。

第一，召开联席会。定期召开联席会议是推进协同育人工作的有效手段。吸纳各方意见，协商解决问题，有效整合学校内外资源，保障各项工作有序推进，提升协同育人工作质效。合肥工业大学积极构建属地公安参与、学生社区配合的联防联控机制，定期召开属地联席会，辖区派出所深入学生宿舍一线开展反诈宣教、消防演练等专项教育。

第二，实施交叉任职。推行交叉任职制度有助于打破部门间界限，促进不同部门之间相互了解，促进跨部门合作，提升整体工作效率。西南大学实行党员学生骨干"交叉任职"制度，支部委员会书记兼任学生园区自我管理委员会主席团成员，党小组组长兼任楼栋长，学生党员、入党积极分子担任楼层长、寝室长，充分发挥政治引领功能，确保学生自律组织坚持正确政治方向。

第三，推动干部互兼。鼓励干部在不同职能部门间轮流兼职，多岗位锻炼培养干部能力，拓宽工作视野，确保干部间彼此支持、共同协作，提高育人工作质效。西安交通大学出台《学院书院协同育人工作方案》，夯实学院育人主体作用，建立双院干部互兼、联络员互派、定期召开联席会议等工作机制，形成党建引领、双院协同的一体化育人格局。

第四，实行联络员互派。建立联络员互派机制，不同部门之间派遣联络员，负责沟通协调，推动各项工作有序开展，促进资源共享和信息传递。长安大学构建以服务学生为中心的协同育人机制，通过"智、慧、享、联"

提升学生社区管理服务效能。

（四）队伍建设制度

面对社会转型发展对高校育人环境的挑战和冲击，高校迫切需要培养一批在思想政治教育和学生管理服务领域具有较强专业实践和研究能力的行家里手。[①] 建立社区育人队伍建设制度，规范聘任管理、划分职责范围、制定激励机制，从健全队伍协同机制角度进行驱动性提升，延伸育人场域、夯实育人链条，为高校育人工作提供保障。

第一，规范聘任管理。规范聘任管理是保证学校育人队伍质量和稳定性的重要支撑。完善育人队伍选聘培养、管理考核机制，通过工作量化、津贴发放、岗位聘任和职务评定等方式，明确育人队伍职责要求及选拔标准。山东外国语职业技术大学重视公寓管理员选拔任用、教育管理工作，定期进行心理健康、疫情防控、消防演练等日常工作培训，统一服装、佩戴工牌、规范管理，严格执行考核制度。

第二，划分职责范围。明确划分学生社区育人队伍职责范围，合理分配工作任务，将工作任务落实到具体部门和个人，确保育人工作各个环节的顺利衔接和有效落实，避免出现工作重叠、责任不清、推诿扯皮，确保提高工作效率，推动育人工作顺利开展。重庆工程学院设立学生党员综合事务服务、宿舍卫生检查、文明行为督查、宿舍违纪纠察和安全隐患排查党员示范岗，明确示范岗任务职责、工作标准和具体要求。

第三，制定激励机制。通过项目驱动与绩效驱动的方式激励高校教师延伸育人场域，尤其发挥好激励机制的驱动性开展作用。建立职级晋升、职务评定、表彰奖励等管理考核机制，激励育人队伍的工作积极性和主动性。天

---

① 参见冯刚：《高校辅导员队伍专业化、职业化建设的发展路径——〈普通高等学校辅导员队伍建设规定〉颁布十年的回顾与展望》，《思想理论教育》2016 年第 11 期。

津大学实施"师友计划",通过《关于加强跨学院大类本科生思想政治工作的若干意见》,明确"师友"导师的配备要求、遴选条件、工作职责,并从工作量认定、职称评聘等方面给予倾斜激励。

第七章

"一站式"学生社区的建设探索

自"一站式"学生社区综合管理模式建设以来,全国各高校围绕落实立德树人根本任务,紧扣推动新时代高校思想政治工作守正创新,陆续出台契合学校自身发展实际的建设方案。当前,"一站式"学生社区在全国高校已完成全面建设、有形覆盖,实现党组织全覆盖、育人力量全覆盖、校区全覆盖、数字化全覆盖。在"一站式"学生社区的实践探索中,许多高校通过创新体制机制,把领导力量、思政力量、专业力量、管理力量、服务力量压实到教育管理服务学生第一线,在党建引领、"三全育人"、智慧服务、平安社区等方面形成一系列富有中国特色的高校学生社区育人工作体系,逐步将学生生活园区打造成为教育生活新场域。

一、党建引领的实践样态

高校学生社区育人模式的改革创新和育人质量的有效提升,关键在于党建引领,要把党的领导贯穿学生社区建设的各个环节,实现"学生在哪里,党组织就有效覆盖到哪里"。高校通过学生社区党组织建设,发挥党组织的政治功能与组织功能,把党的组织优势转化为学生社区的治理优势,以党建引领推动学生社区教育管理服务提质增效，对于推进高校治理体系和治理能力现代化、不断提升高等教育质量具有重要的现实意义。①

（一）党建引领的体系构建

坚持和加强党的全面领导是把准"一站式"学生社区建设方向的根本所在。各高校始终以党建引领为核心，不断加强学生社区党的政治建设、思想建设、组织建设、作风建设、纪律建设、制度建设，夯实学生社区党建工作阵地。为推动党建引领充分发挥育人实效，高校通过加强党委领导、强化组织引领、发挥党员示范、开展育人活动等方式，构建科学完善的党建引领工作体系，坚定"一站式"学生社区建设的价值立场。

1. 党委领导

"一站式"学生社区中的党建引领，根本是着眼于培养什么人、怎么培养人、为谁培养人的问题，需要锚定正确的政治立场。高校党委的高度重视和统筹协调是充分调用校内党建资源的有力保障，能够使党建引领在良性的制度、队伍、文化等生态中有序推进，从而实现"一站式"学生社区建设的"善治"目标，落实立德树人根本任务。

第一，强化价值引领。坚持党委领导，锚定学生社区党建的政治方向与价值立场，在"一站式"学生社区的决策、执行、监督等环节，全面推动党建逻辑和育人逻辑相统一，实现党建工作与育人工作的深度融合，为加快推进高等教育高质量发展提供坚实的支撑保障，引导青年学生成为有理想、敢担当、能吃苦、肯奋斗的社会主义建设者和接班人。

第二，加强顶层设计。坚持"一把手"带动，将"一站式"学生社区

---

① 参见胡宝伟等：《党建引领高校治理现代化的现实困境与优化路径》，《学校党建与思想教育》2023 年第 10 期。

综合管理模式建设作为学校改革发展规划纲要的重点内容进行决策部署，学校主要领导履行建设工作第一责任人职责，领导班子成员深化"一岗双责"意识；坚持"一盘棋"统筹，打造党委统一领导、党政齐抓共管、学工部门统筹协调、职能部门密切配合的工作格局；坚持"一体化"推进，构建特色鲜明的党建品牌矩阵，以"头雁效应"激发"雁群活力"。

第三，完善运行机制。在党委领导之下明确学生社区党建工作组织架构，细化党建工作职责、规范党建工作要求，压实党建工作责任，推动社区党建工作有序开展。北京航空航天大学建立"三横三纵"学生工作体系，西安交通大学出台《党建引领加强学院书院协同育人举措》，划分院系责任，建强基层组织，落实落细工作任务。

2. 组织引领

充分发挥社区党组织工作效能是激发学生社区活力的有力抓手。社区党建组织引领的要义是将学生纳进党的基层组织，通过教育引领的"群聚效应"实现行为与思想的双重引导。在社区党建中，完善的组织结构、科学的组织方式是以党建引领"一站式"学生社区建设的基础保障，决定着党组织是否能够实现全面覆盖、有效引领。实践中，各高校社区因地制宜、因势利导，根据住宿空间、学生专业、行政归属等情况，探索形成行之有效的党建组织模式。

第一，"学院党委—学生公寓党总支—楼层党支部"组织模式构建起三级学生党建联络和管理体系，形成"以学院为条，以公寓为块，条块结合"的思想政治教育工作格局。这既能发挥社区的基础平台作用，又可确立学院、教师的主导地位，在推进社区学生工作"双螺旋运行"中将党组织的神经末梢连接到每个学院、楼栋、宿舍。

第二，"党—团—班—舍"组织模式充分利用已有的组织结构，推动学生社区内部的党支部、团支部、班委会和学生宿舍四个平台有效联动，形成四级贯通的组织体系，在学生宿舍中实现党团组织对楼宇、楼层的全覆盖。

南开大学津南校区"一站式"学生社区采取这一模式,推动学生党建更具生命力、更显连续性。

第三,"社区—楼栋—楼层—宿舍"组织模式通过"党组织进书院、党支部进社区",实现构建网格化管理体系的目的。这一组织模式通过在社区成立二级党委,强调学生社区在党建工作中的作用发挥,将学生社区作为党建工作的前沿阵地,实现党团组织社区全覆盖,充分发挥社区基层党组织的战斗堡垒作用。江苏大学等通过这一创新模式,充分发挥出社区基层党组织战斗堡垒作用。

3. 党员示范

党员示范是教育与自我教育的有机结合,发挥学生党员先锋模范作用是推动高质量党建成效向学生社区延伸的有效途径。在学生社区树立学生党员标杆榜样,既能够用党员的先进事迹和优良作风等教育引导全体学生,达到示范引领的作用,又能帮助学生党员树立更高的价值目标,激励其在自我实现的过程中增强本领、提高素养。任务驱动的党员突击队等模式和常态化的党员先锋岗、党员宿舍等模式,是在学生社区发挥党员示范引领作用的有效方式。

第一,党员突击队。高校社区党员突击队能追溯到新冠疫情防控时期,党员突击队的全体师生党员齐心协力,在特殊时期为疫情防控精准化、社区管理有序化起到保障作用。当前,党员突击队仍然在学生社区的风险排查、秩序维护、物资运送等急难险重任务上发挥着不可替代的重要作用。

第二,党员先锋岗。与党员突击队的"主动服务"相比,党员先锋岗的优势在于"及时响应",更加注重为社区学生提供事务咨询、行李搬运等即时性的服务,乃至拓展到思想引导、学业交流、素养提升、职业规划和心理健康等业务。哈尔滨理工大学等高校设置"党员流动先锋岗""党建领航站",充分发挥党建引领作用和学生主体地位。

第三,党员宿舍。党员宿舍的标记,把党员示范场域由社区公共空间延展到学生宿舍私域空间，使党员服务的供给端口进一步前移、响应速度进一步提升。中南财经政法大学等高校挂牌"党员宿舍"，开展"近邻党建"，充分发挥学生党员在社区建设中的模范作用和社区管理中的协助作用，助力实现将矛盾化解在基层、问题消灭在萌芽的治理目标。

此外，党员报告会、先进事迹报告会等全景式展示优秀党员的成长之路，也是学生发展自我、实现自我过程中值得借鉴的经验范式。

4. 育人载体

党建活动创设的沉浸式、体验式教育场景，为实现超越性的理想信念与现实性的日常生活之间的同频共振提供了实践路径，成为教育引领学生的重要方式。在打造党建引领前沿阵地的实践探索中，高校以培养时代新人为指引、以党组织为依托，创新开展形式多样的党建活动，实现思想政治教育浸润式、全景式融入学生成长日常。

第一，理论学习。理论学习直接指向思想引领，是推动党的指导思想与创新理论进头脑的关键。学生社区在空间载体、技术手段、学习资源等方面的优势，有助于增强理论学习的感召力和影响力，充分提升学习力度、深度、效度。北京理工大学依托社区"妙创空间""研讨室""影音室""党员阅读区"等场所，面向全体学生共享场地和理论书籍等资源，形成理论学习常态化的良好氛围。

第二，文体实践。文体实践能够以轻松的教育氛围和隐性的教育方式，缓解思想引领中教育者与教育对象之间的紧张关系，同时提升思想政治教育的吸引力和引领力。作为高校教育生活的新场域，学生社区具有以文体实践促进党建引领的天然优势。"讲述百个经典党史故事""观看百部红色电影""展览百份原创红色作品""打卡百座红色建筑奥秘""寻访百名先进党员事迹"等社区红色主题活动能够有效帮助学生在学思践悟中增强理想信念。

第三，志愿服务。志愿服务使高校思想政治教育的"知"和服务同学、奉献社会的"行"相衔接，是学生由知到行、以行促知的转化环节。高校重视组织开展志愿服务，让社区学生在奉献、友爱、互助、进步的生动实践中砥砺初心、牢记使命。许多高校在社区成立党员突击队、设置党员先锋岗等实践锻炼项目，打造"雷锋在身边"等志愿服务品牌，丰富了实践教育的开展形式。

（二）党建引领的典型模式

高校在社区党建的探索与实践中，始终坚持贴近工作实际、贴近基层组织、贴近学生需求、贴近社区发展，持续完善和优化学生社区党建工作模式，逐步探索形成了党组织嵌入式、党建阵地延伸式、党建网格管理式、党建协同育人式四种典型的党建引领模式。

第一，党组织嵌入式。筹划建立多层级多元化的社区基层党组织，将党组织扎根于学生社区。一方面，通过加强思想建设确保社区党员始终保持正确的政治方向和坚定的理想信念，打造一支高素质、专业化的党员队伍，形成规范化的社区党建工作制度，为嵌入式的党建工作提供保障。另一方面，鼓励社区师生党员亮身份、作表率，把党的理论、政策、规则等知识融入学生社区治理实践中，在学生社区文化氛围的营造中融合社会主义核心价值观、社会主义先进文化、革命文化、中华优秀传统文化等，将党的组织制度、工作制度、管理制度等嵌入社区治理体系，实现党的建设与社区治理深度融合。

第二，党建阵地延伸式。将学生社区建设成党组织联系基层、服务学生的重要阵地。一方面，拓展党员实践活动阵地，在传统的党建活动室、党员服务中心等基础上，建设党员之家、党建长廊、社区党建墙等场所，进一步拓展党建阵地的空间布局，使党建工作更加贴近学生、贴近生活。另一方面，设立党员服务岗位，挂牌党员宿舍、设立党员先锋岗、划分党员服务责任区，动员优秀学生党员、入党积极分子参与社区学业辅导、志愿服务、文化建设、安全稳定等工作，提升学生党员的服务意识，增强党组织的向心力和凝聚力。

第三，党建网格管理式。以信息化建设为支撑，以楼栋、楼层、宿舍等为网格单元层级，将学生社区划分为若干网络，创新学生社区党组织设置模式、党员教育管理方式、党建工作协调机制，实现网格化、精细化管理。在实践中，通过"赋权""下沉""增效"有力引导社区复合型育人队伍积极践行"一线规则"，突破"关门搞党建的思维固着"，推动基层党建工作由封闭状态转向开放格局，实现从分散孤立到整体协调的良性发展转变。华东交通大学建构"楼栋、楼层、宿舍、学生"的全覆盖网格化工作体系，成为充分发挥党组织育人功能的重要形式与有效路径。

第四，党建协同育人式。以党建引领推进学院书院联动协同，打造以"院系党组织为条，书院社区党组织为块"的党建育人体系。例如，通过设置师生联合党支部凝聚学院书院育人合力，实现师生之间的党建和业务工作互动、学习资源共享，既有助于提高基层支部建设水平，也有助于带动社区育人共同体建设，提升育人效能。以党建引领整合学校各部门、各学院以及校外育人力量，通过政治理论联学、优势资源共享、党员队伍联建等方式促进不同主体互融互通、协同共建，拓展学生社区基层党建格局。

此外，高校"一站式"学生社区党建作为一项系统性工程，从组织结构、育人主体、服务功能与技术赋能等要素出发，也可以划分为整合型党建、联合体党建、服务型党建、数字化党建等类型。

第一，整合型党建模式。从结构的视角看，"纵到底、横到边、全覆盖"的整合型社区党建模式打破按专业、年级或班级设置党支部的传统型高校党的基层组织模式，通过统筹组建社区党工委和党总支、设立楼栋党支部、创建功能型党支部，实现将党组织建在学生宿舍，加强在日常生活中对学生的正面有效引导。西安外事学院建设"书院—楼—层—学社（班）—宿舍"五位一体的网格化管理架构，南昌大学构建了涵盖"学校—社区—楼栋—宿舍"的全方位工作体系，有效推动了社区党建中的组织嵌入、关系嵌入等，有助于实施精准化的学生教育管理服务。

第二，联合体党建模式。从主体视角看，联合式的党建模式打破了班级、年级、专业、师生之间的壁垒，通过组织建设为学生党员、教师党员之间的沟通交流提供桥梁，推动党的建设与高校教育工作深度融合、社区党建与学生成长发展相互贯通，打造高校学生党建和思想政治工作高地。此外，高校区域化党建联盟通过与周边社区、企业、街道等组织的党建合作，实现资源共享、优势互补、互惠互利，推动高校党建工作与周边组织共同发展。华东师范大学建立起书院与周边社区的联动机制，在居民社区建立党员教育实践基地，并将学生自主研发的微党课纳入居民社区党校课程体系。

第三，服务型党建模式。从功能视角来看，高校党建延展到学生社区这一崭新的场域中，在思想引领的任务之外还衍生出社区服务的新功能。实践中，高校"一站式"学生社区服务型党建主要体现为打造"党群服务中心""党团服务中心""园区服务站""大学生成长服务站"等党建服务新空间，重塑高校学生服务体系和工作机制。党群服务中心、党团服务中心等党建新空间建设，能够更好地将教学、科研、心理、就业等服务聚焦到学生身边。苏州大学依托"纵到底、横到边、全覆盖"的社区党建模式，构建网格化党建服务体系，完善学生党员常态联系群众的制度举措，延伸党建服务的"神经末梢"。

第四，数字化党建模式。通过数字化党建平台建设，打造立体式、全方位的社区党建引领新阵地。一方面，对党建工作进行全方位的数字化管理，跟踪记录党员培养全过程、实现党员评价科学化。数字技术赋能"一站式"学生社区党建工作，能够实现对党员学生信息的精准掌握、党组织活动的实时跟踪、活动感受和心得体会的及时抓取，形成"过程记录—阶段分析—总结评价"的全周期评价，提高社区党建的精细化水平。另一方面，借助数字党建系统延伸"指尖服务"、拓展组织功能，提高社区党建水平。数字党建既能使师生党员足不出户获取党员身份认证、个人信息查询、组织关系调转、交纳党费等服务，又能通过"再组织化"打破空间、地点限制，为学生党员在校外实习、境外交流等场景下参与党组织活动提供支持。

（三）党建引领的支撑保障

为构建党建引领"一站式"学生社区建设的长效工作机制，充分发挥学生社区的育人功能，促进学生的健康成长和全面发展，高校从制度、技术、资源、队伍、空间等方面多措并举，保障党建引领体系提质增效。

1. 制度

建设良好的党建引领制度能够保障社区党建工作有效开展，对充分发挥党建引领的教育管理服务功能具有重要价值。高校"一站式"学生社区通过规范规章制度，形成科学有序的运行机制，促进优势资源的有效聚合，确保党建育人的合力最大化。建立专门的学生社区党建工作机构，负责统筹协调学工部、后勤处、团委、教务处等职能部门参与社区党建，增强联动效能；明确学生社区党建工作的责任主体和责任范围，确保党建工作的开展、落实等更加"有迹可循"；以健全的学生党建工作沟通协调机制为基础，促进学校党委、社区党组织、学生党员之间的密切合作，推动党建工作场景下沉；建立学生社区党建工作考核评估机制，督促相关责任主体切实履行职责，推动社区党建工作落地见效。

2. 技术

对成长于数字时代的学生党员和青年学子而言，通过技术赋能拓展学生社区党建的数字形态，能够更好地发挥社区党建的引领能力和服务水平。建设学生社区党建管理信息系统，推动党员信息管理、活动安排、学习考核等党建工作"指尖化"，提升党建服务的便利程度和覆盖范围；开发学生社区党建 APP，提供党建理论资料、党员教育课程等，支持泛在化的党建学习；搭建学习资源共享云平台，与纪念馆、博物馆等开展互动合作，拓展学习资源和交流渠道。此外，利用多媒体技术建设党的光辉历史和伟大成就数字化展示区域，借助虚拟现实技术打造红色文化体验区等虚拟空间，增加沉浸式、具象化的体验，是高校将现代化科技与社区党建相结合的典型措施。

3. 资源

通过供给不同类型的党建教育资源，激发学生学习热情，提升综合素质和理论水平。建设涵盖党史书籍、经典著作、优秀党员事迹等的党建学习资源库，供学生进行自主查阅和学习；邀请行业专家、党建研究者等开展专题讲座，探讨党建热点问题、传承红色文化，提升学生思想境界和理论修养；组织党课学习、党史知识竞赛、党建文化节等丰富多样的主题活动，让学生在参与中学习、在实践中提升，增强其对党建工作的认同感和参与度；提供社区服务、志愿活动、实习实践等机会，助力学生增长才干、锻炼能力，践行党的初心使命。通过以上举措，能够有效提升学生社区党建工作质量，培养优秀的学生党员队伍，为高校党建的持续发展注入活力。

4. 队伍

"高校党建工作的关键点在于强化党建价值主体"[1]，从根本上讲，学生社区党建是解决人的思想问题的工作，提升党建队伍的专业素养和服务能力，是确保工作质量和效果的重要途径。推动选优配齐思政育人队伍进社区，本科生导师、班主任、研究生导师进宿舍，关注学生思想、学习和生活情况，参与学生党建主题活动；辅导员全员入驻社区，与学生"同吃、同住、同学习"，全时保障学生成长发展；教师党员担任学生社区党建指导老师、临时党支部书记等，指导学生社区党团组织建设，不断扩大党组织工作覆盖面；面向学生公寓党支部骨干，开展岗位职责、紧急救援、安全稳定等专题培训，增强学生党员服务同学的责任意识，提高其在社区思想引领、学

---

① 邓建平等：《新时代高校党建工作创新实践路径探索》，《中国高等教育》2023 年第8 期。

风建设、安全稳定、文化建设等方面的工作能力和水平。

5. 空间

党建育人活动依托一定的空间展开，建设丰富完备的育人空间是学生社区承载党建育人功能的必要条件。高校需要加强社区公共物理空间建设，改善社区育人条件，满足学生党建对社区空间的形式和内容等方面的多样化需求。党团活动室、党员工作站、谈心谈话室等是社区党组织开展党建活动、党员教育的主要场所，为提升学生党组织的向心力和凝聚力提供了物理空间；党建资料室、党员读书角、思政影音室等提供了学习党建知识和党的指导思想、创新理论的精神文化空间，是青年学生交流、思考和成长的重要平台，能够从理论上增强对党的理解和认同。红色走廊、党建文化墙、红色文化体验区、党员宣誓墙等实体党建育人园地，通过直观展示党的光辉历史和光荣传统，增加学生的具身化体验，切实增强党组织的亲和力和感召力。

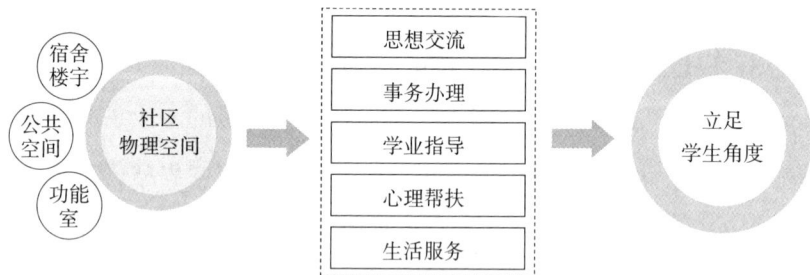

图 7-1 "一站式"学生社区党建引领的空间保障体系

二、"三全育人"的工作格局

"三全育人"是新时代高等教育领域改革创新的重要命题，直接指向高质量思想政治工作体系和高水平人才培养体系。[①] "一站式"学生社区建设汇集学校领导干部、学工队伍、专任教师、管理人员等多方教育资源，实现全员参与；从入学到在校学习直至毕业的各个阶段，量身定制教育内容，实现全过程覆盖；形成第一课堂与第二课堂相辅相成、线上线下同步推进、校内校外资源充分挖掘的育人格局，实现全方位育人，打通"三全育人"的最后一公里。

（一）全员育人

学生社区的全员育人模式，能够帮助社区学生获得来自不同方面的关怀和支持，对于学生自我成长和全面发展具有重要意义。育人共同体一旦稳定形成，将促进育人主体之间的整合和联结，[②] 从根本上推动立德树人这一根本任务的落实。在学生社区建设中落实全员育人，需要统筹领导力量、思政力量、专业力量、管理力量和服务力量之间的协同合作，既充分发挥各支队伍的独特育人效能，又充分增强队伍之间的联动效能，形成育人合力，为高校育人工作注入新的活力和动力。

1. 领导力量

学校领导和院系领导等在学生社区全员育人中扮演着牵头和引领的角色，是学生社区建设的领导者。领导力量直接参与社区建设，密切联系社区学生，更能激发全员育人的热情和动力。领导力量有效发挥作用是明确社区育人目标方向，统筹协调经费支持、资源保障等的重要举措，能够促进学生社区更好地发挥育人功能，为学生创造良好的成长环境和学习氛围。南京审

---

① 参见冯刚：《新时代高校"三全育人"的理论蕴含与深化路径》，《厦门大学学报（哲学社会科学版）》2023年第1期。

② 参见王辉等：《基于"育人共同体"的全员育人探究》，《思想教育研究》2021年第4期。

计大学党委书记、校长带头践行一线规则，每周走访学生社区，开展"书记校长下午茶"活动，建立与学生面对面谈话的常态化工作机制，内容涵盖思想引领、价值观塑造、素质提升等方方面面，密切关注学生成长点点滴滴，实现对青年大学生的"培根铸魂"。

2. 思政力量

思政力量是开展学生思想政治教育的关键力量，负责学生的思想引领和价值塑造，肩负着引导学生树立正确的人生观和价值观、培养学生社会责任感和使命感的重任。将思政课程教育阵地拓展至学生生活场所，思政教师结合时事政治开展理论讲座和社区课程，引导学生深入思考、深入理解，切实提升党班团活动的理论深度和工作质量。专职辅导员常态化进驻社区，与学生共同生活、学习、工作，"扎根"学生中间开展思政教育。此外，通过座谈会、报告会、宣讲会等形式，发挥专家院士、行业大家、优秀朋辈等榜样的示范作用，是扩充社区思政力量、丰富社区思政形式的重要举措。

3. 专业力量

构建社区与学院紧密结合的育人工作模式，将专业学习资源引进学生社区，推动学生社区成为全员赋能学生成长成才的重要平台。邀请知名教授下沉社区为学生讲授前沿领域最新动态，多维度、全方位、多层次地展现学校学科建设成果，打开学术研究视野，帮助学生直观感受专业魅力，激发学生学术兴趣和创新潜能。专业导师常态化进驻社区，开展科研训练、学业指导、社会实践、社团指导等，与学生建立起紧密联系与信任关系，通过个性化指导和关怀，帮助学生解决问题困惑，提升专业素养和综合素质。授课教师在社区开展课程答疑、互动交流、案例讨论等，深入全面把握学生学习动态，引导学生自主思考，提升问题解决能力。

4. 管理力量

学生社区全员育人中的管理力量是保障学生成长发展，确保社区有效运行的关键支撑。社区辅导员是学生社区管理工作的重要承载者，负责处理社区日常事务，关心学生的生活、学习与成长，组织、协调、实施对社区学生的教育管理服务等。宿舍管理员以细致的安全巡查、卫生管理、设备维护等工作，将苗头性、倾向性问题化解在萌芽阶段，维护学生社区安全稳定。学生组织、学生骨干等学生朋辈，引导社区学生相互支持、相互帮助，提升学生群体的主体意识，共同实现社区发展目标。社区管理力量各司其职、协同合作，为社区持续发展和学生健康成长提供坚实保障。

5. 服务力量

服务力量为学生学习生活提供全方位的服务支持，通过部门协作提供多领域、多层次的社区服务，构建和谐、安全、健康的社区环境。将心理健康教育中心设立在学生社区，配齐配强心理健康教育专兼职教师队伍，"零距离"为学生心理健康教育和心理问题疏导；提供课程安排、成绩管理、学籍管理等学业管理和教学服务，制定个性化的培养方案、提供优质的教学资源；后勤、保卫等部门负责学生社区的食宿、卫生、环境等日常运行和管理工作，维护学生社区稳定和秩序，保障师生人身安全和财产安全。

各支育人队伍根据相同的育人共识探索不同的育人路径，发挥不同的队伍优势，以协同联动充分满足学生的成长诉求。领导力量、思政力量、专业力量、管理力量和服务力量等不同育人力量聚焦学生社区业务，交叉组合形成不同功能的社区团队，保障社区建设稳步推进。其中，思政教育团队由领导干部、思政教师、辅导员和学生骨干等组成，承担社区思想政治教育工作职责，引领学生坚定理想信念，树立正确价值观念；协同管理团队充分联动组工人事、学生工作、教学管理、后勤保障等职能部门，负责社区的日常管理和运营，形成上下贯通、多方联动、统筹协调、齐抓共管的社区管理体系；学业辅导团队涵盖学业导师、专任教师、优秀朋辈等，针对学生不同层次的学业需求，提供个性化的学业指导，帮助学生解决学业困惑；健康指导团队由体育教师、心理教师、生活导师、学生朋辈等组成，聚焦学生健康发展需求，组织健康讲座和培训，提供心理辅导和支持，引导学生正确应对学习生活中的压力和挑战；安全保障团队由行政干部、后勤保卫、辅导员、学生骨干等通力协作，负责社区安全保卫工作，保障学生生命财产安全，维护社区和谐稳定；学生自治团队注重发挥学生主体作用，参与社区建设管理，提升学生综合素质，助力学生全面发展。

（二）全过程育人

落实全过程育人的关键是提升学生成长各阶段工作的针对性。高校育人主体要在实现教育目标的过程中，始终坚持围绕教育对象、主动适应教育对象特点，增强主体间的共识与理解、合作与对话。[1] 通过分阶段培养、全周期管理、过程性评价等方式，高校既能充分把握学生成长阶段的特殊需求，又能实现全过程育人环节的贯通。

1. 分阶段培养

遵循教育教学规律和学生成长成才规律的分阶段培养，能够使学生在不同发展阶段得到更具有针对性的教育指导。高校学生社区在实施分阶段培养中逐渐形成以下四个阶段的培养重点。

第一，新生适应教育。新生适应教育是增强新生的适应感、培植新生的信念感的重要阶段。在这一阶段，高校多通过书记校长讲大学第一课、思政专场舞台剧等形式引导新生扣好"第一粒扣子"；通过校园导览、迎新晚会、学术讲座等，帮助新生了解学校生活、社区生活等；专职辅导员、兼职

---

① 参见巩克菊：《人的利益与思想政治教育创新》，中央编译出版社 2019 年版，第 124 页。

辅导员、朋辈辅导员、校外辅导员等积极联系新生，切实解决适应过程中的困难。

第二，生涯规划教育。在学生社区设立生涯咨询工作室，提供"私人订制"式咨询服务和团体生涯辅导；定期邀请知名企业人力资源部门负责人、杰出校友到学生社区开展分享交流活动，通过面对面交流，引导学生合理规划职业生涯、思考未来发展方向和大学成长道路；开展生涯体验周、生涯规划节等，让学生在"小家"与"大家"、"小我"与"大我"间体验职业角色，坚定未来规划方向。

第三，专业发展教育。在大类招生培养模式下，一些高校通过加强社区与学院的联系，开展本科学生专业节、专业咨询会、专业前沿论坛等活动，为学生提供专业选择指导。邀请优秀学者、名师大家进驻学生社区，帮助学生直观感受专业魅力，引领学生在专业选择上做到"国之所需，我之所选，选我所爱，爱我所在"。此外，通过朋辈帮扶、经验交流等方式，解答学生在专业选择与发展方面的困扰。

第四，就业创业教育。为毕业年级学生提供就业创业指导、资源分享、信息支持等教育服务内容，做好从学校到社会的衔接，是充分发挥社区育人功能的"关键一跃"。在社区常态化开展就业创业指导服务，为学生送政策、送指导、送信息；充分发挥学校毕业生就业信息网和就业微信公众号的优势作用，依托用人单位、学校、书院和毕业生完整的信息传达链条，持续推送招聘信息，努力实现更加充分和更高质量就业；设立创业支持平台、项目孵化器，为有创业热情的学生提供资源支持和实践指导，助力实现创业梦想。

2. 全周期管理

实现全周期管理是学生社区建设的重要目标之一，旨在确保学生获得全方位的教育管理服务。建立伴随式的成长档案和完善承接性的管理归属是高校实现全周期管理的主要方式。

第一，伴随式的成长档案。建立学生成长档案，记录学生的学习、成长和发展情况，涵盖学业成绩、科研情况、奖惩记录、实践活动等全方位、全周期的信息。通过定期更新和分析成长档案，全面把握学生表现及成长轨迹，及时发现学生在学习生活中可能遇到的问题和困惑，为全周期的社区教育管理服务提供信息基础和数据支撑。西安电子科技大学建立学生能力成长模型，通过4种关键能力、12项核心能力素养、1000余个能力评价点全过程分析记录学生成长，生成学生个人能力画像，最终应用于综合素质评价、评奖评优、研究生推免等工作。

第二，承接性的管理归属。部分高校通过成立本科生院，打通管理链条，实现招生、教育、教学、就业全贯通，完成入校前置教育到毕业后追踪的全周期管理。还有高校实行"行政班、专业班双轨并行"机制，依托社区探索实行社区通识教育、学院专业教育的管理培养模式，做好社区、学院双重管理的衔接与联通。同时，建立更为稳定的管理关系，防止在辅导员管理变动、学生转专业等特殊情形下出现社区学生的管理"真空"问题。

3. 过程性评价

实现全过程育人要注重以过程为导向的教育模式，实施过程性评价。学生社区承载着学生全周期、全方位的成长信息，通过周期性评价、全要素评价、发展性评价，帮助社区教育主体更好地制定个性化的教育策略和支持方案，持续推动学生发展。

第一，周期性评价。整合教学、科研、生活、就业等数据，构建全周期的学生成长电子档案和全息画像。建设集数据引擎、分析引擎、智能引擎、展示引擎于一体的学生社区发展平台，收集、分析、管理学生纪实数据，直观呈现学生发展轨迹。通过定期监测、逐步深入的机制，确保学生发展全过程的"教育在场"。

第二，全要素评价。全要素评价的重要性在于全面了解学生的不同方面表现，更准确地把握学生的个性特征。建立涵盖学业成绩、社会实践、科研成果、社团活动等信息的多维学生成长电子档案系统，全面了解学生发展态势，有力促进个性化评价与指导。华中科技大学在学生社区建设中，搭建学生成长数据平台，实现德智体美劳全面发展的过程记录和科学评价。

第三，发展性评价。发展性评价不仅关注学生的当前状况和表现，更注重在把握成长阶段和成长需求的基础上提供有效的方向指引，以促进未来发展。浙江大学结合精准画像与学业过程性评价，建立学生多维成长支持系统，满足学生的多元化、个性化成长需求。

（三）全方位育人

全方位育人旨在聚焦全面发展，扫清育人覆盖盲区。为实现这一目标，高校通过资源汇聚、空间整合、服务集成等方式拓展社区育人形态、创新育人方式，推动形成"无处不在"的育人格局。

1. 资源汇聚

"一站式"学生社区通过衔接校内外育人资源和育人力量，通过汇聚课程、科研、实践、文化、网络、心理、管理、服务、资助、组织等资源，满足学生多维度发展需求，实现全方位育人。

一是实现校内与校外相结合。"一站式"学生社区通过将领导力量、思政力量、专业力量、管理力量、服务力量等校内力量和行业精英、社会知名人士等校外资源向学生身边压实，同时与党政机关、企事业单位、红色教育基地等合作共建，开展爱国主义教育、劳动教育等实践活动，助力学生知行合一、全面发展。

二是实现第一课堂与第二课堂相结合。推动多元思政力量进驻社区，有效拓展思政课程教育阵地，打通思想政治教育"最后一公里"。坚持理论教育与实践教育相结合，持续深化"三下乡""志愿服务"等经典实践活动，强化第二课堂教学育人工作，把实践育人落向更实处。

三是实现线上与线下相结合。积极拓展育人空间，在社区建立学生学习辅导和心理咨询等机构组织，形成良好的支持体系和育人氛围。同时，社区依托线上线下协同的学生事务大厅，开展德育、智育、体育、美育、劳育等线上线下活动，将思想引领、价值塑造以润物无声的方式融入其中。

2. 空间整合

全方位育人的空间整合旨在为支持学生多元化成长提供良好的环境，促进学生德智体美劳的全面发展。通过整合党团活动室、学习讨论室、心理团辅室和文体活动室等空间资源，在社区建设中有机结合不同功能育人平台，提升育人质量。

第一，党团活动室。党团活动室是思想政治教育的重要场所，在这一空间组织开展党团活动、主题教育、形势政策报告会等，有效有力进行思想引领，引导学生坚定理想信念、厚植爱国情怀，增强社会责任感和使命感。

第二，学习讨论室。学习讨论室是学生进行自主学习和交流研讨的重要场所，提供了良好的学习环境和空间支持。利用学习讨论室进行学科辅导、学术研讨、读书讨论、自主学习等，促进知识拓展和学术提升，增强学习效果和学术能力。

第三，心理团辅室。通过心理团辅室延展社区的心理健康教育功能，使学生更好地接受团体辅导、心理咨询等服务，提供情绪安抚和心理支持，帮助学生缓解心理困扰、解决心理问题，促进身心健康成长。

第四，文体活动室。作为开展各类艺术活动、体育比赛、文艺表演等的文化空间，能够支撑学生参与丰富多彩的活动，丰富学生课余生活，激发创造力和表现力，培养艺术修养、提升审美能力、提高文化素养。

3. 功能集成

"一站式"学生社区将管理、教育和服务有机结合，旨在为学生提供全方位的支持和服务，促进其全面发展和成长，打造一个充满活力和温馨关爱的学生社区。

第一，以管理为基础。学校多通过构建统一的社区管理系统，实现学生信息、活动组织、资源分配等信息化管理，提高管理质效；健全安全管理体系，通过制定安全规范、加强巡逻值班等措施保障社区安全和秩序；建立"学校领导、职能部门、学院系所、专业班级、学生宿舍"五级联动机制，形成以楼长、层长、寝室长、学生党员、班团干部为主要力量的社区学生组织，共同推进"一站式"学生社区管理。

第二，以教育为目的。提供学习辅导、学业指导等服务，切实帮助学生解决学习难题，提高学习效率和学业成绩；通过开展德育主题教育活动、思想品德讲座等，培养学生良好的道德品质和社会责任感；整合校内校外教育资源，为学生社区提供多样化的教育资源和育人课程，提升学生综合素养。

第三，以服务为主导。设立学生服务中心，推动后勤保障、心理健康、教育教学等不同类型学生事务的"一站式"办理；提供从入学到毕业的全过程、全周期服务保障，以个性化的服务方案帮助学生实现自身潜能的最大化，促进其健康全面成长。

三、智慧服务的创新模式

在"一站式"学生社区综合管理模式建设实践中，涌现出许多充分发挥数字技术的支撑和驱动作用，打造智慧社区的生动案例。这不仅表明教育的智慧化发展方向是"一站式"学生社区建设的重要内容，还凸显了数字技术在打通立德树人"最后一公里"过程中的关键作用。

（一）智慧服务的前提依托

良好的数字生态是智慧服务有效供给的前提。从数字设施、数字业务、

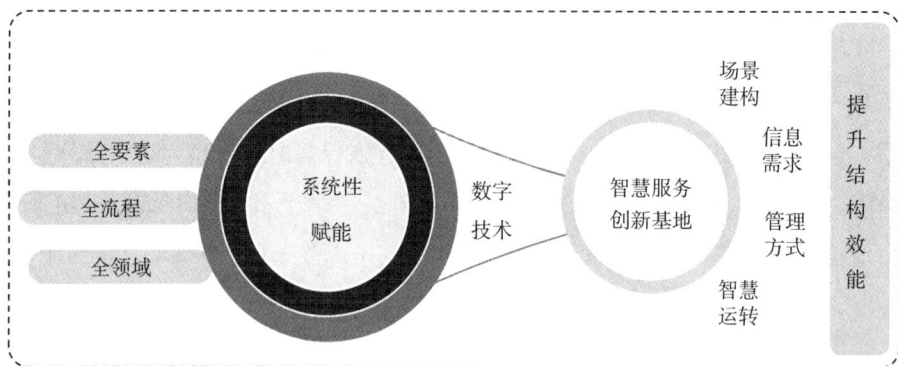

图7-2 "一站式"学生社区智慧服务创新模式建设路径

数字理念等方面加强硬软件建设、提升集成一体程度、推动技术素养革新，对充分发挥智慧服务的现实效能具有重要价值。

1. 数字设施建设

数字设施是开展智慧服务的物理载体，为数据采集、信息整合、资源共享、服务集成等提供支撑与保障。推进数字设施建设与迭代升级、丰富智慧服务的空间载体以及深化数字系统建设和算法应用、搭建智慧服务网络平台，是数字设施建设的两个方面。

第一，硬件设施。在硬件设施上，高速、稳定的网络连接是保证学生在云端学习、智慧生活等数字场景中畅通无阻的关键。武汉东湖学院等通过网络设备的配置、网络线路的铺设和网络通信的优化等保证校园网络安全稳定运行。智能门禁系统、智能监控系统等智能设备在学生社区中扮演着重要的角色，能够实现学生社区的自动化、智能化管理，并实时全面监测安全状况、及时有效处置突发事件。而智能化的社区服务设施又能有机联结图书借阅、食堂用餐、在线学习等"微场景"，通过强大的数据收集、轨迹追踪功能起到社区治理"智慧化赋能"四两拨千斤的作用。

第二，软件平台。在软件平台方面，学生综合事务管理平台、大数据分析与服务平台、在线学习平台是智慧服务的主要场景。学生综合事务管理平台通过整合课表查询、宿舍申请、成绩查询、考试报名等功能模块，提升社区事务办理的便利度。大数据分析与服务平台能够全面分析学生的行为综合数据，通过评估学习状态、生活状况和心理健康等方面情况，提供个性化的服务指导；全景式的数据分析也能为精准决策提供参考依据。在线学习平台通常提供视频课程、在线讲座、在线测验等学习模式，支撑学生在社区之中访问学习资源、参与课程讨论、进行交流互助，并记录学习行为和学习数据，为学生和教师提供评估反馈，赋能规模化"因材施教"。

2. 数字业务协同

强化协同治理理念，推动技术驱动向整体智治转型[1]是学生社区智慧服务的应有之义。从全校层面看，学生社区是智慧服务的"展示端"和"应用端"，而教务、后勤、团委、宣传等职能部门则是"建设端"和"供给端"。提升"一站式"学生社区服务的智能化、集成化水平，需要协调、整合数字业务，实现"数据多跑腿，学生少跑路"的理想状态。

第一，流程重组，优化社区服务。以数字技术的应用为中心，重新规划学生社区的服务流程，优化服务环节，提升服务效率。例如，通过建立一体化、情景化的服务平台，整合宿舍报修、场地预约、活动申请等服务，推动校内职能部门协同服务，提升体验感、获得感和幸福感。

第二，系统对接，打破部门壁垒。不同部门的信息系统需要通过实现数据的互通与交换，避免信息孤岛和数据割裂，提高社区服务信息的一致性和可靠性。例如，通过对接教务系统和后勤系统实现学生课程安排和校园服务同步，避免校内业务在时间与空间上的冲突。

第三，资源整合，实现多项联动。通过数字化平台，实现资源的动态调配，丰富学生社区的服务内容、改进服务方式，提高育人资源的利用度。同

---

① 参见米华全：《数字党建的概念廓清、态势特征与发展路向》，《思想理论教育》2023年第9期。

时，校内不同部门的资源也进行整合，实现跨部门的资源协同共享。例如，团委的活动资源与后勤部门的场地资源相互整合，有助于实现活动预约和场地利用的联动。

3. 数字理念革新

教育数字化战略恰为数字时代教育治理理念革新的产物，完全契合教育治理现代化注重"人的现代化"的价值理念。[①] 智慧服务以数字技术赋能为核心，这就需要在实践中做到"术""道"结合，既关注数字技术本身的发展，也关注技术的合理运用，进而充分发挥技术赋能实效。因此，提升社区智慧服务水平，还应进一步增强数字技术运用主体的数字素养、革新数字理念。

第一，"以学生为本"的价值遵循。从根本上讲，"一站式"学生社区建设是创新思想政治教育方式、培养时代新人的改革举措，"以学生为本"，关注学生的价值塑造与成长发展是社区智慧服务的应有之义。贵州大学等高校以"围绕学生、关照学生、服务学生"为引领打造智慧服务创新基地，通过引进数字技术精准对接学生成长需求。其他高校还运用数字技术完善学生意见反馈渠道、建立社区实时响应体系，保障"接诉即办"有力推进。

第二，分众化、个性化的教育思维。智慧服务能够通过基础信息和行为数据的采集监测与集成分析，完整准确地建立学生画像，为资源的精准有效下沉和队伍的有序高效进驻提供支撑与指引，为差异化教育、个性化培养奠定现实基础。在这一背景下，高校普遍重视深度挖掘学生学习生活、成长发展相关的全量数据，提供定制服务、促进学生发展。西安交通大学以大数据平台为工作基础，以学生学习成绩为直接观测点，以第一课堂、第二课堂、成长与发展数据为预测（间接）观测点，实现学生学业精准分析、精准判

---

① 参见申国昌等：《数字化赋能高校内部治理现代化的动因、内涵及路径》，《现代教育管理》2023 年第 10 期。

断、精准帮扶、精准记录。

第三，"数据多跑腿，学生少跑路"的数治观念。与智慧服务相适配的数治观念是数字理念革新的重要内容。依数而治、循数而治，通过有效收集、分析和处理数据实现智能提供服务、有效监测运转、及时处置应对的目标，进而全面提升学生社区管理水平，是数治观念的重要方面。在数治观念下，一网统管、一网通办成为高校打造智慧型社区的重要选择。河北大学开发手机端"网上服务平台"，实现学生事务的"一站式"线上办理。

（二）智慧服务的展开方式

数字技术加持下的服务集成和数据支撑是高校推动社区智慧化建设的显在内涵，而内隐于数字化赋能中的社区师生交往形式、交往内容、交往程度的拓展深化是智慧服务更深层次的内容展开。

1. 服务集成

服务集成是指将不同部门、系统或平台的服务内容归集起来，能够以学生需求为主线，实现信息共享、功能互通，提供更加全面、高效的服务体验，通过"线上+线下"事事通办的智慧场域助力高效育人。

一方面，以"一站式"师生服务大厅为切入点，进行服务流程再造，实现从分散式到集中式、从线下到线上线下一体式、从单一校内服务到学校与社会相结合的综合服务体系转变。依托线上"一站式"服务平台集成学生事务办理模块，开发一键直报、心理咨询预约、宿舍调换申请、学生证补办、火车票优惠卡办理、宿舍安全检查、晚归登记、在线查寝等程序，打破学生跨社区、跨楼栋时空限制，实现"线上预约、线下领取、足不出社区办理日常事务"的社区图景。

另一方面，通过智慧思政平台打造协同育人新范式，用大数据思维应对小概率事件，实现学业预警、心理预警、经济预警等，实现学生工作的预判性、过程性、精准性，实现学生精准"画像"和智能集成工作平台建设，有效提升校园安全稳定智治水平，构建以大数据应用为基础的协同育人机制。

2. 数据支撑

信息数据的收集、存储、处理和分析等在智慧服务中扮演着至关重要的角色，为学生社区的智慧运行提供基础支撑。

数据技术层面，打通学生发展平台与学校大数据集成平台，搭建线上线下协同发展平台，通过统一活动入口，支持数据分析和呈现，收集学生学习生活、成长发展纪实数据并分析整理，实现学生发展状态的过程记录、趋势预警、智能推荐、科学评价等功能；建设遵循统一性、高可靠/高安全性、成熟性、个性化定制、可拓展性原则，充分考虑高等教育改革的必然性，学生数据融合学生发展平台，具备数据引擎、分析引擎、智能引擎、展示引擎四项能力，直观呈现学生发展态势和能力图谱。

数据运用方面，探索完善"一站式"学生社区育人体系，联动一、二课堂构建育人资源汇聚平台，促进学生全面发展；密切师生交流，实现全员参与；贯穿本科培养全程，实现全过程管理；构建激励体系形成素养能力分析模型，为学生提供个性化指导；激发学生活动参与的积极性，对学生参与活动后的能力进行分析和及时反馈，形成可追溯的学生综合能力培养体系，为学校教育管理、"一站式"学生社区的建设成效、学生综合素质评价提供数据支撑。

3. 关系链接

师生交往是教育活动的"隐含内容"，在学生自我实现和全面发展中发挥着引领和支撑作用。学生社区的物理空间为师生互动提供契机，而媒介技术能够使社会互动和人际关系"远距离存在"，又将这一交往互动关系延伸至数字空间，进一步拓展师生交往的稳定、密切、深刻程度，使之更加充盈。

首先，领导力量、思政力量、专业力量、管理力量、服务力量等践行"一线规则"，使师生关系由"隐"而"显"，打破师生关系在学生生活场景和宿舍空间的"缺席"。但物理时空相对固定的师生联系对多数学生而言仍是不稳定的"在场"。数字技术的使用突破时空限制，支持远距离交往，拓展师生交往的便捷程度，稳定师生关系。其次，视频会议、在线社交平台、电子邮件等数字化沟通模式突破时空限制，达到"平行性或同时性"的交往状态，提升交流效率、扩大交往范围，使师生建立广泛的交往关系，获取多方面育人资源，助力学生全面发展。最后，数字化交流使师生关系呈现高频、双向特征，推动师生沟通从单一到多元发展，实现师生交往强连接，构建起更紧密、更和谐的师生关系。

（三）智慧服务的现实功能

智慧服务通过促进协同联动、驱动精准施策、实现快捷响应等，赋能社区管理服务质量提升，从而增强学生的数字化服务体验。

1. 促进协同联动

借助智慧服务平台，校内不同部门得以实现信息和资源的协同共享与一体联动，避免信息孤岛和资源闲置等现象，形成更具活力和更加创新的社区服务生态系统。

第一，增强资源汇聚的集成性。智慧服务平台通过整合不同部门的信息、资源和服务，实现汇聚融合，帮助学生在同一平台获取来自不同方面的资源信息。数字化平台的集成性既提高了学生的体验感和满意度，优化了资源的利用效率和服务的整体水平，又能为实现个性化的推荐算法和智能化的搜索功能提供支撑。

第二，促进资源应用的开放性。智慧服务在促进资源应用的开放性方面发挥着重要作用。通过智慧服务，不同部门间的资源可以互相联动和接入，实现资源的开放共享，从而将碎片化的资源整合起来，形成更为综合、全面的服务体系。开放性的资源利用模式提供了更广泛、更丰富的服务选择，促进校内资源的共享与交流，使学生社区得以形成更加紧密、互动性更强的服务网络，推动学生社区服务的可持续发展。

2. 驱动精准施策

学生社区的智慧服务能够促进社区教育管理服务在个性化、差异化和精细化等方面取得显著成效，对进一步提高服务效率、提升服务水平具有重要意义，进而驱动社区精准施策。

第一，个性化教育。通过追踪和描绘学生的课堂表现、课前预习、作业情况、考试成绩和交流讨论等丰富的学习行为数据，科学地评估学生的知识状态，推测其知识掌握水平，在知识维度上对学生进行个性化标记，有针对性地干预学习行为和习惯，在关注学习薄弱环节的基础上，为学生提供贴合需求的智能教育服务，实现因材施教的教育目标。

第二，差异化管理。利用人工智能技术，全方位、全周期追踪来自不同来源的学生行为数据，通过聚类分析描绘学生特征和需求。构建包括学习行为、社交行为、心理状态、活动轨迹、兴趣爱好、健康状况等多维度的标签体系。借助人工智能技术进行标签提取，通过对比和聚合分析，深入理解学生群体内的类型特征，促进同类学生之间的教育方式互相借鉴，实现差异化教育。

第三，精细化服务。通过数字传感技术，智能校卡、门禁系统和监控设施等智能校园设备，将学生在社区空间的活动轨迹转化为数据，并将其整合到数据平台中。利用时域特征、频域特征、序列特征和类型特征等信息分析学生行为，通过监测和分析数据，了解学生的心理状态、生活情况和学习状况的变化。根据异常点识别，及时准确分析学生需求，主动配置教育资源，提前解决问题，为学生成长提供更有效的支持和指导。

3. 实现快捷响应

利用数字技术的长时跟踪、实时计算、可视化呈现等优势，实现教育管理服务的关口前移，提升社区服务响应的智能程度与及时程度。

第一，前置管理。利用数字技术进行提前研判和事前防控，制定个性化培养方案和针对性解决预案，有助于及早发现并纠正问题。通过智能服务优化资源配置，提供精准学习指导，实现源头治理，确保学生得到有效关怀和引导。聚焦社区不同类型服务需求的前置管理规划，科学设置流程规则，为学生社区治理化被动为主动提供支撑保障。

第二，智能预警。智能监控系统的高效预警和实时跟踪功能，能使社区安全维护更加精准高效，创造更加良好的社区环境。通过智能化系统，精准监测和深度分析学生社区各项数据，实时了解社区运行状态；数据挖掘和精准分析可快速发现问题和风险，自动识别异常情况，及时向管理人员发出预警，以便采取措施，有效避免意外发生或问题扩大。

第三，及时响应。数字技术的运用，能够将社区运行状况转化为多元化、多样性的动态数据体系，达到实时的"物感"效能，实现即时感知，提高社区教育管理工作的响应速度和效率；还能通过基于技术赋权和技术赋能的"人感"，收集、清洗和分析学生社区服务热线、网站留言板、社区论坛、校内社交媒体等多个场景中的自然语言信息，及时处理社区中的矛盾问题，提升管理服务水平。

四、平安社区的治理图景

平安社区作为高校"一站式"学生社区的实践探索，是提升学生生活质量、促进学生成长发展的重要举措，是维护师生切身利益和实现高校创新发展的基本前提。① 通过整合资源、强化管理、提供服务，平安社区不仅为学生打造了安全、便利、温馨的学习生活环境，也为学生提供了全方位、高质量的服务和支持。

（一）平安社区的建设导向

平安社区是高校"一站式"学生社区建设过程中的重要内容，涉及社区学生的生命安全和健康发展，涵盖属地治理、韧性治理、安全治理和数智治理等方面，共同构成完备的平安社区治理体系。

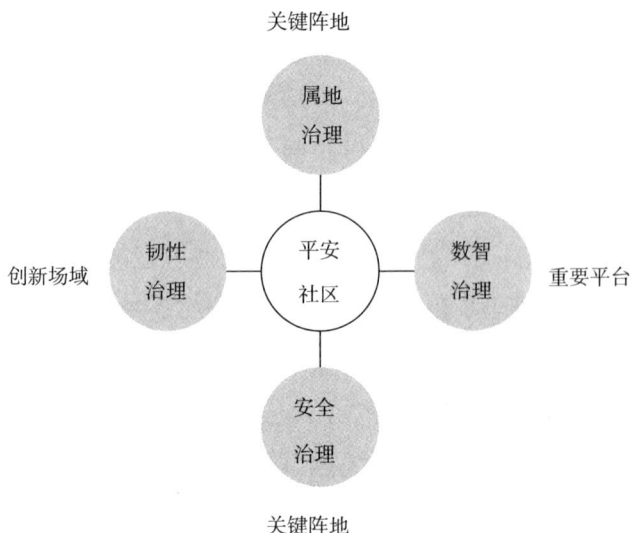

图 7-3　平安社区建设导向

1. 属地治理：打造全域统揽新格局

通过整合不同类型的资源和服务，实现归口管理、一线规则、接诉即

---

① 参见易连云等：《大数据驱动下的高校平安校园建设研究》，《中国电化教育》2019 年第 8 期。

办，有助于推动形成高校学生社区属地治理"一盘棋"工作格局。

一是实施归口管理办法。充分发挥党委总揽全局、协调各方的核心作用，明确党委学生工作部门作为社区育人牵头单位，强化统筹协调、组织推进、管理监督；明确职能部门责任归属，通过管理分层、治理分类、流程分步，按照"谁主管谁办理，谁办理谁负责"的原则，形成各司其职、各负其责的工作格局。

二是践行一线规则方案。推动校院领导、班主任、辅导员等通过走访调研、面对面交流、与学生同吃同住同生活等方式，常态化进驻高校学生社区，与学生零距离接触。在摸清情况、找准问题的基础之上，实现育人力量直扑一线、直奔重点、直面难题，有针对性地开展育人工作，解决学生急难愁盼问题。

三是健全接诉即办机制。发挥高校学生社区治理多途径、低成本、短时间优势，灵敏响应、高效办理、实时反馈学生需求，化"神经末梢"为"治理前哨"。以学生诉求为"哨源"，以解决诉求为牵引，以学生发展为中心，将问题导向贯穿工作始终，改"被动受理"为"主动服务"。构建推进有力、协同紧密的诉求处理工作机制，增强工作主动性，变"接诉即办"为"未诉先办"。

2. 韧性治理：树立柔治善治新理念

通过提升"党建+"育人功能、加强文化浸润引领、构建风险治理共同体等韧性治理方式，做好过程性陪伴和伴随性指导，能够使高校平安社区建设更有温度。

第一，提升"党建+"育人功能。通过设置学生社区党员活动室、党建活动室等物理空间单元，实现党建阵地和社区育人空间相融合，充分发挥学生社区党建引领质效；打造"党委统一领导、条块协同配合、师生共同参与"的高校学生社区党组织全覆盖工作体系；构建特色鲜明的党建品牌矩阵，持续提升高校学生社区"党建+"品牌特色活动的影响力和带动力。

第二，加强文化浸润引领。丰富文化空间，统筹布局楼宇、寝室、教室等场域文化空间建设，注重网络文化空间建设；举办文化活动，引导社区党（团）组织开展学术交流、科研竞赛、艺术展演、劳动实践等文化主题活动；打造文化品牌，完善社区文化育人路径，构建五育并举课程体系，形成社区文化识别系统。

第三，构建风险治理共同体。强化价值共同体构建，通过"面对面"走访、谈心谈话等方式缩小育人队伍与学生的距离；推动实践共同体联动，构建高校学生社区育人队伍联动机制，汇聚育人资源，形成育人合力；深化育人共同体理念，明确育人主线，确保育人队伍工作始终聚焦实质性育人内容，推动学生全面发展。

3. 安全治理：培育群防群治新机制

安全治理应从治理主体、治理内容、治理框架三个方面着手，构建校园安全防线，织密筑牢学生社区安全网，打造平安校园样板高地。

其一，明确安全治理主体。一方面，突出多元共治优势。通过建立健全参与共建机制，推动领导力量、思政力量、专业力量、管理力量、服务力量等各支育人力量共同参与社区安全治理工作。另一方面，发挥学生主体作用。发挥学生党员"头雁效应"，开展安全巡查、矛盾调解、心理疏导等工作；依托学生组织中的学生群体力量，凝聚社区安全治理合力。

其二，拓展安全治理内容。在信息安全方面建立全过程、全方位、多层级的信息安全监控、识别、防护、预警、响应和处置机制，增强师生信息安全责任意识，提高师生信息安全防范技能；在心理安全方面建立健全心理风险评估机制，及时发现潜在心理安全隐患；在意识形态安全方面提高学生的政治敏锐度和政治鉴别力，自觉筑牢维护国家安全的思想防线。

其三，规范安全治理框架。推动队伍、资源、技术、制度等安全治理要素在学生社区聚合，加强高校学生社区安全治理工作顶层设计，建立层次清晰、功能定位明确的高校学生社区安全治理体系，健全安全治理标准化长效机制，坚持把维护校园安全、保障师生安全放在突出位置，确保安全治理工作有效运行。

4. 数智治理：搭建智慧运营新平台

数智治理是当前信息化时代的发展趋势，通过在整合资源、集成平台、优化流程上下功夫，最大程度发挥数据共融效能、最大限度调动平台集成效率、最大力度提升数智服务效果，实现"智能研判"。

一是打造智慧党建信息运营平台。通过云端党建延伸组织功能、拓展组织形式，把党员连到网上，切实提高社区党建即时化水平；以党建智慧管理达到对党员学生信息的精准掌握、对党组织活动的实时跟踪，跟踪记录党员培养全过程，以高质量社区党建促进社区治理。

二是构建学生综合事务管理平台。整合活动管理、资助管理、宿舍管理、社团管理、党团建设等业务模块，实现学生事务全覆盖、办理进度随时查；运用便捷、灵活、智能的信息化管理工具，及时对接学生工作、学习、生活需求，为高校平安社区建设按下"加速键"。

三是建设教学质量实时监测平台。以全领域信息化平台驱动立体育人，实现教育教学资源的汇集、联通和共享；以多维度个性化方案助力精准育人，根据学生的不同需求和特点提供个性化的学习方案；以全过程结构化服务推动精准评价，通过提供课堂质量监督的全过程信息化服务，推动教学质量评价精准化。

四是研制大数据分析与服务平台。通过大数据智能研判实现学生信息一键画像，形成学生多维度全生命周期成长记录，构建学生成长支持系统；依托数字化云社区平台及时感知学生发展态势和社区异常状况，有效提升响应速度和干预效率；通过打造"一站式"网上服务大厅，为学生提供舒适、便利的社区服务，确保社区治理始终围绕学生、关照学生、服务学生。

（二）平安社区的具体场景

平安社区强调隐患排除在社区、问题解决在社区、力量调动在社区、资源挖掘在社区①，具体场景涵盖全方位保护师生人身安全，智能化监控数据、资产和能源，前瞻性干预学生的思想问题或心理危机，为建设安全、和谐的学生社区提供全面而有效的保障。

1. 全方位保护师生人身安全

在学生社区的具体场景中，全方位保护师生人身安全是首要任务。通过整合数字技术和智能手段，不断完善平安社区建设，为师生成长提供安全、温馨的学习生活环境，促进"一站式"学生社区文明和谐发展。

第一，全域安全防护。运用人工智能和大数据技术推动学生社区"人、地、物、事、网、组织"等信息要素的数字化建设，实现全面监控社区场域；借助智能算法进行识别分析，及时发现人员聚集等异常行为，自动警报通知社区管理人员；结合人脸识别技术，精确追踪记录不明身份人员的行踪，提高学生社区的安全防护水平，使社区师生在安全可控的环境中学习、生活、工作。

第二，实时警情感知。一方面，通过数据整合实现全景实景映射学生社区运行态势，实现警情警力可视化管理调度、重点人员及重点场所监控管理，及时发现并消除各类安全隐患。另一方面，加强校地警协同合作，通过政策制度保障和体制机制建设，借助数字感知技术、通信技术，支撑学生社区警情的实时上报，为属地派出所及早接警、出警提供支持，有效助力平安校园建设。

---

① 参见姜晓萍等：《平安中国的社区表达：如何营造高质量的人民安全感》，《上海行政学院学报》2021 年第 1 期。

第三，智能门禁管理。将门禁系统与智能技术相结合，对社区进出人员进行精准记录监控，根据实时数据分析进行安全管理决策，特别是在夜间等潜在安全隐患较大时段提高管控的准确性和及时性。运用射频识别等装置进一步提升社区安全防护的智能程度，简化安全管理流程，确保生活园区授权进入，有效防止外来人员随意进出的安全隐患。

2. 智能化监控数据、资产和能源

智能化监控数据、资产和能源在平安社区建设中扮演着重要角色，为学校提供了精准的数据分析和实时监控能力，有效保障了校园的安全、资产和能源的稳定运行。

第一，数据安全。数据安全问题是平安社区建设的"隐线"。针对社区公共数据，在其采集、传输、储存、处理、交换直至销毁的整个生命周期，构建全面的安全防护体系，保障数据的完整性和可靠性、防止数据泄露和恶意攻击；通过内容加密、权限管理等措施，使数据始终处于有效保护和合法利用的状态，防范社区公共数据的潜在安全风险。

第二，资产保护。微型传感芯片等智能设备的应用有助于监测追踪社区重要资产的状态、位置等，通过与系统平台的连接实时向社区管理人员传输关键信息和异常信息，实现重要资产的精准管理和安全防护，既提高资产利用程度、又增加保护效果。

第三，能源节约。能源监测在平安社区建设中具有重要的保障作用。通过环境感知技术，社区能够实时监控水、电等能源使用情况，并根据情景变化调整能源供给方案，达到优化能源利用的效果。同时，还能监测能源消耗的异常情况，及时发现并处理潜在问题，保障能源供给的稳定程度。

3. 前瞻性干预学生发展状态

在平安社区建设过程中，借助智能化技术提前发现问题、提升响应速度，前瞻性全方位干预学生的思想问题或心理危机，有效保障学生的思想正确和心理健康，既提高学生社区安全管理水平，也为学生成长成才提供有力支持。

第一，日常化的关心关注。在社区管理中突出日常关心，使社区和谐生活更有温度。以学生为中心，将育人力量和资源整体下沉到学生社区，关爱学生成长，是创建平安和谐社区的有效举措。定期组织走访宿舍、自习室、活动区域等，与学生面对面交流，了解学生需求和困难，及时调整社区服务内容和方式；设立心理辅导站或心理咨询室，开展心理健康教育活动，提供专业的心理疏导服务，引导学生树立积极向上的健康心态；增强对特殊学生群体的重点关注、持续关心和有效关爱。

第二，主动化的动态识别。运用智能技术有效建立系统化监测平台，实时捕捉学生的思想动态、政治倾向、情绪波动以及心理变化等数据，动态识别日常行为中的"离散点"，及时发出预警信号。进一步结合学生的学业情况、社交关系等多方面信息进行分析，提供更为全面的心理健康状况评估数据，为育人主体的及时干预提供有力支持。

第三，及时性的反馈应答。在学生社区建立信息反馈的快速响应系统，为及时响应学生的心理问题提供支撑保障。当系统监测到学生情绪波动或心理问题时，能够自动触发预设的应急机制，向学生社区心理健康专业人员发送警报信息。同时，也通过设置心理健康咨询热线，鼓励学生主动反馈自己的困扰，以便专业人员及时介入，提供帮助和支持。

第四，前置化的处置机制。建立"事前有预防，事中可控制，事后能消除"的全息态危机处理机制。对于可能发生的学生心理危机事件，社区需要制定全方位的危机处理机制，包括"事前预防"阶段的心理健康教育、情绪管理指导等措施，旨在预防危机事件的发生；"事中可控制"阶段的智能化监测和干预系统，可以迅速发现并应对潜在的心理问题，降低危机的影响程度；"事后能消除"阶段的心理疏导、康复计划等支持措施，帮助学生走出心理困境，恢复健康状态。依托全方位的危机处理机制，使学生社区更加有效地应对各类学生心理危机事件，保障学生的心理健康和安全。

（三）平安社区的防护屏障

为有效保障学生社区的安全稳定，必须采用各种防控措施和手段。人防措施、技防手段和物防设施等方面的完善对构建安全、和谐的学生社区环境发挥着重要作用。

1. 人防措施

人防措施在平安社区建设中具有重要意义，完善工作机制、构建群防体系、开展宣传教育，有助于推动高校学生平安社区人防工作的全面提升。

第一，完善工作机制。在高校学生平安社区建设过程中，完善系列工作机制是确保安全的基础。例如，建立突发事件应急处置机制可以在危急情况下迅速响应并采取有效应对措施；民意收集风险评估机制有助于了解学生的需求和潜在风险，及时调整安全措施；舆情监测预警防控机制和心理危机干预疏导机制能预防和化解潜在的安全隐患和心理问题，保障学生的安全和健康。

第二，构建群防体系。通过辅导员值班、宿舍安全员巡查、学生宿舍楼寝委员会管理以及校地警联动等方式构建群防体系，全面增强高校学生社区的安全防范能力。辅导员值班和宿舍安全员巡查有助于及时发现和处理突发情况；学生宿舍楼寝委员会管理是形成自我管理和互助机制的重要依托；校地警联动则能提升安全问题的整体解决能力。

第三，开展宣传教育。宣传教育是增强学生安全意识和应对能力的重要途径。消防安全教育、心理健康教育和防诈宣传教育的开展将有助于学生提升自救自护能力，在面对突发事件时沉着冷静，有效减少事故发生、降低事故损失。

2. 技防手段

技防手段包括智能终端和信息平台两个方面，二者相辅相成、有效提升学生社区在技术层面的安全防范能力，保障学生在安全、稳定的环境中成长发展。

第一，智能终端。学生社区楼宇智能门禁闸机、智能消防系统、社区安防监控以及校园周界系统等智能终端在高校学生平安社区建设中发挥着重要作用。智能门禁闸机通过对刷卡、人脸识别等身份认证技术的运用，有效控制社区进出口安全；智能消防系统能够实现对火灾的快速检测和预警，及时采取灭火和疏散措施；社区安防监控系统及校园周界系统全天候监控社区的安全状况，切实提高安全治理水平。

第二，信息平台。智慧安防信息平台建设促使各类风险防范治理方式从过去的被动处置、经验判断，升级为现在的提前预判、精准智治。校园突发应急事件、大型活动过程中，"一张屏"集中展示相关资源信息，便于全方位研判预警，可视化部署与监控，缩短了应急响应时间，提高处理效率与精准度，有效推进校园快速反应机制建设，全面提升应急处置能力，为平安校园建设奠定坚实基础。

3. 物防设施

物防设施与人防措施、技防手段有机结合，共同促进学生社区安全建设取得显著成效。平安社区建设中的消防设施、交通标识、安防器械等物防设施是维护高校学生社区安全稳定的重要物质保障。

第一，消防设施。学生宿舍全覆盖安装烟感探测器，全天候自动检测室内烟雾浓度；社区宿舍楼道内科学设置消防应急灯、安全指示牌等，确保紧急情况下快速有序撤离；标准化安装配备灭火设施等，建设社区消防控制室和微型消防站，提高应急处置能力。

第二，交通标识。设置交通指示牌和道路标线，有效引导行车方向、规范车辆停放，维护交通秩序；规划设置隔离栏、引导线等，实施人车分离分流，保障行人和车辆安全；健全完善减速带、警示桩等道路交通基础设施，构建更加安全、顺畅的校园道路环境。

第三，安防器械。强化基础安全设施建设，配全社区安保防护器械，设置紧急报警装置，布局社区门禁设施，形成全面、细致的安全防控网络；拓展智能安防设备应用，安装利用触摸一体机和急救交互体验设备，布设电子围栏等周界系统，全方位提升社区人身财产安全防护能力建设。

总体而言，"一站式"学生社区建设始终围绕学生、关照学生、服务学生，用心、用情、用智构建共建、共治、共享的"一站式"学生社区新格局，打造人人参与、人人尽责、人人共享的社区治理共同体，积极拓展富有中国特色的高校学生社区育人工作体系。在此过程中逐渐形成五方面的建设经验：一是把坚持党的全面领导作为根本立场。党的领导是中国特色社会主义大学治理的鲜明特征，确保了学生社区建设的正确方向。将党的领导和党的建设深入学生社区，推动党团服务社区基层组织体系的建设，优化党团支部设置，解决学生实际问题。二是贯彻以学生为中心的价值理念。依据学生需求，推动育人力量的全程陪伴和指导，实现师生共同成长。以社会主义核心价值观为引领，形成师生价值共同体；拓展师生交往，构筑多元育人体系；推动道德实践，提升社区内不同主体的道德认知水平。三是践行"一线规则"的工作方法。育人力量和资源有序下沉社区，凝聚合力，将各领域的育人资源和优势融入学生社区的综合管理模式中。通过显性教育与隐性教育的结合，使思政教育更深入学生生活，管理服务更贴合学生需求。四是坚持和发展新时代"枫桥经验"。坚持党建引领，发挥社区党组织和学生党员的作用，把问题解决在基层。运用对话、协商等方式解决学生问题，坚持"四治"融合，促进学生自我管理、自我服务、自我教育，并充分调动校内育人队伍和家庭、社会等育人力量。五是坚持因校制宜、因地制宜地发展策略。在全国层面，围绕建设推进的统一要求，根据不同高校特点灵活推进改革；在高校层面，根据学生年级、专业、成绩、兴趣等差异，有针对性地建设学生社区，促进学生德智体美劳全面发展。

| 第八章 |

"一站式"学生社区的现实意义

"一站式"学生社区以学生生活园区的地理聚集为基础，以服务学生在第一课堂之外的成长成才为目标，构建一个以共同价值理念为联结的教育、生活、成长共同体，能够发挥富有中国特色、体现思政要求的高校育人功能，成为培养时代新人的崭新场域、高等教育改革的承接载体和教育强国建设的探索实践。

一、培养时代新人的崭新场域

"一站式"学生社区在"以学生为中心"的核心理念驱动下，多功能集成各方育人资源直达学生身边，将学生社区从校园管理"末梢"转变为思想价值引领、学业学风教育、生活管理服务的治理"前哨"，成为培养时代新人的崭新场域。"一站式"学生社区紧紧围绕"为谁培养人、培养什么人、怎样培养人"这个教育的根本问题，遵循思政工作规律、教书育人规律和学生成长规律，凸显了高校人才培养工作的时代性、亲和性、精准性。

（一）立德树人的时代性

高校的立身之本在于立德树人。"一站式"学生社区通过党建引领、"三全育人"、五育并举，营造下沉式、浸润式育人场域，将立德树人融入学生教育、管理、服务各环节，在解决学生思想问题、实际问题中不断提高学生的政治觉悟和文化素养，体现立德树人的时代性。

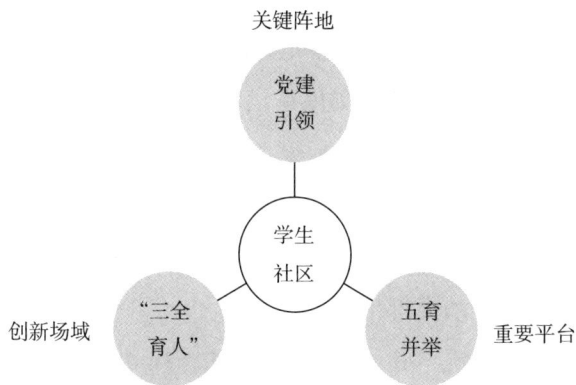

图 8-1 "一站式"学生社区立德树人的时代性

1. "一站式"学生社区是党建引领的关键阵地

"一站式"学生社区是开展党建、学生党支部活动的主阵地，作为专业、完整、独立的高校思想政治工作平台，社区能够发挥资源、管理等优势，切实强化学生党建引领，增强学生党员和高校青年的政治意识和党性觉悟。

第一，"一站式"学生社区能够汇集党建资源。一方面，通过社区物理空间建设，借助党建理论书籍资料室、党建宣传画报、社区宣传墙等，开展内容丰富、形式多样的社区学生党建。另一方面，"一站式"学生社区依托物理空间，运用虚拟现实技术、对话机器人等技术汇集党史纪念馆资源，打造沉浸式学习空间；运用移动互联网技术、直播平台等汇集优秀党员、杰出人物等教育资源，构建具身性对话空间。

第二，"一站式"学生社区能够规范党员评价。客观公正的考察评价是引导学生党员正确践行使命、发挥作用的关键。"一站式"学生社区作为学生党员生活学习成长的重要空间，承载着全过程、全周期的数据，具有规范党员评价的独特优势。在数字技术的赋能作用下让数据"活"起来，记录学生党员日常生活、志愿服务、学习科研、思想动态等全方位的行为动向，进而运用智能算法作出科学分析，为党员评价提供可靠依据。

第三，"一站式"学生社区能够充分发挥党组织作用。在学生社区中，党组织积极有效开展志愿服务、文化建设等工作，通过社区服务、环保活动、扶贫帮困等活动践行初心使命。从"Z世代"学生的行为特征来看，网络空间建设已经成为"一站式"学生社区的重要方面，这需要党组织发挥作用的空间向网络平台延伸。社区党组织建设意见反馈平台，在线吸纳民情民意助力社区建设，推动支部活动"入驻"社区网络平台，在网络空间的潜移默化中发挥思想引领作用，彰显战斗堡垒作用。

2. "一站式"学生社区是"三全育人"的创新场域

学生社区能够加强协同联动、聚合全员育人力量，贯通培养过程、打造全程育人链条，拓展教育空间、扫清全方位育人盲点，依托涵盖跨时空、全领域、各要素的社区育人机制释放育人活力、激发内生动力，从而强化"三全育人"的叠加效应，打通高等教育立德树人"最后一公里"。

第一，凝聚全员育人合力。依托学生社区，统筹领导力量、思政力量、专业力量、管理力量和服务力量之间的协同合作，激发全员育人意识，引导校院领导、教师、辅导员、后勤、教务等各方参与育人工作，打造共建共享的育人格局。学生社区凝聚全员育人合力，既能充分发挥各支队伍的独特育人效能，又能充分增强队伍之间的联动效能，共同关心、引导和支持学生成长，为高校育人工作注入新的活力和动力。

第二，打通全过程育人链条。学生社区的有效运行能在学生的教育管理服务中打破部门壁垒，整合学术、实践、社会等资源，构建起贯穿全程的育人链条，实现跨部门的有效衔接与整合。建立伴随式的成长档案、完善承接性的管理归属，学生社区能够实现从新生适应教育、生涯规划教育、专业发展教育、就业创业教育的全周期管理，确保从入学到毕业各个阶段都有明确的育人目标和保障措施。此外，还能结合学生的成长阶段和发展需求，依托学生社区实施周期性评价、全要素评价、发展性评价，以过程为导向持续推动学生发展。

第三，形成全方位育人体系。综合利用课程、科研、实践育人途径，将高校教育资源有机整合，落实到学生成长的每一个环节。学生社区通过汇聚与课程育人、实践育人、心理育人等十大育人模块相契合的优质共享资源，建立涵盖心理健康服务、生涯规划指导、社会实践机会等多元化的育人支撑系统，满足学生多维度的发展需求，实现全方位育人。

3. "一站式"学生社区是五育并举的重要平台

坚持构建一体化的学生成长发展支持系统，构建独具特色的"五育"体系、打造丰富多彩的"五育"平台，整合德育、智育、体育、美育、劳育等资源，探索形成德、智、体、美、劳五育并举的社区育人模式。在德育上，将其有机融合于学生在社区成长生活的空间与时间，通过积极整合资源和强化对接，拓宽校内外的实践基地的教育功能，从而使思想政治教育的内涵与形式更加立体、鲜活，增强吸引力。在智育上，在学生社区设立专门学习交流空间，实施朋辈学业互助计划，建立辅导员、班主任、学生党员与学业困难学生的多对一学业帮扶体系，加强第一课堂与第二课堂专业学习的联动，提升学生专业素养。在体育上，落实"健康第一"教育理念，在体育锻炼中教育学生磨炼意志锤炼品格。中国海洋大学组织党员骨干担任体育领航员，引导学生走出寝室走进操场。在美育上，以美育活动为载体提升学生欣赏美的能力，教育学生在身边发现美、传播美、创造美。厦门大学等高校注重以美育人，积极打造美育品牌活动，激励学生用双手创造美好。在劳育上，推动劳育评价聚焦理论联系实践成果，举办劳动模范、大国工匠等事迹报告会，在社区开展劳动技能竞赛、组织志愿服务劳动，引导学生营造美丽社区，理解并形成马克思主义劳动观。总的来说，"一站式"学生社区通过整合不同资源和服务，构建综合性平台，营造良好的育人环境，全方位促进学生德智体美劳全面发展。

（二）思政教育的引领性

"一站式"学生社区通过打造浸润式、体验式、立体式的思政教育平台，有效应对教育场域变化，增强新时代思政教育的引导力和感召力，提升育人工作的温度，把思政教育做到学生的心坎上。

1. 构建浸润式的思政教育空间

高校以学生成长为中心构建社区空间，在空间上拉近了师生距离，打造了师生交流互动的理想场景，成为课堂之外的重要育人阵地。

第一，育人力量汇入学生社区。各类管理干部深入学生社区落实"一线规则"，与学生面对面沟通交流，了解他们的所想所需，及时调整完善管理服务政策。专业教师以班主任、学业导师、学术导师等身份深入学生社区，开展专业教育、学业指导、发展辅导等活动，既辅导学业又关心生活；不同学段、不同年级学生在共同的生活空间内交流分享学习生活经验，发挥社区独有的朋辈引领作用；邀请国家勋章、国家荣誉称号获得者，两院院士，大国工匠，时代楷模以及五老等群体进入社区，将思想价值引领送到学生身边。各类育人队伍践行以学生为本的工作理念，形成育人合力。

第二，育人平台建在学生身边。一是党建育人平台。通过优化组织设置，创新党建工作机制和支部建设方式，建成兼合式、功能型的社区党组织，使得党组织的"触角"下沉至社区楼栋、宿舍，实现党组织在社区的全覆盖。二是协同育人平台。汇聚机关职能部门、学院及后勤集团等协同育人力量，围绕社区建设、着眼学生成长，构建起科学合理、分工协作的管理架构，形成多元主体助力社区发展、协同育人新平台。三是自我成长平台。尊重并发挥学生主体性，实现社区学生自我管理、自我服务、自我教育，通过培养学生自主意识和自律能力，最终实现自我成长的培养目标。

第三，育人资源融进学生生活。因地制宜，统筹学生社区硬件资源，打造设施完备、功能多样的公共物理空间，满足学生学习、日常生活、师生交流等多元需求。依托社区空间，组织学业指导、心理咨询、生涯规划、就业辅导等师生辅导团队，在学生社区开展课表式、订单式、预约式的常态化服务，满足学生成长成才的个性化需求。推进学生社区文化建设，结合学校特色、历史沿革、文化内涵、价值导向，建设学生社区文化识别系统，起到润物无声的育人功效。丰富学生社区文化娱乐生活，开展各类美育、体育、劳动教育活动，将社区打造成为与课堂教育及素质教育充分衔接的育人平台。

书香社区是构建浸润式思政教育空间的重要体现。营造书香环境，标准化建设社区图书室、文化墙，数字化打造云端图书馆、自助借阅机、影音视频图文作品，特色化建设党团活动室、读书角、"知行书吧"、书画室等场所空间，分类别、分年级、分专业供给图书资料，与图书馆、教学区等空间互补联动，满足学生日常阅读需求。开展书香活动，推动师生研读，通过社区通识阅读课程等，形成以书为媒、以读交友的新型师生交流模式；促进朋辈共读，常态化开展朋辈领学、阅读分享等活动，更加贴近学生生活；开展专题品读，聚焦社会主义先进文化、革命文化、中华优秀传统文化等主题进行专题阅读，推动红色元素与书香社区相融合；加强日常阅读，引导学生持续、深度、广泛阅读。拓展书香内涵，引导学生深读思想理论成果、品读文化经典著作、研读学科专业知识，进一步教育学生学以致用、以行践读，把知识学习和实际应用相结合，在实践中锤炼品质、增长本领。

2. 打造亲和化的思政教育队伍

坚持问题导向、把握学情规律、践行"一线规则",使学生社区思想政治教育主体更加贴近学生,有的放矢开展工作。社区思政教育队伍的亲和化,有助于构建融洽和谐的学生社区氛围,提升思想道德素质,推动学生社区的健康发展。

第一,坚持问题导向。辅导员等学生社区思政教育队伍始终以学生实际问题为出发点和落脚点,深入了解学生在学习、生活、发展中面临的困惑和挑战,关注学生的成长需求和思想动态,针对性地开展思想引导和心理疏导工作。通过解决学生关注的问题,提高教育工作的针对性和有效性,增强学生对思政教育的认同感和参与度。

第二,把握学情规律。在深刻理解学生的心理特点、发展规律和成长需求的基础上,社区思政教育队伍能够准确把握学生群体的整体特征和个体差异。根据学生的不同年级、专业、成长背景等因素,有针对性地开展思政教育工作,提供个性化的关怀和引导,确保教育工作更符合学生实际需求,更有针对性地促进学生成长和发展。

第三,践行"一线规则"。深入社区、走近学生,与学生同吃同住,能够更加贴近学生,了解学生的真实需求和困惑,建立起更加密切的沟通渠道和更为亲密的师生关系。通过亲自走访、面对面交流、举办活动等方式,帮助学生解决实际问题,引导学生树立正确的世界观、人生观、价值观,使师生关系从单维到多维、从弱关系到强连接,达到"从游于师"的理想状态。

3. 形成立体化的思政教育模式

创新学生社区思想政治教育模式,将理论教育和实践教育相统一、显性教育和隐性教育相结合,形成立体化的思政教育模式,提升育人的实效性和针对性。

第一,理论教育和实践教育相统一。学生社区理论教育和实践教育相统一，旨在引导社区学生将理论知识与实际行动结合起来。一方面，通过形势政策报告会、思想政治教育讲座等形式，直接回应经济社会发展热点问题，增强马克思主义科学理论的说服力和吸引力。另一方面，与学工部、团委等校内部门协同联动，组织开展社会调研、志愿服务、公益活动、专业实习等实践教学，充分发挥实践活动的思想政治教育功能。通过二者相结合的教育方式，既能通过贴近社会、贴近时代的案例和素材，启发学生客观理性思考、帮助学生领悟理论真谛；又能促使学生在走出学校、走进社会的过程中感受国家发展、奉献青春力量，提升运用马克思主义理论分析解决现实问题的能力。总之，将理论知识与实际问题相统一，能够使学生更好地理解科学理论的现实意义和应用方法，提升综合素质。

第二，显性教育和隐性教育相结合。学生社区既存在显性教育，又有隐性教育因素。显性教育是指公开、直接的理论灌输；隐性教育是指在潜移默化中把价值观念和行为规范传递给学生，社区建筑、文化环境、人际环境等都是隐性教育的重要体现，这一教育方式虽然无形但却在学生的成长发展中起着至关重要的作用。学生社区的显性教育和隐性教育相辅相成、相互统一，两者相互作用构成完整的教育体系。科技竞赛、文体活动、社会实践、志愿服务等是融合显性教育与隐性教育的主要手段；同时，新媒体平台上的微电影、微视频以及教育平台提供的云课堂、微课、慕课等也是促进显性教育与隐性教育相辅相成的重要工具，对于达成教育目标和完成育人使命具有显著推动作用。

（三）教育管理的精准性

在数字技术的赋能效应下，学生社区管理能够实现精准识别、精准分析、精准干预、精准评价，推动社区教育管理实现由被动到主动、由事后变事先、由漫灌到精准、由模糊到量化的转变。

1. 精准识别：由被动到主动

精准识别是精准化教育管理的"原点"。综合利用无感采集等技术，全面获取社区"微场景"的数据信息，第一时间识别分析学生社区运行中的"离散趋势"，主动对接潜在需求，在社区服务资源的运用中突出源头引导，实现提前研判、事前防控的未雨绸缪式管理图景。具体而言，通过画像模型、标签体系对社区学生进行全景式勾勒和可视化呈现，能够识别不同学生社区间的个性化特征和差异化需求，推动教育管理资源与学生社区精准匹配，提升学生社区资源配置的效度；通过对学生社区内的社团、支部、宿舍、班级等学生群体的活动类型、活动频次等进行聚类分析、对比分析，能够把握学生群体之内的共同兴趣、学生群体之间的差异特征，推动教育管理资源与特定的学生群体相匹配，提升学生社区资源利用的效度；通过对全覆盖画像的离群分析，能够发现学生社区中的"离散点"，根据特殊需求调用特定资源，推动社区教育管理资源与特定学生相匹配，提升学生社区资源覆盖的效度。

2. 精准分析：由事后变事先

精准分析是在精准识别的基础上进行的进一步研判剖析。通过深入分析学生基本情况、学习习惯、行为模式，预测可能出现的问题和危机，使得教育管理从事后处理转变为提前预防和干预。将校园一卡通和社区楼宇、社区空间等点位的终端设备和智慧系统相结合，通过身份识别、数据采集功能实现对门禁、洗浴、用餐、活动、学习等"微场景"的实时监控监管，变"人工排查"为"物理监控""技术监测"，大力提升育人力量的响应速度。首先，由事后响应转为事中处置，实时化的信息监测能够第一时间识别、分析学生社区运行中的"离散点"，提升队伍进驻的及时性、精准性，避免"层层上报""逐级审批"的时间耗费导致的迟滞、延后。其次，由事后事中响应转为事前预防，基于对信息监测的数据分析，有效预测社区中各类"微场景"的发展趋势，使"亡羊补牢式"向"未雨绸缪式"转变。

3. 精准干预：由漫灌到精准

社区管理育人方式从"漫灌式"向"滴灌式"转变，是实现差异化、精细化、专业化等教育模式迭代要求的应有之义。数据挖掘分析技术能够实现对教育对象的精准把握，通过聚类分析提升对学生群体的识别度，进而辅助社区育人主体根据学生群体的不同特征差异化设定培养路径、针对性提供教育指导、分类开展考核评价，做到"一类一策"。具体而言，综合运用人工智能、数据挖掘等技术，建立"个体画像"；通过分类筛选、标签识别和数据建模等把握个性需求，精准供给资源；运用跨媒介技术和数据统计方法来分析媒介偏好、接收习惯及使用频次等信息，精准开展教育；依托大数据分析等动态监测记录教育过程，精准评估效果。

4. 精准评价：由模糊到量化

精准评价是教育管理工作的重要一环，也是提升学生社区教育管理精准性的关键。传统评价较为模糊、主观，而精准评价则强调量化、客观。根据学生的个性特点和实际表现建立科学的评价体系，全面评估学生的综合素质和发展状况，为学生的成长提供清晰的目标和方向。同时，定期对教育管理的效果进行量化评估，及时调整管理策略和方法，不断提升管理水平和效果。随着学生知识能力的提升成长，学生画像处在持续变化中，通过不同时期的画像对比分析得出的变动方向、变化程度，充分体现学生的成长轨迹。通过资源下沉与学生成长的相关性分析等构建科学合理的指标体系，并将评价性画像代表的成长信息作为基础数据进行赋值打分，能够精准呈现资源下沉的实际效果，为持续推动优质育人资源更好更有效向学生社区汇聚提供方向指引。

二、高等教育改革的承接载体

"一站式"学生社区建设是一项意义重大的探索性实践，是高校育人模式改革迭代的"小切口"，是新时代中国特色社会主义大学学生教育管理的新范式新经验，在不断扩大试点和经验总结的过程中探索中国模式。建设"一站式"学生社区，深化学生社区教育培养模式、管理服务体制、协同育人体系、支撑保障机制改革，是中国特色社会主义大学治理体系下学生管理模式改革的重要途径，也是增强新时代高校党建与思想政治工作系统性、精确性的有力措施。

（一）教育培养模式探索

随着以"学分制""大类培养"等为代表的高等教育综合改革的持续深入推进，"同班不同学""同学不同班"现象逐渐成为常态，班级成员的流动性让传统的班级成建制管理模式受到越来越多的挑战。在这一背景下，学生社区已然成为学生聚集、交流、互动最频繁最稳定的场域，也是第一课堂之外教师发挥关键作用、学生发挥主体作用的重要育人阵地。

1. 为加强创新人才培养提供空间支持

"一站式"学生社区作为全新的高校教育管理模式，能够积极探索求变、有所作为，从而充分发挥拔尖人才培养方式改革的全部潜能。强化使命驱动，通过伴随式的思想政治教育，引导学生面向国家战略需求、人类未来发展、思想文化创新和基础学科前沿，增强使命责任，激发学术志趣和内在动力，激励学生把自身价值的实现与国家发展紧密联系起来，把远大的理想抱负和所学所思落实到报效国家的实际行动中，服务国家重大需求。注重大师引领，将热爱教育、造诣深厚、德才兼备的学术大师汇聚到学生社区，参与拔尖人才培养，进行言传身教，加强对拔尖学生的精神感召、学术引领和人生指导，激发学生的学术兴趣和创新潜力。创新培养方式，营造创新环境，厚植成长沃土，给学生提供自主选择导师、专业和课程的机会，加强师生交流沟通，实现环境浸润熏陶和个性化培养，促进拔尖学生的价值塑造和人格养成。提升综合素养，开展多层次、全方位的社区教育，引导拔尖人才践行社会主义核心价值观，传承弘扬中华优秀传统文化，厚植家国情怀、人文情怀、世界胸怀，促进中西融汇、古今贯通、文理渗透，造就敢闯会创、敢为人先的青年英才。促进学科交叉、科教融合，为不同学科学生之间的交流创造空间，为参与跨学科学习和研究创造条件与机会。

2. 为深化通专融合教育提供平台支撑

物质科学、生命科学、人文科学和数据科学四大知识结构群是未来知识体系的主要构成，这决定着拔尖创新人才需要拥有宽广视野、形成科学思维、塑造健全人格，从自然、社会、政治、经济等方面综合考量解决问题，而非从单一知识维度出发。学生社区建设能够撬动培养方案、教学内容、教学方式等一系列系统性变革，打破学科壁垒、深化交叉融合，构建适应未来发展所需要的融通式教育体系，承载时代变革浪潮对人才培养的新要求。第一，作为学习平台，学生社区在促进通识课程与专业课程的交流与融合、实现第一课堂和第二课堂的无缝衔接等方面发挥支撑作用。知识跨界、通专融合的社区学习环境能够帮助学生将不同课程的知识体系进行对比、联系和整合，拓展思维深度。第二，作为交流平台，学生社区能够形成不同专业学生相互交流碰撞的学习环境，有助于打破学科壁垒，激发创新思维。通过参与社区活动和讨论，不同专业学生在社区中分享学习资源、经验和成果，进行合作式研究与项目式探究，实现跨学科的融合，进一步拓宽学生视野，帮助社区学生利用跨学科思维解决实际问题。

（二）管理服务体制改革

以一体化联动机制、集成化服务平台、网格化管理模式为特征的"一站式"学生社区管理服务体制，能够加强资源整合和协同合作，为学生提供更加便捷、高效的社区生活体验。

1. 一体化联动机制

"一站式"学生社区管理服务的新机制坚持以学生为中心，强调整合资源、联动服务、创新载体，倡导全方位教育观念，推动教育管理模式转变。通过一体联动的管理方式，更好地发挥育人功能，推动高校学生管理服务工作持续发展。

第一，部门联动。"一站式"学生社区的显著优势在于贯通招生、教学、学工等多个部门，打破校内部门间的信息壁垒，促进社区公共数据的流通和育人资源的共享，推进综合性教育模式。在实践中，部分高校通过搭建本科生院等议事机构，将思想政治教育、文化浸润、专业教育、实践教育等各个环节和不同领域融为一体，有序推动党团组织、管理部门等下沉学生社区，实现全方位学生管理服务。

第二，服务联动。以网格化、扁平化的管理服务逐渐取代传统的以"以条为主、条块结合"的学生教育管理模式为契机，不断重塑高校组织架构，深度开发育人资源，实现管理工作的精细化和个性化。通过部门间的联动和协作，学生社区管理服务得以更加高效、更为有力地开展，促进学校整体教育管理水平的提升。

第三，创新载体。高校在强化"以学生为本"理念的同时，也在不断创新社区学生工作的载体和平台，为学生成长成才提供更加丰富多样的机会和资源。从现实来看，依托"一站式"管理服务新机制，社区能够更好地满足学生多元化发展需求，提升社区育人工作实效，促使高校在立德树人上不断取得新进展，有效提升教育培养学生质量。

2. 集成化服务平台

对校内各条块的业务、数据进行归类整合，打造集教学、学工、后勤于一体的社区综合事务管理平台，建设聚合深度研判、精准帮扶等功能的大数据分析与服务平台，实现"数据多跑路，学生少跑腿"。具体而言，数字平台能够对不同部门、不同来源的数据信息进行整合、关联、清洗、标引、归一等处理，并以业务应用辅助实现平台功能，进而使学生借助社区集成服务平台方便快捷自助地浏览、检索、使用服务资源，优化社区服务方式。

学生社区集成服务平台通过统一管理、统一建设，将实践、教学、活动、心理、资助等不同部门的服务资源聚集一处，全面覆盖生活、学习、就业等多方面服务需求，实现查询学术资源、社团活动、宿舍管理、就业信息等多方面的服务功能，既节省学生的时间和精力，又提升服务的效率和质量。集成平台还能通过数据的汇总和分析，为学生提供个性推荐和定制服务，为学校管理部门提供决策支持和需求识别等。

高校学生社区集成化服务平台能够推动学生社区组织流程、管理结构、保障体系的整体革新，形成纵向贯通、横向联通的运转模式，以智慧化改造升维学生社区的运行基础。一方面，组织流程再造，纵向贯通。数字技术能够简化信息流通、数据流转的中间环节，减少事务协调、资源调配的中间层级，通过掌握一手情况、实现靠前指挥，更好践行"一线规则"，推动管理场景下沉学生社区，以有效有力的纵向领导承接社区数字化业务。另一方面，管理结构重组，横向联通。统筹线上线下"一站式"学生事务大厅建设，以业务需求为依据对分散事项进行归并整合，按照业务特征动态调整岗位设置，依托"数字+"平台机制实现队伍互通、内容融通、信息畅通，提高学生社区管理的协同性。

3. 网格化管理模式

学生社区网格化管理模式以"社区长—楼长—层长—宿舍长"的体系建构为核心，通常由学生骨干担任楼层长，辅导员担任楼长，校院领导担任社区长，共同组建学生社区网格员工作队伍，构建片区、楼宇、楼层、宿舍和学生全覆盖的网格化工作体系，打造纵向"院—系—所—班"管理与横向"学院—社区—宿舍"互动的运转机制，实现社区空间的纵横联系体系与宿舍"细胞"这一学生基本单元的有机结合。

网格化管理模式能够多层级形成管理全覆盖，不留漏洞、不留死角、不留盲区，全面掌握学生动态，提升社区突发状况的处置应对能力。依托网格化管理体系，实现抓实靠前指挥、抓严安全管理、抓细研判排查、抓常宣传教育、抓好应急处置、抓牢责任落实的社区管理目标，为落实立德树人根本任务创建安全文明、美丽和谐的环境。

数字网格将网格信息以数字化生成、存储、流转与使用，是数字化赋能与网格化管理的"融合形态"。运用数字空间技术、标准化编码技术，将学生社区网格的编号、位置、学生、物品、设施等信息进行数字化处理与储存，为物理网格映射至数字空间提供可能。社区物理空间与数字网格虚实交融、协同共生的管理格局，在大数据挖掘、比对、分析、呈现等技术的加持下，又能够实现社区全要素数字化、全状态实时化、全流程可视化的目标。

（三）协同育人体系完善

"一站式"学生社区是高校思想政治工作的创新场域，通过育人平台交叉融合、育人资源整合共享，将协同、协作、协调、协用等理念融入高校育人工作发展过程，实现学院与社区、校内部门间、家庭与学校、社会与学校协同育人，切实提升高校思想政治工作育人实效。

1. 学院与社区协同育人

通过深化书院制改革促进学院、社区深度融合，既能充分树立学院、教师的主导地位，又能充分发挥社区、辅导员的平台作用，推进多层次、立体化的学院书院协同育人方式，确保学院书院在协同联动中各有侧重，实现资源共享、优势互补、信息互通、责任共担，共同开展思想政治教育和日常管理工作的双院协同育人工作模式。一是通过学校党委确定方向和顶层设计，成立包括校领导、职能部处、书院学院、导师导员、班团组织和学生等在内的联动治理体系，成立学校"一站式"学生社区综合管理建设工作领导小组，强化推进学生社区建设的组织保障。二是完善学院与社区的联络沟通、协同保障机制，实施社区联席会议制度及学院领导列席社区院务会制度，学院教师定期进驻社区指导学生，促使"学科+社区"有效融合，共同发力为学生搭建更为完善的发展平台。三是通过党建引领，由学院选派行业领军人物等党员教师进入师生联合党支部，担任培养联系人、入党介绍人，开展谈心谈话、参加学生党支部活动，凝聚学院与社区的育人合力。

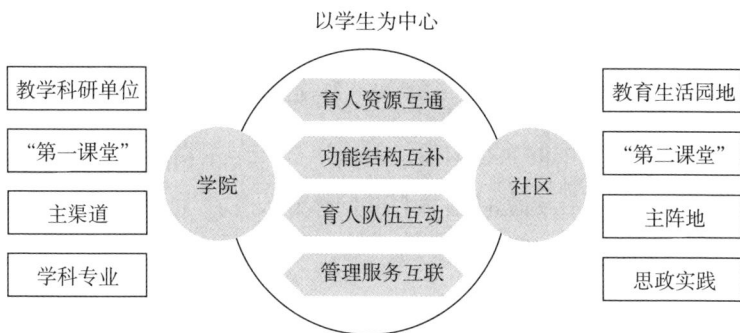

图 8-2　学院与社区协同育人工作体系

2. 校内部门协同育人

构建社区基础数据库等支撑系统，统筹课程、科研、实践等育人资源实现服务融合，聚焦思想品德、学业成绩、健康体质等达成评价耦合，形成校内各部门互联互通的社区工作格局，促进部门之间在信息、资源等方面的共建共享，使高校育人格局呈现出协同共进的良性局面。

第一，优化协同条块网格。在学生社区建设之前，教务、团委、后勤、心理等校内部门的育人工作多呈现出"单打独斗""各自为营"的"条"式结构；而学生社区能够实现育人网络在"块"上的归集，使各部门之间信息畅通、资源共享、协作顺畅、形成合力。

第二，明确协同主体权责。高校"一站式"学生社区综合管理模式改革涉及课程、科研、实践、文化、网络、心理、管理、服务、资助、组织等诸多方面，依托科学规范的社区管理体制机制，以学生社区为工作重心，与校内部门进行联系对接，能够明确协同主体之间的权责划分。

第三，激发多元主体活力。一方面，学生社区能够通过共享资源、经验和信息等互通与共享，为各协同主体发挥育人效能创造良好的条件保障。另一方面，学生社区的建设作为可触可感的工作目标，能够提升各部门参与社区协同育人的动力，促进协同育人的良性循环。

3. 家庭与学校协同育人

跨时空的数字化沟通能够有效扩大家校联系的频率与深度，丰富社区学生成长档案中家庭维度的教育信息，提升家长在学生培养中全方位、全过程的参与度，以家校合作夯实社区教育共同体建设，更全面、更有效地关注学生的成长和发展。

第一，以家风养成为根基，以学校德育为中心。家庭是学生成长的第一课堂，家长在培养学生的道德品质、思想觉悟和行为习惯等方面起着重要作用。学生社区则应加强德育教育，引导学生形成正确的世界观、人生观、价值观，通过家校同向共行，全方位提供良性的成长环境。

第二，以良性互动为追求，以社区平台为载体。家庭作为学生成长的初始环境，内蕴着全周期的学生信息，是打开学生个性特征的"密码"。以学生社区为平台载体，社区教育管理主体通过与家庭建立良好的互动关系，保持密切的沟通和合作，促进家庭、学校之间的资源共享和信息互通，持续关注学生的学习、生活和成长。

第三，以学生发展为根本，以有效沟通为诉求。家庭、学校和学生社区以学生的健康成长和全面发展为根本目标，通过有效沟通和协作，共同关注学生的身心健康、学业发展、兴趣培养。构建社区这一常态化交流互动平台，能够使得与学生的沟通更加深入具体，不仅仅停留在关注学生学业、就业前景和生活状况等表层信息，进而实现关于教育培养计划、人才培养方案等政策性理念层面的深度交流，最终达到因材施教的目的。

4. 社会与学校协同育人

高校通过加强对各方面社会资源的整合，引进校外专家人才，汇集学校和社会力量，构建社会与学校协同的育人模式，提高人才培养质量。

第一，资源整合。科研院所、公共图书馆、博物馆、文化馆、纪念馆、旅游景点等是游离在高校之外的优质育人资源，以学生社区建设为依托，将社会教育资源引进学校，助力人才培养提质增效。通过高校与社会机构的联动，综合构建数字云平台，将科研、文化、历史等方面的信息资源集成到学生身边，在泛在化学习中提升能力；合理运用 VR、AR、MR、XR 等技术，将特定社会教育场景转化为社区数字场景，在沉浸式体验中深化认知，有效解决学生社区育人资源供需匹配在"质""量"等方面的矛盾。

第二，队伍引进。通过与企业、科研院所等机构建立合作关系，聘任实践经验丰富、专业知识完备的行业专家兼任社区实践导师，与校内导师联合开展实践教学指导，补充和完善实践师资结构。邀请国家勋章、国家荣誉称号获得者，时代楷模，五老群体，大国工匠等走进社区，将思想价值引领送到学生身边，提高社区思政教育工作实效。

（四）支撑保障体系拓展

"一站式"学生社区通过资源下沉、队伍进驻、技术赋能，完善支撑保障体系，实现智慧运行，为高等教育改革发展提供重要支撑。

1. 资源下沉

学生社区通过汇聚各方面资源，满足学生多维度的发展需求，与高校十大育人体系相契合。邀请专家教授在社区开设讲座、开展交流等，与学校教务部门合作将部分课程资源延伸到学生社区，丰富学生的学习体验；对接协调校内科研院所或实验室等，为学生提供科研实践的机会，组织学生参与科研项目，在学术研究中培养学生的创新意识和实践能力；与社会组织、企业机构合作，提供社会调研、专业实习、志愿活动等实践机会，助力学生将所学运用于实际中，以行促知；加强部门之间的管理协同，建立学生社区管理委员会，提升学生社区日常管理工作的质量和效率；发挥党支部、团支部、班级、社团等组织的育人功能；设立学生咨询中心、就业指导中心、心理健康服务中心等，建立健全的服务体系，开展各类服务活动，切实解决学生的问题需求；举办文化活动、艺术展览、文艺演出等，提升审美情趣和文化素养；建设线上学习平台、社交平台，开展线上活动、讲座等，提供便捷的学习和交流渠道；开展心理健康教育活动，邀请心理专家提供心理辅导、咨询服务，关注学生心理健康成长；设立资助项目，为贫困学生提供学习资助，支持学生"背上背包看世界"。在综合引进课程、科研、实践、文化、网络、心理、管理、服务、资助、组织等资源的前提下，学生社区成为满足学生多维度的发展需求的综合平台，为学生成长成才提供坚实的支持和保障。

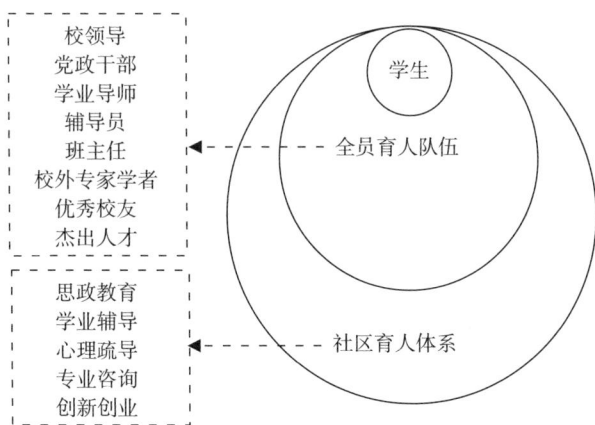

图 8-3 "一站式"学生社区资源下沉的育人体系

2. 队伍进驻

队伍进驻是"一站式"学生社区育人主体的重要来源，对加强学生的价值引领、人格养成和全面发展具有特殊而重要的作用。队伍进驻的主要任务是推动多元育人主体扎根社区，引领校院领导力量、思政力量、专业力量、管理力量、服务力量汇集学生中间，全面了解学生情况，着力解决学生成长发展中的难点、热点问题，满足学生日益变化的思想需求、生活要求及发展诉求，实现管理者、教师、学生等多元主体对社区治理的共担共享和协同共治，打造辐射全校的"全员育人、全过程育人、全方位育人"新格局。校院领导力量等在社区全员育人中扮演着牵头和引领的角色，是社区建设的领导者；思政力量是引领学生思想政治教育的关键力量，肩负思路引领和价值塑造的重任；专业力量将专业学习资源引进学生社区，推动学生社区成为全员赋能学生成长成才的重要平台；管理力量是确保学生成长发展和社区有效运行的关键支撑；服务力量通过部门协作提供多领域、多层次的社区服务，为学生提供全方位的服务支持，构建和谐、安全、健康的学生社区环境。

3. 技术赋能

运用现代信息化技术，汇聚学生全链条、全周期、全口径成长信息，建设教学质量实时监测平台、学生综合事务管理平台、大数据分析与服务平台。教学质量实时监测平台通过课堂授课、实时监测、教学分析等模块建立信息采集、评价、督导、反馈机制，对影响课堂教育教学质量的各类要素进行结构化分析，提供课堂质量监督的全过程信息化服务，推动教学质量评价精准化。学生综合事务管理平台以学生和思想政治工作者信息两个数据库为基础，通过基本信息、思政队伍、资助育人、第二课堂、学生党建、心理健康、学业辅导、公寓管理八个业务模块，实现学生信息全面、学生工作高效、学生事务覆盖、从入学到毕业的"一站式"服务。大数据分析与服务平台以学生在校期间的全过程数据为基础，以大数据分析技术与算法模型为支撑进行分析挖掘，从学业、生活、第二课堂等多角度动态展示学生画像，实现从定性化教育经验到定量化教育引导、共性化课堂到个性化定制、后置性应急到前置性预警、离线静态分析到自适应动态分析的升级。

三、教育强国建设的探索实践

2024 年 9 月，习近平总书记在全国教育大会上的重要讲话中系统阐释了教育强国的科学内涵和基本路径，强调"我们要建成的教育强国，是中国特色社会主义教育强国，应当具有强大的思政引领力、人才竞争力、科技支撑力、民生保障力、社会协同力、国际影响力，为以中国式现代化全面推进强国建设、民族复兴伟业提供有力支撑"①。总书记所提及的是教育强国

---

① 《习近平在全国教育大会上强调　紧紧围绕立德树人根本任务　朝着建成教育强国战略目标扎实迈进》，《人民日报》2024 年 9 月 11 日。

的"六大特质"，是教育强国的重要支撑和重要标准，其内涵要素包括发展能力、工作力度和综合实力。

"一站式"学生社区建设工作是在高校领域落实党的全面领导的重要抓手，是践行社会主义核心价值观、落实立德树人根本任务的重要场域，① 是关于新时代高等教育治理体系和治理能力现代化的实践探索，是高等教育领域的一场生动改革。2023 年 1 月，中央教育工作领导小组就高等学校实施"时代新人铸魂工程"及推进"一站式"学生社区综合管理模式建设作出了专门部署。同年 3 月，"一站式"学生社区建设现场工作推进会在湖北武汉召开，明确把全面推进"一站式"学生社区建设作为高校贯彻落实党的二十大精神的重要举措。2024 年 1 月，国家发展改革委、教育部等七部委联合印发《关于加强高校学生宿舍建设的指导意见》，提出"充分发挥学生宿舍育人阵地作用""推广'一站式'学生社区综合服务模式"②。同年 6 月，专题培训暨高质量建设交流会在上海举办，进一步聚焦在增强师生互动、建设书香社区、推进数字赋能、打造暖心服务、引导学生参与、深化机制迭代上下功夫。

实践充分证明，"一站式"学生社区作为以学生生活区域为基础，以服务学生在课堂学习之外的成长成才为目标，以共同价值理念为联结的学生教育生活成长共同体，已经成为课堂之外培养时代新人的崭新场域，推动新时代高校党建和思想政治工作高质量发展的重要阵地，成为高校学生教育管理的新模式、新格局，践行"以学生为中心"理念的重要载体、促进学生全面发展的重要平台，维护校园安全稳定的重要工作，同时也是培养人才的重要平台。

立足新时代、新学情、新场景，高质量推进"一站式"学生社区建设，

---

① 参见高校思政网：《2024 年高校"一站式"学生社区综合管理模式建设工作研究咨询组工作会议顺利召开》，2024 年 11 月 22 日，见 https://www.sizhengwang.cn/a/gzdt_qg/241122/1968735.shtml。

② 《学生社区"末梢"变工作"前哨"——高校"一站式"综合管理模式全覆盖建设综述》，《中国教育报》2024 年 5 月 10 日。

不断续写"一站式"学生社区高质量发展的新篇章,回答好"教育强国,高校何为"的时代命题,既是其所肩负的义不容辞的责任,也是不断重塑自身价值追求之所在。因此,如何聚焦教育强国的这"六个力"有所作为,在强国教育生动实践中持续书写精彩篇章,成为新时期新阶段"一站式"学生社区建设所必须面对好、解决好的至关重要的课题。

(一)铸基固本的奋楫之行

1. 助力提升思政引领力

思政引领力体现教育强国的政治属性,反映教育的根本性质和根本任务,[①] 是"思政"自身蕴含的对于教育强国建设功能的集中体现,是指"思政"引导、带领教育强国建设实践的伟大力量,[②] 为教育强国提供政治保障、价值导向与文化传统。2024 年 12 月,第二十八次全国高校党的建设工作会议指出,思想政治工作是学校各项工作的生命线,要加快形成强大思政引领力,高质量实施新时代立德树人工程。[③] 它根植于中国共产党的理论创新与思想政治教育实践探索,确保教育服务于国家政治大局并始终致力于培养社会主义合格建设者和可靠接班人。从毛泽东思想到习近平新时代中国特色社会主义思想,从革命年代的思想动员到新时代的社会主义核心价值观培育,形成了一脉相承、与时俱进、独具特色的思想政治教育体系。强大的思政引领力是立德树人、铸魂育人、以文化人、以德润心的使命担当,是展示真实立体全面的中国特色社会主义国际影响的形象塑造。"一站式"学生社区,在助力提升思政引领力方面优势显著,大有可为。

---

① 参见李德平:《中国特色社会主义教育强国的鲜明特质》,《光明日报》2024 年 12 月 20 日。

② 参见吴潜涛:《正确把握思政引领力的科学内涵》,《光明日报》2024 年 10 月 8 日。

③ 本报评论员:《以高质量党建引领高等教育高质量发展》,《光明日报》2024 年 12 月 21 日。

　　一方面，深化"一站式"学生社区综合管理模式改革，是提升新时代高校党建和思政工作系统化、精细化的重要举措。"一站式"学生社区能够创新高校思想政治工作的方式方法，通过党建引领确保大学的建设、改革与发展始终围绕并服务于党和国家确定的奋斗目标以及广大人民群众的根本利益。强化政治功能，通过开展各种形式的思想政治教育、组织参观学习党史、红色文化传承等活动，引导学生树立正确的政治观念，切实增强政治意识、大局意识、核心意识、看齐意识。夯实教育管理，通过网格化党建管理机制，能够在学生社区更加有效地开展主题党日、党课教育等活动，促进学生思想政治教育工作深入开展。优化组织架构，通过在学生社区建立符合学生特点和需求的党支部，满足学生的需求和兴趣，增强党组织对学生群体的吸引力和凝聚力，帮助学生更好地认识、理解、认同党的性质、宗旨和政治立场。筑牢党建阵地，通过党建紧紧扭住社区文化建设内核，在学生社区建立党建文化墙、党建活动中心等阵地，引导学生树立正确的社会主义核心价值观，为其成长成才提供坚实思想基础和精神支撑。

　　另一方面，"一站式"学生社区作为展示马克思主义基本原理同中华优秀传统文化相结合的重要窗口，既根植于中国古代书院厚重的文化土壤，又以立德树人为根本旨归，体现出"两个结合"的高度契合性。社会主义先进文化和古代传统的教育方式相得益彰，以"一站式"学生社区为基点，产生撬动高校治理现代化的深刻"化学反应"。具体而言，中国古代书院在长期的建设发展中，形成以道自任、以文化人、教学相长、从游于师、经世致用等优秀的文化内核。"一站式"学生社区建设中优秀传统文化、大学精神文化的濡养和浸润，体现中国特色社会主义大学建设的文化内涵和历史底蕴，对于新时代高校大学生思政引领力提升而言是十分珍贵的"维生素"营养物质。

2. 助力提升人才竞争力

　　人才竞争力是"六大特质"中的第二个特质，地位十分关键。人才是实现民族振兴、赢得国际竞争主动的战略资源，人才资源是经济社会发展的第一资源，人才竞争已成为当今世界各国家之间综合国力竞争的核心。习近平总书记强调，要"统筹实施科教兴国战略、人才强国战略、创新驱动发展战略，一体推进教育发展、科技创新、人才培养"①。培养强大的人才竞争力是完成好教育根本任务的内在要求。培养造就一大批堪当民族复兴重任的时代新人，为中国式现代化建设提供多领域、全方位的高质量人才、智力支持，是建成教育强国的重要体现。"一站式"学生社区作为高校人才培养的重要场域，通过形成全校统筹、多元发展的育人生态，构建科教融汇、产教融合的创新机制，打造以学生自主性发展为中心的教育空间等措施，创新人才培养体制机制，提升人才培养质量在提升人才竞争力方面发挥着不可替代的独特作用。

首先，在育人理念上，更加突出"以学生为中心"。作为以学生自主性发展为中心的教育空间，"一站式"学生社区凸显"近在身边、暖在心头、精在日常、准在成长、益在长远"的特点，学生在哪里，育人力量出现在哪里，思政工作开展就到哪里，能够为学生发展成才提供丰富的发展机会和资源支持，通过学生自我教育、自我管理、自我服务，促进其全面发展、健康成长，实现培养一流人才的高校治理现代化培养目标。完善社区学生组织建设，牢牢把握"以学生为中心"的理念，依托社区党团支部、宿舍管理委员会、学生会（研究生会）、社团等组织，充分发挥学生在社区的主观能动性。

其次，在课程体系上，更加注重全面、立体并兼顾个体差异性。"一站式"学生社区的建设发展有助于推动第一课堂和第二课堂教育资源高效联动有序下沉社区，系统谋划空间保障、师资配备、学分要求等要素，构建多维度、个性化的社区课程体系，如打造以"思想政治理论课教学实践进社

① 习近平：《在全国科技大会、国家科学技术奖励大会、两院院士大会上的讲话》，人民出版社 2024 年版，第 4 页。

区"为特色的思想引领课程体系，打造以"文化教育实践基地、美育实践课程"等为代表的素质拓展课程体系，以及打造以"生活技能养成、心理素质和职业素养"为特点的能力提升课程体系等。

再次，在育人要素上，准确把握知识学习与全面发展的关系。"一站式"学生社区模式下，更加注重对于教育教学规律和学生成长规律的研究分析和把握，一方面，关注教育教学质量的提升，注重强化学生核心素养的培育，从而有力有效地保障学生知识基础坚固扎实；另一方面，建立健全特色鲜明的社区"德智体美劳"和安全教育体系，依托学生社区各类活动，建设书香社区，有效激发社区育人活力。[①] 将"五育"的目标要求有机融入社区育人的全过程、各环节，融洽师生互动导学关系，完善学生社区德、智、体、美、劳育活动体系。

最后，在目标功能上，有机协调培养人才和满足社会需要之间的关系。培养人才是教育的基本职能，而能否满足经济社会发展需要是衡量人才培养成效的重要标准。"一站式"学生社区的构建，通过人和力量"走进去"、事和资源"沉下去"、心和感情"融里去"贯通"在一起"的工作理念，联动校内外，促进了对第一课堂专业乃至学科的优化调整，办学资源的更加合理配置，多重育人力量的参与，通过加强实习实践教育，让学生走出教室、走出校园，接触到真实的问题、置身于真实的场景，从而强化对知识的现实运用、对创新的切身感知，实现理论与实践相统一，提高科学思维能力、探索未知的兴趣和创新意识，[②] 进一步提升了人才培养与经济社会发展需求的针对性、适配性和有效性。

---

① 参见教育部思政司：《高校"一站式"学生社区综合管理模式建设提质增效指南（第一版）》，2024 年 4 月 30 日，见 https://yurenhao1.sizhengwang.cn/a/tzgg/240430/1792594.shtml。

② 参见《党的二十届三中全会〈决定〉学习辅导百问》，中央文献出版社 2024 年版，第 51 页。

（二）添砖加瓦的笃实之路

1. 助力提升科技支撑力

科技支撑力是科技与教育相互赋能的生动实践，更是推动教育体系现代化转型、应对数字技术变革挑战的关键所在。当今国际竞争的实质是以经济和科技为主的综合国力的较量。党的十八大以来，科技创新被提升至国家发展战略的核心高度，科技自立自强是立足新发展阶段、贯彻新发展理念、构建新发展格局的重中之重。高等学校作为国家战略科技力量的重要组成部分，在加快科技成果向现实生产力转化、支撑国家科技创新和发展上有义不容辞的责任。"一站式"学生社区作为高校育人的重要组织形式之一，在助力科技支撑力提升方面亦能够发挥出一定的作用，至少包括以下三个方面。

一是作为科技思维的孕育"田野地"。"一站式"学生社区中，学科交叉度、交往开放度、讨论活跃度、学术自由度大为提升，不同专业、不同学科背景的学生交往交流的机会增多，学业导师、班主任、名师专家等专业力量进入社区与学生直面科学、共话成长的场合增多，故而基于这种思维的碰撞、激荡和启迪，产生各种"点子""创意"的频率增多，科学思维和科技灵感也便易于在这种友好、自由、开放的环境中被孕育出来，进而生根发芽，为培养大学生学术志趣打开了一条快速通道。

二是作为科技活动的实操"赛马场"。"一站式"学生社区环境下，依托教务处、团委、学院等单位，不定期举办一系列丰富多彩的科技类赛事活动，如"中国国际大学生创新大赛""挑战杯""数学建模"等国内外赛事。与此同时，学生社区联动第一课堂，在社区内开设科技科普类讲座、课程以及赛事活动的辅导、实践等等，渲染升温校园内的科技创新活动的氛围，易于让学生在社区内有较多的科技参与，并从中产生较大的科技活动获得感，为学生后续的成长成才以及更为深入的科技参与和成果输出提供较好的训练场地。

三是作为科技创新的策源"蓄水池"。高校作为科技第一生产力、人才第一资源、创新第一动力的重要结合点，必须主动参与产学研深度融合中。[①]"一站式"学生社区作为高校育人的重要组分，更是责无旁贷。学生在科技活动的参与中得以自由交流讨论、互相启迪评点，不纠结或拘泥于数字的唯一或答案的标准和制式，而是尊重表达分析的科学性、合理性和多样性，在复杂问题的求解中，在多学科视野的灌注下，在多维度思想理念的交锋中，不断锤炼自身的批判性思维能力和逻辑思维能力，学生的创新意识和创新能力在此过程中会逐渐增强，科技创新从点子到现实的可能性会有所提升。

2. 助力提升民生保障力

民生保障力是教育强国为人民服务的重要体现。[②] 新时代以来，我国坚持以人民为中心发展教育，不断促进教育事业发展成果更多更公平惠及全体人民，以教育公平促进社会公平正义，着力提高欠发达地区特别是贫困地区教育发展水平，加快建设学习型社会，赋能全民教育、终身教育，进一步增强国民素质，让每个个体通过发展自身、奉献社会、造福人民，享有充分的受教育机会。秉持教育为公的定位，构建优质均衡的基本公共教育体系，从而实现高质量教育的目标，服务国家战略、人的全面发展和经济社会发展。"一站式"学生社区作为集优质资源的集合体，在安全稳定、资助育人、品行养成、职涯就业等方面均可发挥助力民生保障的作用。

在安全稳定方面，"一站式"学生社区可最大程度集成机关干部、师生党员、学生骨干、宿舍长等多支队伍力量构建"横到底、纵到边、全覆盖"的安全防护体系，一方面，针对苗头性、倾向性问题及学生诉求，践行

---

① 参见卢建军：《加快推动产学研深度融合，实现教育、科技、人才一体推进良性循环》，《中国高等教育》2023 年第 11 期。

② 参见曾天山：《深刻揭示教育强国的科学内涵》，《中国教育报》2024 年 9 月 23 日。

"一线规则"，身在一线、心在一线，沉在一线、情在一线，思在一线、干在一线，接诉即办、未诉先办，及时消除风险隐患，做到治"未病"、"防范于未然"，将各类事件极端风险发生概率降到最低；另一方面，面对已发生的突发、极端事件，学生社区将发挥聚焦宿舍最小单元优势，抓实安全稳定的兜底工程，抓好"最后一公里"，及时做到"降险于已然"，最大程度降低负面舆情和风险隐患。

在资助育人方面，"一站式"学生社区将国家、校、院等各项资助政策及时传递到有需要的学生身边，面向家庭经济困难及有全面发展诉求的学生，既包含有形的"保障型"资助，比如助学金、临时困补、勤工助学等，也包括无形的"发展型"资助，如设立"背起书包看世界""带着书本去见习""同阅中国"等育人项目。多层次、多维度的资助体系保障了学生平等接受教育及全面发展的权利，有利于活跃社区氛围，强化公民意识，提升认知视野，彰显社会公平。

在品行养成方面，"一站式"学生社区内开展社会主义核心价值观教育，引导学生将社会公德、爱心、无私奉献等优秀品质内化于心、外化于行。宿舍文明建设是培育社会主义核心价值观和精神文明建设的鲜活载体和实践，具有接地气、连人心的务实特点，于无形中实现目标契合。同时注重知行合一，为学生搭建支教、扶贫、志愿服务等广泛的实践活动平台及服务型学习等社区教育项目，为学生在社区内养成健全人格和行动操练提供了契机。

在职涯就业方面，"一站式"学生社区旨在引导学生树立良好的就业观、择业观。实施职业发展引领性计划，锚定"职业测评、生涯报告、职涯课程、简历制作、模拟面试"智能化推进落地，对标"认识探索、定向拓展、实践实现、适应过渡"求职关键期全过程实施职涯引导和就业创业教育，开设职业技能培训讲堂，邀请行业标杆、技能专家等进社区指导交流，帮助学生打通从象牙塔到社会的快车道，促进学生高质量充分就业。

（三）走深出彩的点睛之笔

1. 助力提升社会协同力

社会协同力，是指社会有机体系统各要素之间、各子系统内部通过相互协调配合[①]，使社会系统不同利益主体形成协同关系；通过相互支持、相互依靠、相互促进的合作行动，共同推进社会良序发展的能力。社会协同力强调了教育在经济社会发展中的主动性、能动性、引领性和塑造力，反映了教育作为强国建设、民族复兴之基的基础与平台价值，是对教育本质与作用的新论断。[②] 习近平总书记指出，办好教育事业，家庭、学校、政府、社会都有责任。社会协同力是家庭、学校、政府、社会协同育人的关键衡量指标，具体来说，教育的社会协同力提升主要体现在两方面：一是在教育系统内部，集中体现为自身社会协同力的提升；二是在教育系统外部，通过教育的高质量发展助推社会协同力的整体提升。提升社会协同力，既是教育自身通过推进治理体系和治理能力现代化实现高质量发展的客观要求，又是实现社会整体利益最大化的必然选择。"一站式"学生社区在助力社会协同力提升方面，发挥以下两方面的作用。

第一，着眼于"一站式"学生社区所承载的内部要素主体，"一站式"学生社区本身具有汇聚集成多重要素和主体资源的天然优势，对标立德树人根本任务，围绕育人这个核心，集成领导力量、思政力量、专业力量、管理力量、服务力量等五支力量下沉到社区一线，合力攻关，解决涉及大学生学业、思想、生活等多方面问题。如在制定事关学生利益的重大政策、处理较为棘手的学生突发危机事件时，建立"一人一专班"工作机制，确保维度精准、资源到位，及"一事一专班"工作机制，确保调研、实施、成文落

[①] 参见沈可等：《提升社会协同力，办好人民满意教育》，《光明日报》2024 年 10 月 4 日。
[②] 参见刘复兴等：《"六力"构建教育强国建设框架》，《光明日报》2024 年 10 月 8 日。

地畅通，教务处、学生处、研究生院、学院、书院等校内多家单位会入驻学生社区搭建专班、联合攻关，以高效能协同作业、多部门资源支持，促进问题的及时解决，发挥协同维权益、保稳定、促发展的最大化价值效应。

第二，着眼于"一站式"学生社区所链接的外部要素主体，"一站式"学生社区作为"三全育人"重要的实践园地，通过全的途径实现育人目标，开展全员育人，全面统筹多方面育人资源和力量，系统设计体制机制完善、项目带动引领、队伍配齐建强、组织条件保障等，一体化构建育人工作体系，实现各项工作的协同协作、同向同行、互联互通。"加强和改进教育工作，不只是学校和教育部门的事，家庭、社会各个方面都要一起来关心和支持。"① 其中，家庭作为育人要素资源的重要方面，发挥着不可替代的作用，重视家庭教育，争取学生家长对教育工作的支持和配合，家校之间的良性互动，有助于最大程度避免不良情况发生，对于学生自信心构建、行为引导、成长成才能够起到十分积极且有效的作用。

除上述外，"一站式"学生社区作为高校端所在，另一端的触角还链接着社会，而其中重要的代表是产业界。党的二十大报告指出，要统筹职业教育、高等教育、继续教育协同创新，推进职普融通、产教融合、科教融汇，优化职业教育类型定位。以学生社区为纽带，联系学院、企业及学生，形成激励产、学、研各方积极性和创造性的良好环境，实现传统与现代融合、学生与教师互动、学习与科研交融，将高水平科研成果现代产业优势真正转化为育人资源和育人优势。以学生社区为依托，实施导师制，配置校内及校外导师，畅通象牙塔内外沟通交流平台，助力学生在科技创新和产业实践中获得更多经验和知识，推动社区导师聘任、激励和评价机制改革，激发导师积极性，增强导师荣誉感，吸引更多优质育人力量加入导师队伍，全身心地投入培养创新人才的事业中。

---

① 《江泽民文选》第 2 卷，人民出版社 2006 年版，第 588 页。

2. 助力提升国际影响力

国际影响力作为教育强国"六大特质"中的最后一个特质，关系到我国教育在国际上的地位、受认可程度，表现在我国在全球教育领域贡献及能力成果共享等多方面。习近平总书记在全国教育大会上发表重要讲话指出，要深入推动教育对外开放，统筹"引进来"和"走出去"，不断提升我国教育的国际影响力、竞争力和话语权。国际影响力的提升，作为教育强国建设的重要内容之一，在借助教育传播弘扬中华优秀传统文化、讲好中国式现代化故事以提升国家软实力的同时，也传递着国家的政治理念，有利于增强国际社会对中国的理解和认同，加快教育现代化及全球教育治理进程。"一站式"学生社区在助力国际影响力提升方面，亦能够有所作为。

第一，助力国际交流行动落地。国际影响力的提升离不开"引进来"和"走出去"两个环节，而促成其实现的关键在于让国际交流行动落地。"一站式"学生社区为其实施落地奠定了坚实基础，如：校内外导师、专业教师在拓展国际化学术认知、强化国际交流意识方面能够发挥较大作用，思政课教师、辅导员等结合思政工作要求适时开展行前教育培训，学生组织等承接举办国际性竞赛赛事、国际留学生交流活动等，为交流行动具体落地提供了保障支持。以学生社区为单位，依托所在院校，吸纳多专业学生广泛参与，探索开展国际友好大学社区多向互访交流，促使留学生与中国学生在多元交集中涵养知华、友华、爱华情怀。

第二，助力国际胜任力培养及国际化学生社区探索。国际影响力提升离不开人才个体的国际化发展能力，即国际胜任力的提升。经济合作与发展组织（OECD）的《PISA 全球素养框架》提出，为包容性和可持续的世界培养我们的年轻人，提升全球能力对于个体在迅速变化的世界中实现生涯成长以及对于社会实现整体进步和繁荣发展都发挥着重要的作用。人才的国际胜任力支撑国家在国际组织中的影响力还需提升。"一站式"学生社区为培养国际胜任力提供了良好的舞台，从"唤醒"到"助跑"的过程，可以通过社区内的导师、课程、项目、活动等联合驱动，与社区固有的多元、开放性特质兼容并包，进一步缩短学生与国际舞台的心理距离和实际里程。"一站式"学生社区内为党建在留学生中的路径探索提供了新的机遇和可能，将思政教育有机融入国际化教育，开展双语思政课、课程思政改革等，助力解决在国际化教育中的思政工作的潜在性难题。

"一站式"学生社区突出党建引领，聚焦学生发展，是新时代围绕学生、关照学生、服务学生的重大探索性实践。从"培养什么人、怎样培养人、为谁培养人"这一根本问题出发，持续深入推进高校"一站式"学生社区综合管理模式建设，为新时期新阶段扎实推进高等教育治理体系和治理能力现代化、扎根中国大地办好中国特色社会主义大学、精准助力教育强国建设延伸实践路径、夯实内涵支撑，以教育强国指引下的中国特色学生治理体系、治理能力和社会主义特色的现代大学制度助力中国式现代化行稳致远。

附 表 部分高校书院命名分析表

学校名称	书院名称	成立时间（年份）	书院名称分析	命名类型
北京大学	"一带一路"书院	2018	以"一带一路"倡议命名，面向"一带一路"为国家选拔和培养优秀中青年人才。	价值理念
	鹿鸣书院	2019	《诗经·小雅》："呦呦鹿鸣，食野之蒿。我有嘉宾，德音孔昭。"	国学典籍
	元培学院	2019	以北京大学原校长蔡元培的名字命名。探索中国特色住宿制书院建设，构建以"自主学习、自由探索、完全人格、共同生活"为特色的自由学习生活共同体。	人物纪念
	周培源书院	2020	以北京大学原校长周培源的名字命名。	人物纪念
	兰园书院	2021	以北京大学1920年正式招收的女学生的名字（两位名中含"兰"，一位名中含"园"）命名。	人物纪念
中国人民大学	明德书院	2020	《礼记·大学》："大学之道，在明明德，在亲民，在止于至善。"	国学典籍
	明理书院	2020	《盐铁论·申韩》："明理正法，奸邪之所恶而良民之福也。"	国学典籍
	新民书院	2023	《尚书·康诰》："亦惟助王宅天命，作新民。"	国学典籍
	崇实书院	2023	《论衡·定贤》："文丽而务巨，言眇而趋深，然而不能处定是非，辩然否之实，虽文如锦绣，深如河汉，民不觉知是非之分，无益於弥为崇实之化。"	国学典籍
	求是书院	2023	取自校训"实事求是"。	价值理念
	远见书院	2023	《韩非子·孤愤》："智术之士，必远见而明察。"	国学典籍

学校名称	书院名称	成立时间（年份）	书院名称分析	命名类型
清华大学	新雅书院	2014	秉持"锐意其新，茹涵其雅"理念，追求"既新又雅，常新常雅"，探寻和追求对中国乃至世界高等教育具有参考价值的新时代的"新博雅"。	价值理念
	苏世民书院	2015	以黑石集团主席苏世民的名字命名。	人物纪念
	日新书院	2020	《礼记·大学》："苟日新，日日新，又日新。"	国学典籍
	探微书院	2020	出自校歌"致知穷理，学古探微"。	价值理念
	未央书院	2020	出自校歌"春风化雨乐未央"。	价值理念
	行健书院	2020	《易传·乾象》："天行健，君子以自强不息。"	国学典籍
	致理书院	2020	出自校歌"致知穷理，学古探微"。	价值理念
	求真书院	2021	取自丘成桐院长寄语"我们追求的是永恒的真理"，强调深入探究事物的本质和规律、对知识和学问严谨的理念。	价值理念
	为先书院	2022	出自校歌"器识为先，文艺其从"。	价值理念
	秀钟书院	2023	出自校歌"水木清华众秀钟"。	价值理念
	笃实书院	2024	《易·大畜》："大畜刚健，笃实辉光，日新其德。"	国学典籍
	至善书院	2024	《管子·幼官》："至善不战，其次一之。"	国学典籍
北京工业大学	运河书院	2021	取自京杭大运河。	地域地理
北京航空航天大学	士谔书院	2012	以北京航空航天大学建校元老林士谔的名字命名。	人物纪念
	知行书院	2012	取自校训"德才兼备、知行合一"。	价值理念
	冯如书院	2016	以"中国航空之父"冯如的名字命名。	人物纪念
	士嘉书院	2017	以北京航空航天大学建校元老陆士嘉的名字命名。	人物纪念
	守锷书院	2017	以北京航空航天大学建校元老屠守锷的名字命名。	人物纪念

续表

学校名称	书院名称	成立时间（年份）	书院名称分析	命名类型
北京航空航天大学	致真书院	2017	取自学校人才培养目标"理想高远、学识一流、胸怀寰宇、致真唯实"的"致真"二字。	价值理念
	传源书院	2021	以北京航空航天大学教授文传源的名字命名。	人物纪念
北京理工大学	令闻书院	2018	《孟子·告子上》："令闻广誉施于身，所以不愿人之文绣也。"	国学典籍
	明德书院	2018	《礼记·大学》："大学之道，在明明德，在亲民，在止于至善。"	国学典籍
	求是书院	2018	《说文解字》："求"追求、探究；"是"，真也。	国学典籍
	特立书院	2018	以"延安自然科学院"（北京理工大学前身）院长徐特立的名字命名。	人物纪念
	精工书院	2018	取自校训"德以明理、学以精工"。	价值理念
	知艺书院	2018	依托设计与艺术学院，以"继求真知，创行新艺"为院训，培养具有"北理特质、家国情怀、全球视野"的高素质、引领型创新设计人才。	育人愿景
	经管书院	2018	依托管理与经济学院，包含"经济管理试验班""会计学"专业，培养具有创造力的杰出经管人才。	育人愿景
	睿信书院	2018	秉持"笃学诚行、惟恒创新"的理念，承接信息科学技术、电子信息工程两个专业的大类人才培养，培养胸怀壮志、明德精工、创新包容、时代担当的领军领导人才。	育人愿景
	北京书院	2018	学生主要来自北京学院，学院主要承接北京市"高水平人才交叉培养计划"和"高端人才贯通培养实验"项目等来自北京地区高校的访学学生。	地域地理
北京化工大学	宏德书院	2021	取自校训"宏德博学，化育天工"。	价值理念

学校名称	书院名称	成立时间（年份）	书院名称分析	命名类型
北京石油化工学院	清源书院	2012	《观书有感》："问渠那得清如许，为有源头活水来。"	国学典籍
北京林业大学	梁希书院	2024	以北京林业大学筹建者梁希的名字命名。	人物纪念
北京中医药大学	王琦书院	2021	以北京中医药大学终身教授王琦的名字命名。	人物纪念
	岐黄书院	2022	取自中医学奠基之作《黄帝内经》，岐黄为医家之祖岐伯与黄帝二人的合称。	国学典籍
北京师范大学	教育家书院	2010	造就一批教育家，倡导教育家办学，营造教育家脱颖而出的制度环境。	育人愿景
	启功书院	2012	以书画家启功的名字命名。	人物纪念
	学而书院	2014	《论语·学而》："学而时习之，不亦说乎?"	国学典籍
	凤凰书院（珠海校区）	2020	取自珠海凤凰山。	地域地理
	会同书院（珠海校区）	2020	《周礼》："时见曰会，殷见曰同。"意为四方齐会，同心同行。	国学典籍
	乐育书院（珠海校区）	2020	《孟子·尽心上》："君子有三乐，而王天下不与存焉。父母俱存，兄弟无故，一乐也；仰不愧于天，俯不怍于人，二乐也；得天下英才而教育之，三乐也。"	国学典籍
	知行书院（珠海校区）	2020	《尚书·说命中》："非知之艰，行之惟艰。"明代哲学家王阳明《传习录》"知行合一"的核心思想。	国学典籍
	弘文书院（珠海校区）	2022	取自"弘文励教"的教育理念。	价值理念
	中华文化研究院京师书院	2023	取自1902年成立的"京师大学堂师范馆"（北京师范大学前身）。	历史文化
	砺行书院（珠海校区）	2024	《梁书·儒林传序》："建国君民，立教为首，砥身砺行，由乎经术。"	国学典籍

续表

学校名称	书院名称	成立时间（年份）	书院名称分析	命名类型
首都师范大学	敬修书院	2021	以儿童教育家孙敬修的名字命名。孙敬修先生曾就读于"京兆师范学校"（首都师范大学初等教育学院前身）。	人物纪念
	伯良书院	2022	以"京兆女子师范"（首都师范大学初等教育学院前身）创办人尚伯良的名字命名。	人物纪念
中国传媒大学	阳明书院	2019	以明代思想家、"阳明心学"创始人王守仁（号阳明）的名字命名。	人物纪念
对外经济贸易大学	求索书院	2022	《楚辞·离骚》："路漫漫其修远兮，吾将上下而求索。"	国学典籍
中央民族大学	红铸书院	2022	取中央民族大学从延安走来，因党而生，为党而立，血脉流淌"红色基因"和新时代党的民族工作主线"铸牢中华民族共同体意识"之意。	价值理念
中国政法大学	端升书院	2021	以中国政法大学首任校长钱端升的名字命名。	人物纪念
中华女子学院	育慧书院	2018	取自校区所在地北京市朝阳区育慧东路，培育卓越女性。	地域地理
中国矿业大学（北京）	福中书院	2023	取自1915年成立的"福中矿务学校"（中国矿业大学前身）。既有学校由英国福公司与河南中原公司合办之意，又有"造福中国"的愿景。	历史文化
中国矿业大学（北京）	好学书院	2023	《中庸》："好学近乎知，力行近乎仁。"	国学典籍
	明德书院	2023	《礼记·大学》："大学之道，在明明德，在亲民，在止于至善。"	国学典籍
	至善书院	2023	《礼记·大学》："大学之道，在明明德，在亲民，在止于至善。"	国学典籍
	力行书院	2023	《书·泰誓中》："今商王受力行无度，播弃犁老，昵比罪人。"孔传："行无法度，竭日不足，故曰力行。"	国学典籍
中国石油大学（北京）	梦溪书院	2023	以北宋科学家沈括（号梦溪丈人）的名字命名。沈括著《梦溪笔谈》。	人物纪念

续表

学校名称	书院名称	成立时间（年份）	书院名称分析	命名类型
中国地质大学（北京）	燕山书院	2022	取自中国北部山脉之一的燕山。	地域地理
中国科学院大学	玉泉书院	2021	取自明代时被列为"燕京八景"之一的玉泉山。玉泉路校区位于北京市石景山区玉泉路（甲）19号。	地域地理
南开大学	第一智慧书院	2019	"第一"是书院运行早期探索阶段的编号。广泛利用信息技术，培养高质量智慧型人才。	育人愿景
	第二智慧书院穆旦书院	2020	以南开大学教授穆旦的名字命名。	人物纪念
	第三智慧书院伯苓智慧书院	2020	以南开大学创始人张伯苓的名字命名。	人物纪念
	第四智慧书院图灵书院	2020	以"计算机科学之父"阿兰·图灵（Alan Mathison Turing）的名字命名。	人物纪念
	第五智慧书院妙悟书院	2020	《涅盘无名论》："然则玄道在于妙悟，妙悟在于即真，即真即有无齐观，齐观即彼己莫二。"	国学典籍
	第六智慧书院芝兰书院	2021	《孔子家语·在厄》："芝兰生于深林，不以无人而不芳；君子修道立德，不谓困厄而改节。"	国学典籍
	第七智慧书院毅生书院	2021	以南开大学教授郑天挺（字毅生）的名字命名。	人物纪念
	第八智慧书院思源书院	2021	"思源"二字，既是教育南开大学学生"饮水思源"，也有感念袁述之先生的"思袁"之义。	价值理念
	第九智慧书院崇道书院	2021	秉持"崇道尚德，融会贯通"理念，挂靠国际教育学院，培养"去迷茫、长才干、立公能、作贡献"的国际人才。	育人愿景
	第十智慧书院摩尔书院	2021	取自"摩尔定律"。"摩尔定律"归纳了信息技术进步的速度。	价值理念
	第十一智慧书院香农书院	2021	以"信息论创始人"克劳德·艾尔伍德·香农（Claude Elwood Shannon）的名字命名。	人物纪念

续表

学校名称	书院名称	成立时间(年份)	书院名称分析	命名类型
天津大学	格园(书院，1—3斋)	2015	《礼记·大学》："古之欲明明德于天下者，先治其国。欲治其国者，先齐其家。欲齐其家者，先修其身。欲修其身者，先正其心。欲正其心者，先诚其意。欲诚其意者，先致其知。致知在格物。"	国学典籍
	知园(书院，4—5斋)	2015		国学典籍
	诚园(书院，6—8斋)	2015		国学典籍
	正园(书院，9—10斋)	2015		国学典籍
	修园(书院，11—12斋)	2015		国学典籍
	齐园(书院，13—16斋)	2015		国学典籍
	治园(书院，17—20斋)	2015		国学典籍
	平园(书院，21—22斋)	2015		国学典籍
	海棠书院	2016	取自校花海棠花。	景观花木
	瑞恒书院	2020	以中国创伤医学奠基人刘瑞恒的名字命名。与天津医科大学共建。	人物纪念
	文津书院	2020	"津"取义"渡口"，寓意由此出发，扬帆起航，"文津"指文科学生成材的出发地，直挂云帆济沧海。文津阁是北方四大藏书阁之一，意谓饱学之士。	育人愿景
	天工书院	2020	主要是机械工程学院和建筑工程学院的学生。"天"为天津大学，"工"为工程、工科，有"天工开物"之意。	育人愿景

续表

学校名称	书院名称	成立时间（年份）	书院名称分析	命名类型
天津大学	海峡同文书院	2024	"海峡"寓意两岸联系，"同文"彰显同属中华文化的渊源，指海峡两岸人民"同文同种"。书院志在吸引两岸青年，特别是台湾青年到大陆交流学习，增进两岸联系。	育人愿景
天津工业大学	博雅书院	2018	设有博园、雅园、慧园、行园四个园区。博园，以培养学生胸怀广博、知识广博、眼界广博为本；雅园，以培养学生举止文雅、气质优雅、情趣高雅为宗。	育人愿景
中国民航大学	天问书院	2019	取自战国时期诗人屈原创作的长诗《楚辞·天问》。	国学典籍
天津医科大学	瑞恒书院	2020	以中国创伤医学奠基人刘瑞恒的名字命名。与天津大学共建。	人物纪念
天津体育学院	墨盾书院	2019	取自墨家"兼爱、非攻、博爱、和平"的思想。	价值理念
河北大学	茂春书院	2023	寓意"铭记先贤、传承学脉""风华正茂、青春美好"之意，培养具有理论学养、德技修养及学术素养的学生。	育人愿景
河北大学	莲池书院	2023	取自清代直隶总督李卫奉旨创办的古代书院莲池书院。	历史文化
河北工业大学	格物书院	2019	《礼记·大学》："致知在格物，物格而后知至。"	国学典籍
河北师范大学	田家炳教育书院	2000	以企业家、田家炳基金会创办人田家炳的名字命名。	人物纪念
石家庄学院	牛山书院	2023	取自牛山。石家庄学院曾在牛山办学。	地域地理
邯郸学院	劝学书院	2015	取自战国时期思想家、儒家学派代表人物荀子所撰的论说文《劝学》。	国学典籍
邯郸学院	启航书院	2015	"启"取开启、启发之意，"航"取航行之意，"启航"寓意整装待发，培养具有创新精神和实践能力的应用型人才。	育人愿景
邯郸学院	太行书院	2023	取自太行山。	地域地理

续表

学校名称	书院名称	成立时间（年份）	书院名称分析	命名类型
中北大学	知行书院	2023	取自校训"致知于行"。	价值理念
太原理工大学	云顶书院	2018	"云顶"寓意着站在山峰之巅俯瞰万物、放远目光，致力于全生命周期培养精英化、复合型、应用型、创新型人才。	育人愿景
	河汾书院	2019	取自太原古代书院"河汾书院"。	历史文化
	令德书院	2019	取自太原古代书院"令德堂"书院。	历史文化
	晋阳书院	2019	取自太原古代书院"晋阳书院"。	历史文化
	匠坊书院	2019	强调实践和工艺精神，培养学生的工程实践能力和工匠精神。	育人愿景
	北山书院	2019	太原境内有北山生态园。学校位于太原的北部，"北山"象征着稳重和坚韧，寓意学生能够像山一样坚实可靠。	地域地理
	文瀛书院	2020	取自文瀛湖。	地域地理
	凌霄书院	2020	取自古晋阳八景之一的"双塔凌霄"。	景观花木
山西师范大学	田家炳教育书院	2002	以企业家、田家炳基金会创办人田家炳的名字命名。	人物纪念
山西工学院	鄯阳书院	2021	取自华夏文明重要发祥地之一的山西省朔城区（隶属山西省朔州市）的古称鄯阳。	地域地理
晋中信息学院	青藤书院	2017	寓意"春天希望、藤树常青"，期盼每一位莘莘学子朝气蓬勃，顽强向上，永不放弃，激发无限潜力。	育人愿景
	无边书院	2017	取自属地太谷无边寺之"无边"，寓意思维的无限延展，视野的不断宽阔，能力的有效激发。	景观花木
	箕城书院	2017	取自历史地名箕城县。	地域地理
	太行书院	2017	取自太行山。	地域地理
	右岸书院	2017	书院坐落于右岸湖畔。	地域地理
	杏花书院	2017	取自杏花。杏花精神纯真、高贵、有骨气，寓意杏林成才。	景观花木

续表

学校名称	书院名称	成立时间（年份）	书院名称分析	命名类型
晋中信息学院	三达书院	2018	《中庸》："知、仁、勇三者，天下之达德也。"	国学典籍
	太古书院	2021	是太古科幻学院的书院社区。学院以"历史＋科幻"为纲领，注重学生全过程的科幻赋能，培养学生科学素养、想象力、观察力、阅读力、表达力和创造力。	育人愿景
	上河书院	2022	《水经注》中称黄河为上河，象征着团结、务实、开拓、拼搏、奉献，代表百折不挠的精神。	地域地理
	白燕书院	2023	取自白燕遗址（太谷区白燕村）。	地域地理
	翚谷书院	2023	《诗经·大雅·卷阿》："凤凰于飞，翙翙其羽，亦傅于天"。羽、毛组字为"翚"。"翚"如凤鸟之翼，意为美好。"翚谷"的寓意包含书院情怀、学生成长、育人期许。	国学典籍
	潇河书院	2023	取自黄河支流汾河支流潇河，流经山西。	地域地理
内蒙古大学	求真书院	2023	取自校训"求真务实"。	价值理念
内蒙古医科大学	云中书院	2023	取自呼和浩特市古称"云中城"。"云中"，意寓培养具有远大理想和广阔视野的医学人才。	地域地理
内蒙古师范大学	田家炳教育书院	2002	以企业家、田家炳基金会创办人田家炳的名字命名。	人物纪念
	李迪书院	2022	以内蒙古师范大学教授李迪的名字命名。	人物纪念
大连理工大学	伯川书院	2013	以大连理工大学创始人屈伯川的名字命名。	人物纪念
	令希书院	2013	以计算力学工程结构优化设计开拓者钱令希的名字命名。	人物纪念
	大煜书院	2024	以大连理工大学首任化工系主任张大煜的名字命名。	人物纪念
	自强书院	2024	秉持"海纳百川、自强不息、厚德笃学、知行合一"的"大工精神"，培养具有"大工"特质的优秀人才。	育人愿景

续表

学校名称	书院名称	成立时间（年份）	书院名称分析	命名类型
大连理工大学	厚德书院	2024	《周易·坤·象》："天行健，君子以自强不息；地势坤，君子以厚德载物。"	国学典籍
	知行书院	2024	《尚书·说命中》："非知之艰，行之惟艰。"明代哲学家王阳明《传习录》"知行合一"的核心思想。	国学典籍
	笃学书院	2024	《论语·泰伯》："笃信好学，守死善道。"	国学典籍
	求实书院	2024	取自校训"团结　进取　求实　创新"。	价值理念
	未来书院	2024	即未来技术学院/人工智能学院，以国家战略需求为导向，培养未来科技领军人才。	育人愿景
大连海事大学	明德书院	2019	《礼记·大学》："大学之道，在明明德，在亲民，在止于至善。"	国学典籍
辽宁师范大学	田家炳教育书院	2002	以企业家、田家炳基金会创办人田家炳的名字命名。	人物纪念
沈阳师范大学	田家炳教育书院	2002	以企业家、田家炳基金会创办人田家炳的名字命名。	人物纪念
吉林大学	青年文化书院	2011	中国青年始终是实现中华民族伟大复兴的先锋力量。	育人愿景
东北师范大学	元晖书院	2021	以东北师范大学教育系创系主任陈元晖的名字命名	人物纪念
	志远书院	2024	以感动中国教师、东北师范大学校友冯志远的名字命名。	人物纪念
	惟真书院	2024	书院设在理化实验大楼"惟真楼"中。取"求真惟实"之意，反映不唯书、不唯上、只唯实。	地域地理
通化师范学院	长白书院	2019	书院坐落于长白山脚下的通化市。	地域地理
长春师范大学	女子书院	2019	提升女性师生的学识、认知、审美和修养。	育人愿景
白城师范学院	鹤城书院	2019	白城市是"中国白鹤之乡"，别名"鹤城"，有鹤城街道。	地域地理

学校名称	书院名称	成立时间（年份）	书院名称分析	命名类型
白城师范学院	博雅书院	2020	博雅内涵：一是知性双修，德才俱佳；二是博为前提，以博生雅；三是博乃取向，雅为情趣。在习得广博知识与扎实技能基础上，拥有优雅气质与综合素养的养成。	育人愿景
	巧匠书院	2020	以"应用型人才"为培养目标，培养具有创新意识、创造精神和创业能力的多元化应用型人才。	育人愿景
哈尔滨工业大学	丁香书院	2015	取自丁香。以哈尔滨的市花丁香花命名，寓意哈工大精神和文化传统在威海校区的传承。	景观花木
	梧桐书院	2016	取自梧桐。"栽下梧桐树，引得凤凰来。"梧桐象征高洁美好的品格，是智慧之树。	景观花木
	雅荷书院	2016	取自荷。代表女性的优雅气质和高尚情操。	景观花木
	竹贤书院	2017	取自竹。书院理念"君子如竹，正直高洁，德才相资，贤达天下。"	景观花木
	劲松书院	2017	取自松。书院理念"青松傲骨生沃土，赤子丹心耀长天"。	景观花木
	海棠书院	2018	取自海棠。周恩来总理生前最喜爱海棠花。培养如周总理一样"为中华之崛起而读书"的青年才俊。	景观花木
	问天书院	2022	与未来技术学院共同成立，形成双院制模式，培养未来科技创新领军人才。	育人愿景
哈尔滨工程大学	工学书院	2023	取自校训"大工至善、大学至真"，源自毛泽东为哈军工（哈尔滨工程大学前身）校报的题词，培养追求真理、追求卓越的优秀人才。	价值理念
	求新书院	2023	取自学校"以创新为动力"的大学文化，紧扣哈军工优良传统"始终秉持敢为人先的创新特质"。	育人愿景
	求是书院	2023	取自"实事求是"，指从实际出发，探求事物的内部联系及其发展的规律性，认识事物的本质。	育人愿景

续表

学校名称	书院名称	成立时间（年份）	书院名称分析	命名类型
哈尔滨工程大学	求知书院	2023	取自成语"求知若渴""求知无遗"，希望学生能够迫切求知，学习知识不遗余力。	育人愿景
	求理书院	2023	《格言联璧·学问类》："看书求理，须令自家胸中点头。"指读书为明理。	国学典籍
	至善书院	2023	取自校训"大工至善、大学至真"。	价值理念
	至真书院	2023	取自校训"大工至善、大学至真"。	价值理念
	至诚书院	2023	《中庸》："故至诚无息，不息则久，久则征，征则悠远，悠远则博厚，博厚则高明。"	国学典籍
	至信书院	2023	《庄子》："至信辟金。"紧扣哈军工优良传统"始终拓展自信开放的世界眼光"。	国学典籍
	至工书院	2023	《六一诗话》："余尝与圣俞论此，以谓譬如善驭良马者，通衢广陌纵横驰逐，惟意所之。至于水曲蚁封疾徐中节，而不少蹉跌，乃天下之至工也。"	国学典籍
	至学书院	2023	《礼记·学记》："君子知至学之难易，而知其美恶，然后能博喻。"	国学典籍
	海晏书院	2023	《日中有王字赋》："河清海晏。"	国学典籍
	海岳书院	2023	《抱朴子·逸民》："拟海岳以博纳。"	国学典籍
	海韵书院	2023	《奉和颜使君真卿修〈韵海〉毕会诸文士东堂重校》："探讨始河图，纷纶归海韵。"	国学典籍
哈尔滨医科大学	于维汉书院	2021	以哈尔滨医科大学原校长于维汉的名字命名。	人物纪念
	伍连德书院	2022	以卫生保健事业开拓者伍连德的名字命名。	人物纪念
复旦大学	志德书院	2005	以教育家、"复旦公学"（复旦大学前身）创办人马相伯（原名马志德）的名字命名。	人物纪念
	腾飞书院	2005	以教复旦大学原校长李登辉（字腾飞）的名字命名。	人物纪念
	任重书院	2005	以《共产党宣言》首译者、新中国成立后复旦大学首任校长陈望道（字任重）的名字命名。	人物纪念

续表

学校名称	书院名称	成立时间（年份）	书院名称分析	命名类型
复旦大学	克卿书院	2005	以复旦大学上海医学院创办人颜福庆（字克卿）的名字命名。	人物纪念
	希德书院	2011	以复旦大学原校长谢希德的名字命名。	人物纪念
同济大学	同心学堂	2019	学堂实施书院制，取自校训"同舟共济"，以及在百年校庆时凝练的"同心同德同舟楫，济人济事济天下"的"同济精神"，同时结合大类所涉及的学科特质等因素命名。	价值理念
	同德学堂	2019		价值理念
	同舟学堂	2019		价值理念
	同和学堂	2019		价值理念
	济人学堂	2019		价值理念
	济世学堂	2019		价值理念
	济勤学堂	2019		价值理念
	济美学堂	2019		价值理念
	女子书院	2019	面向全体同济女生，开展女性特色教育。	育人愿景
	国豪书院	2020	以同济大学原校长李国豪的名字命名。	人物纪念
上海交通大学	新儒商书院	2005	以"儒商、道商、禅商第一修炼平台"为愿景，培养有德、有能、有梦想的现代儒商。	育人愿景
	远东书院	2010	取自合作方"远东控股集团"。	人物纪念
	致远学院	2010	探索书院制人才培养模式，秉持"思源致远"的育人理念，培养视野开阔、勇于创新的人才。	育人愿景
上海海事大学	励志书院	2015	面向来自中西部地区家庭经济困难的学生。	育人愿景
上海应用技术大学	鲁班书院	2017	以古代工匠鼻祖鲁班的名字命名。	人物纪念
上海中医药大学	李鼎书院	2023	以上海中医药大学教授李鼎的名字命名。	人物纪念
华东师范大学	孟宪承书院	2007	以华东师范大学首任校长孟宪承的名字命名。	人物纪念
	经管书院	2015	取自"经济与管理学部"的学科名称。	育人愿景

续表

学校名称	书院名称	成立时间（年份）	书院名称分析	命名类型
华东师范大学	光华书院	2017	取自 1925 年成立的"光华大学"（华东师范大学前身）。	历史文化
	大夏书院	2017	取自 1924 年成立的"大夏大学"（华东师范大学前身）。	历史文化
上海财经大学	匡时书院	2023	取自校训"厚德博学，经济匡时"。	价值理念
华东政法大学	文伯书院	2017	以华东政法大学首任校长魏文伯的名字命名。	人物纪念
上海音乐学院	上音书院	2022	取自上海音乐学院简称，培养"德艺双馨、红专兼备、国际视野、全面发展的新时代创新拔尖艺术人才"。	育人愿景
上海戏剧学院	佛西书院	2020	以中国话剧奠基人之一熊佛西的名字命名。	人物纪念
上海大学	伟长书院	2022	以上海大学原校长钱伟长名字命名。	人物纪念
	秋白书院	2022	以上海大学原教务长瞿秋白的名字命名。	人物纪念
	宏嘉书院	2022	以上海大学原名誉校长黄宏嘉的名字命名。	人物纪念
	青云书院	2022	《滕王阁序》："穷且益坚，不坠青云之志。"	国学典籍
	泮池书院	2022	取自上海大学宝山校区的泮池。	地域地理
	文荟书院	2022	取自上海大学原校长钱伟长 1994 年创办悉尼工商学院时亲笔题词的"东西文化，荟萃一堂"。	价值理念
	日新书院	2022	《易经·大畜》："大畜刚健，笃实辉光，日新其德。"《礼记·大学》："苟日新，日日新，又日新。"	国学典籍
	闳约书院	2022	取自教育家蔡元培提出的"闳约深美"的意境："闳"为知识要广阔；"约"就是在博采的基础上加以慎重选择，以便学有专长。	价值理念
	自强书院	2022	秉承上海大学"自强不息，道济天下"的校训精神，希望学生在创新的道路上敢为人先、坚强勇毅、勇往直前。	价值理念

续表

学校名称	书院名称	成立时间（年份）	书院名称分析	命名类型
上海大学	尚理书院	2022	取自"尚文·明理"。《论语》曰："博学以文，约之以礼。"又曰："文质彬彬，然后君子。""尚文"即崇尚文德教化，"明理"即明晓宇宙与人生世相的真理。	国学典籍
	溯微书院	2022	"溯"字取《尔雅》《诗·秦风·蒹葭》《古文约选序例》等典籍，意指集成电路产业面临"卡脖子"挑战，当逆流而上，攻坚克难；追根溯源，探寻集成电路人才培养规律、学科建设规律、产业发展规律。"微"字指微纳电子学，芯片外形微小，但内涵精微；微电子学院。	育人愿景
	丝路书院	2022	取自"一带一路"倡议，指"丝绸之路"。	价值理念
上海立信会计金融学院	序伦书院	2018	以会计学家潘序伦的名字命名。	人物纪念
上海科技大学	上道书院	2020	"上"意指"高处，上升、向上"，修养最高的人、圣人向上生长，求是创新。"道"意为"得道"，全面发展，毕业成才，报国裕民，日出有成。	育人愿景
	科道书院	2020	秉持"学以致用，知行合一"的理念，鼓励同学们在学术与科技领域探索创新，培养学生解决实际问题的能力。	育人愿景
	大道书院	2020	秉持"大道不孤，天下一家"的理念，旨在培养德才兼备的科学探索者、行业引领者和创新创业者。	育人愿景
南京大学	秉文书院	2020	以"国立东南大学"（南京大学前身）校长郭秉文的名字命名。	人物纪念
	行知书院	2020	以"人民教育家"陶行知的名字命名。	人物纪念
	有训书院	2020	以"中央大学"（南京大学前身）校长吴有训的名字命名。	人物纪念
	安邦书院	2020	以南京大学教授戴安邦的名字命名。	人物纪念
	毓琇书院	2020	以南京大学名誉教授顾毓琇的名字命名。	人物纪念

续表

学校名称	书院名称	成立时间（年份）	书院名称分析	命名类型
南京大学	开甲书院	2020	以"两弹一星"功勋奖章获得者、南京大学校友程开甲的名字命名。	人物纪念
	健雄书院	2022	以南京大学校友吴健雄的名字命名。	人物纪念
苏州大学	敬文书院	2011	以企业家、朱敬文教育基金会创办人朱敬文的名字命名。	人物纪念
	唐文治书院	2012	以国学大师唐文治的名字命名。唐文治是江苏籍。	人物纪念
	紫卿书院	2019	以教育家、革命家郑辟疆（字紫卿）的名字命名。	人物纪念
东南大学	秉文书院	2020	以"国立东南大学"（东南大学前身）校长郭秉文的名字命名。	人物纪念
	健雄书院	2020	以东南大学校友吴健雄的名字命名。	人物纪念
南京理工大学	致源书院	2023	致源以务本。《礼记·大学》："物有本末，事有终始。"	国学典籍
	致真书院	2023	致真在明辨。《朱子语类》："凡事皆用审个是非，择其是而行之。"求真知，做真人。	国学典籍
	致理书院	2023	即物以致理。《荀子·大略》："善学者尽其理，善行者究其难。"穷究事物原理，探求社会正理。	国学典籍
	致知书院	2023	格物以致知。《礼记·大学》："欲诚其意者，先致其知；致知在格物。"穷究事物原理，从而获得知识。	国学典籍
	致新书院	2023	致新在自强。《礼记·大学》："苟日新，日日新，又日新。"只有自主才有原创，只有创新才能自强。	国学典籍
	致道书院	2023	致道以立德。《礼记·大学》："大学之道，在明明德。"育人根本在于立德。	国学典籍
	致远书院	2023	笃行以致远。《礼记·儒行》："儒有博学而不穷，笃行而不倦。"志当存高远，行成在弘毅。	国学典籍

学校名称	书院名称	成立时间（年份）	书院名称分析	命名类型
江苏科技大学	海韵书院	2023	取自校内海韵湖。	地域地理
中国矿业大学	行健书院	2022	《周易·坤·象》："天行健，君子以自强不息；地势坤，君子以厚德载物。"	国学典籍
南京工业大学	2011 学院	2013	取自南京工业大学作为全国首批 14 所"2011 大学"之一。学院采取书院制，重思想、重品德、重人文、重情智。	价值理念
常州大学	创客书院	2023	积极推进国家级创新创业学院建设，为具备创新精神、创业情怀和企业家潜质的学生提供平台。	育人愿景
江南大学	君远书院	2013	以上海市政协原副主席唐君远的名字命名。	人物纪念
江苏大学	文心书院	2022	《文心雕龙》："夫文心者，言为文之用心也。"	国学典籍
	毓秀书院	2022	取自校内毓秀路。"毓秀"意为"孕育着优秀的人"，也指山川秀美，人才辈出。	地域地理
	求实书院	2022	秉持"求真务实，知行合一"的理念，培养探求真理、躬身实践、实学实干的优秀人才。	育人愿景
	求知书院	2022	"求知"意为对知识和学习的渴望与追求，激励学生积极求索、不断学习新知。	育人愿景
	钟灵书院	2022	"钟灵"寓意灵秀之气聚集的地方，人杰地灵，人才辈出。	育人愿景
	梦溪书院	2022	取自北宋沈括《梦溪笔谈》。	国学典籍
	泓江书院	2022	取自校内泓江路。"泓江"意为"广而深的水"，有努力拼搏之意。	地域地理
	迎松书院	2022	取自校内五棵松，秉承原江苏理工大学五棵松文脉。校内有迎松路。	景观花木
	北固书院	2022	取自江苏镇江北固山。书院位于北固校区。	地域地理
	静湖书院	2022	取自学校内的静湖。	地域地理
南京信息工程大学	龙山书院	2019	取自学校毗邻的南京龙王山。	地域地理

续表

学校名称	书院名称	成立时间（年份）	书院名称分析	命名类型
南京医科大学	天元书院	2023	《史记·历书》："王者易姓受命，必慎始初，改正朔，易服色，推本天元，顺承厥意。"	国学典籍
	榴竹书院	2023	谐音"留住"，取"榴""竹"，希望来校学习的外国留学生能像石榴一样，跟中国人民团结在一起，也能像竹子一样，坚韧不拔，锐意进取。	景观花木
南京中医药大学	灵素书院	2022	在《黄帝内经》中的《灵枢》《素问》各取一字。	国学典籍
	淡安书院	2023	以南京中医药大学首任校长承淡安的名字命名。	人物纪念
	仲瑛书院	2023	以南京中医药大学终身教授周仲瑛的名字命名。	人物纪念
	云翔书院	2023	以南京中医学院副院长邹云翔的名字命名。	人物纪念
	橘泉书院	2023	以"江苏省中医进修学校"（南京中医药大学前身）原副校长叶橘泉的名字命名。	人物纪念
南京师范大学	田家炳教育书院	2005	以企业家、田家炳基金会创办人田家炳的名字命名。	人物纪念
	未来书院	2023	《饮冰室合集·文集》："中国为未来之国。"	国学典籍
	三江书院	2023	取自1902年成立的"三江师范学堂"（南京师范大学前身）。	历史文化
	贻芳书院	2023	以中国第一届女大学生、金陵女子大学（南京师范大学前身）原校长吴贻芳的名字命名。	人物纪念
	圭璋书院	2023	以南京师范大学中文系教授唐圭璋的名字命名。	人物纪念
	懋仪书院	2023	以清代女诗人归懋仪的名字命名。归懋仪是江苏籍。	人物纪念
	旭旦书院	2023	以南京师范大学教授李旭旦的名字命名。	人物纪念
	邦杰书院	2023	以南京师范大学教授陈邦杰的名字命名。	人物纪念

续表

学校名称	书院名称	成立时间（年份）	书院名称分析	命名类型
江苏师范大学	敬文书院	2015	以企业家、朱敬文教育基金会创办人朱敬文的名字命名。	人物纪念
苏州科技大学	敬文书院	2016	以企业家、朱敬文教育基金会创办人朱敬文的名字命名。	人物纪念
南京审计大学	澄园书院	2014	以社区为单位划分书院，保留原有社区名称。	地域地理
	润园书院	2014		地域地理
	沁园书院	2014		地域地理
	泽园书院	2014		地域地理
江苏海洋大学	海州书院	2012	取自连云港古称"海州"。	地域地理
	瀛洲书院	2012	取自古代中国神话传说中的东海仙山"瀛洲"，象征着高雅和超脱。	历史文化
	郁洲书院	2012	取自连云港附近云台山的古称"郁州"。清嘉庆七年（1802年）建立的古代书院郁洲书院。	地域地理
	凌州书院	2012	取自连云港古称"凌州"。	地域地理
	环洲书院	2012	取自古代中国神话传说中的东海仙山"瀛洲"的别称"环洲"。	历史文化
浙江大学	竺可桢学院	2000	以浙江大学原校长竺可桢的名字命名。	人物纪念
	求是学院	2008	取自校训"求是创新"。	价值理念
	惟学书院	2016	取自校歌"惟学无际，际于天地"。	价值理念
	观通书院	2016	取自校歌"念哉典学，思睿观通"。	价值理念
	来同书院	2016	取自校歌"树我邦国，天下来同"。	价值理念
	马一浮书院	2017	以校歌词作者、浙江大学教授马一浮的名字命名。	人物纪念
	中西书院	2020	秉持"学究中西，思通今古"的理念，打造"立足本土、放眼世界"的复合型人文社科学术研究平台。	育人愿景

续表

学校名称	书院名称	成立时间（年份）	书院名称分析	命名类型
浙江工业大学	健行书院	2017	取自校训"厚德健行"。	价值理念
浙江理工大学	新予书院	2023	以浙江理工大学原校长朱新予的名字命名。	人物纪念
湖州师范学院	安定书院	2020	以北宋教育家胡瑗（号安定先生）的名字命名。	人物纪念
绍兴文理学院	羲之书院	2011	以东晋书法家、"书圣"王羲之的名字命名。	人物纪念
	东山书院	2011	取自上虞先贤谢安"东山再起"的典故。	历史文化
	阳明书院	2012	以明代思想家、"阳明心学"创始人王守仁（号阳明）的名字命名。	人物纪念
	成章书院	2013	以"辛亥三杰"之一陶成章的名字命名。陶成章是绍兴籍。	人物纪念
	仲申书院	2013	以教育家蔡元培（字鹤卿，又字仲申）的名字命名。蔡元培是绍兴籍。	人物纪念
	建功书院	2013	以函数论研究的开拓者之一陈建功的名字命名。陈建功是绍兴籍。	人物纪念
	竞雄书院	2013	以近代女民主革命家秋瑾（字竞雄）的名字命名。秋瑾是绍兴籍。	人物纪念
	文澜书院	2013	以马克思主义史学开拓者之一范文澜的名字命名。范文澜是绍兴籍。	人物纪念
	树人书院	2015	以中国现代文学奠基人之一鲁迅（原名周树人）的名字命名。鲁迅是绍兴籍。	人物纪念
	青藤书院	2017	以明代文学家徐渭（号青藤居士）的名字命名。徐渭是绍兴籍。	人物纪念
台州学院	广文书院	2020	以唐代文学家郑虔（唐杜甫称郑虔为"广文先生"）的名字命名。	人物纪念
	心湖书院	2020	取自校内的心湖。	地域地理
温州大学	溯初书院	2020	以温州大学创始人黄溯初的名字命名。	人物纪念

续表

学校名称	书院名称	成立时间（年份）	书院名称分析	命名类型
丽水学院	德涵书院	2012	以晚清经学大师孙诒让（又名德涵）的名字命名。	人物纪念
	行知书院	2012	以"人民教育家"陶行知的名字命名。	人物纪念
	石湖书院	2012	以南宋诗人范成大（字致能，号石湖居士）的名字命名。范成大著有《石湖居士诗集》《石湖词》等。	人物纪念
	伯温书院	2012	以明代开国元勋刘基（字伯温）的名字命名。	人物纪念
浙江工商大学	浙商书院	2018	打造千万浙商研究学习平台，传承浙商的改革创新精神和人文精神。	育人愿景
中国计量大学	思量书院	2023	取自校训"精思国计，细量民生"。	价值理念
浙江科技学院	翠竹书院	2014	结合校区建筑风格，融合传统文化精髓与安吉地域文化，与书院特色巧妙融合，分别注重国际、科技、传统、实践、德育、创业文化品牌建设，以竹为主要元素建立书院。	景观花木
	秀竹书院	2014		景观花木
	劲竹书院	2014		景观花木
	怡竹书院	2014		景观花木
	新竹书院	2014		景观花木
	雅竹书院	2014		景观花木
	"两山"书院	2020	取自"绿水青山就是金山银山"理念。	价值理念
浙江财经大学	文华书院	2020	取自"文化＋专业"的留学生特色培养模式，旨在对留学生进行中国传统文化教育、将中华文化传播到全世界。	育人愿景
	问津书院	2021	《论语·微子》："长沮、桀溺耦而耕，孔子过之，使子路问津焉。"	国学典籍
	偕行书院	2022	取自校训"进德修业，与时偕行"。	价值理念
中国科学技术大学	光启—仲英书院	2020	以近代科学启蒙人徐光启、企业家唐氏工业集团董事长唐仲英的名字命名。	人物纪念
	冲之书院	2020	以南北朝时期数学家祖冲之的名字命名。	人物纪念
	守敬书院	2020	以元朝天文学家郭守敬的名字命名。	人物纪念
	时珍书院	2020	以明代医药学家李时珍的名字命名。	人物纪念

续表

学校名称	书院名称	成立时间(年份)	书院名称分析	命名类型
安徽中医药大学	新安书院	2019	源于具有浓郁地方特色和深厚文化底韵的中医药学分支"新安医学"。	历史文化
安徽财经大学	涂山书院	2021	取自位于安徽省蚌埠市禹会区的涂山。	地域地理
厦门大学	博伊特勒书院	2015	以2011年诺贝尔生理学或医学奖得主布鲁斯·博伊特勒(Bruce Beutler)的名字命名。	人物纪念
	香山书院	2017	取自学校旁边的"香山"。	地域地理
集美大学	墨染书院	2023	"墨染"象征着文化和教育的熏陶,寓意书院将像墨水一样渗透和影响学生,培养他们成为德才兼备的人才。	育人愿景
南昌大学	际銮书院	2015	以南昌大学名誉校长潘际銮的名字命名。	人物纪念
	焕奎书院	2020	以"江西公立医学专门学校"(南昌大学医学院前身)创办人何焕奎的名字命名。	人物纪念
华东交通大学	孔目湖书院	2016	取自校内的孔目湖。	地域地理
南昌航空大学	孝彭书院	2023	以飞机设计专家陆孝彭的名字命名。	人物纪念
吉安职业技术学院	映山红书院	2023	映山红(杜鹃花)是井冈山市的市花,也是江西省的省花。寓意传承红色基因,弘扬井冈山精神和红色文化。	景观花木
	庐陵书院	2024	取自"庐陵文化"。	历史文化
山东大学	泰山学堂	2010	取自五岳泰山。	地域地理
	尼山学堂	2012	取自孔子诞生地尼山。	地域地理
	齐鲁医学堂	2012	取自山东别称齐鲁。	地域地理
	从文书院	2016	以曾在山东大学执教的沈从文的名字命名。	人物纪念
	一多书院	2016	以曾在山东大学执教的闻一多的名字命名。	人物纪念
	崇新学堂	2017	取自校风"崇实求新"。	价值理念

续表

学校名称	书院名称	成立时间（年份）	书院名称分析	命名类型
山东大学	经世学堂	2023	取自明清之际思想家王夫之、黄宗羲、顾炎武等提出的"经世致用"教育理念。	价值理念
	钱七虎学堂	2023	以国家最高科学技术奖获得者钱七虎的名字命名。	人物纪念
中国海洋大学	崇本书院	2012	以中国海洋大学教授赫崇本的名字命名。	人物纪念
	行远书院	2015	取自校训"海纳百川，取则行远"。	价值理念
中国石油大学（华东）	博采书院	2022	秉持"深钻博采，厚积薄发"的理念，既蕴含了石油钻采的学科特色，又包含博采众长、综合发展的美好愿景。	育人愿景
济南大学	教育家书院	2018	回应"教育家办学"热点问题，体现服务区域基础教育的独特优势。	育人愿景
	舜耕书院	2018	取义于"舜耕历山"之说。秉承"德为先，重教化"的舜文化，品读经典之美，建构诗性家园。	历史文化
齐鲁工业大学	明德书院	2018	《礼记·大学》："大学之道，在明明德，在亲民，在止于至善。"	国学典籍
山东第二医科大学	乐道济世书院	2015	取自校训"乐道济世"。	价值理念
山东师范大学	田家炳教育书院	2016	以企业家、田家炳基金会创办人田家炳的名字命名。	人物纪念
聊城大学	学记书院	2018	取自世界教育史上第一部专门论述教育和教学问题的论著《礼记·学记》篇。	国学典籍
青岛大学	浮山书院	2007	青岛大学背靠浮山。	地域地理
青岛职业技术学院	知行书院	2014	取自学校学风"乐学善思，知行合一"。	价值理念
	侃如书院	2016	以"青岛教工业余学院"（青岛职业技术学院教育学院前身）院长陆侃如的名字命名。	人物纪念
	立人书院	2017	秉持"达信、尚礼、至乐"的价值观，着力打造思想政治教育的载体、学生自我管理的平台和实现"全人"教育的阵地。	育人愿景

续表

学校名称	书院名称	成立时间(年份)	书院名称分析	命名类型
青岛职业技术学院	瀚海书院	2017	"瀚海"有浩瀚书海之意，希望学生汲取中华优秀传统文化的精神和内涵，学知识、学技能、提升自身人文素养。	育人愿景
	儒商书院	2018	培养具有儒家文化精神的商业人才。	育人愿景
	立信书院	2018	面向海信学院（教育学院）学生，旨在"建有温度的书院，育有情怀的人才"。	育人愿景
	艺馨书院	2018	旨在培养"厚德、乐学，修能、致用"的优秀艺术人才。	育人愿景
泰山科技学院	瞻岩书院	2016	《閟宫》："泰山岩岩，鲁邦所瞻。"	国学典籍
	九河书院	2017	取自黄河别称"九河"。大禹治水，"禹开九河，通九道"。	地域地理
	五汶书院	2017	取汶水不息之意，寓意文化内生如汶水渊源不息，创新融合如汶水勤谨睿智，商科衍生如汶水融会贯通，品格塑造如汶水浸润丰泽。	地域地理
华北水利水电大学	清源书院	2021	《泗水亭碑铭》："源清流洁，本盛末荣。"《观书有感二首》："问渠哪得清如许，为有源头活水来。"	国学典籍
	善水书院	2021	《道德经》："上善若水，水善利万物而不争，处众人之所恶，故几于道。"	国学典籍
	智川书院	2024	《论语·雍也》："智者乐水，仁者乐山；智者动，仁者静。"	国学典籍
	慧泉书院	2024	"慧泉"，智慧源泉日夜涌流、润泽万物。寓意以慧格物、创新永无止境，以泉润心、成才成器内外兼修。	育人愿景
郑州大学	嵩阳书院	2009	取自中国古代"四大书院"之一的"嵩阳书院"。	历史文化
河南理工大学	诚正书院	2021	《礼记·大学》："欲修其身者，先正其心；欲正其心者，先诚其意。"意在诚意、正心。	国学典籍
河南工业大学	明德书院	2023	取自校训"明德 求是 拓新 笃行"。	价值理念

续表

学校名称	书院名称	成立时间（年份）	书院名称分析	命名类型
河南科技大学	丽正书院	2020	《易·离》："日月丽乎天，百谷草木丽乎土，重明以丽乎正，乃化成天下。天下柔丽乎中正，故亨。"	国学典籍
	河洛书院	2020	既蕴含着"河图洛书"的历史典故和国学寓意，也有着"河洛文化"的文化传承和地域特色。	历史文化
中原工学院	鲲鹏书院	2021	《列子·汤问》："终北之北有溟海者，天池也，有鱼焉，其广数千里，其长称焉，其名为鲲。有鸟焉，其名为鹏，翼若垂天之云，其体称焉。"	国学典籍
河南科技学院	崇德书院	2023	取自校训"崇德尚能、知行合一"。	价值理念
河南中医药大学	本草书院	2021	《汉书·郊祀志》："方士、使者、副佐。本草待诏，七十余人，皆归家。""本"释义根也，推本、查究之意。取"草本潜浸于心，滋养学识德行"之意。	国学典籍
	尚真书院	2021	以"问学尚真，尊道贵德"为训，旨在培养学生"讲真知、求真理"的精神。	育人愿景
	仲景书院	2023	以东汉医学家、"医圣"张机（字仲景）的名字命名。	人物纪念
新乡医学院	峻极书院	2021	《礼记·中庸》："发育万物，峻极于天。"	国学典籍
	弘毅书院	2023	《论语·泰伯》："士不可以不弘毅，任重而道远。"	国学典籍
河南大学	至善书院	2021	《礼记·大学》："大学之道，在明明德，在亲民，在止于至善。"	国学典籍
河南师范大学	俊甫书院	2023	以教育家、化学家李俊甫的名字命名。李俊甫是河南籍。	人物纪念
信阳师范大学	谭山书院	2021	书院位于谭山校区。谭山是信阳师范大学的奠基之地。	地域地理
	崇实书院	2021	取自校训"厚德　崇实　善学　敏行"。	价值理念
	致学书院	2021	秉持"立德立行、致学至善"的理念，旨在培养勤慎治学、学以致用的优秀人才。	育人愿景

续表

学校名称	书院名称	成立时间（年份）	书院名称分析	命名类型
信阳师范大学	明德书院	2021	《礼记·大学》："大学之道，在明明德，在亲民，在止于至善。"	国学典籍
商丘师范学院	应天书院	2016	取自中国古代"四大书院"之一的"应天书院"。	历史文化
	归德书院	2021	取自校训"应天归德、智圆行方"，意指"旨归在德"。	价值理念
河南财经政法大学	博洽书院	2024	取自校训"博洽通达、弘毅致远"。	价值理念
	通达书院	2024	取自校训"博洽通达、弘毅致远"。	价值理念
	弘毅书院	2024	取自校训"博洽通达、弘毅致远"。	价值理念
	致远书院	2024	取自校训"博洽通达、弘毅致远"。	价值理念
	明法书院	2024	秉持"厚德崇法、博学慎思"的理念，培养具有法治精神和社会责任感的高素质法学专业人才。	育人愿景
	笃行书院	2024	河南财经政法大学的前身"河南财经学院"（创建于1983年）的校训"明德　博学　经世　笃行"。	价值理念
	经世书院	2024	河南财经政法大学的前身"河南财经学院"（创建于1983年）的校训"明德　博学　经世　笃行"。	价值理念
	明理书院	2024	秉持"为学求真，明宇宙之理；为事向善，明社会之理；为人尚美，明人生之理"，培养德才兼备的拔尖创新人才。	育人愿景
	明德书院	2024	河南财经政法大学的前身"河南财经学院"（创建于1983年）的校训"明德　博学　经世　笃行"。	价值理念
郑州航空工业管理学院	蓝天书院	2018	显示"航空为本，管工结合"特色，培育航空工业人才，展示航空报国决心。	育人愿景
郑州铁路职业技术学院	复兴书院	2021	取自"中华民族伟大复兴"中国梦，作为辉映复兴征程的"复兴号"。	价值理念

续表

学校名称	书院名称	成立时间（年份）	书院名称分析	命名类型
郑州铁路职业技术学院	二七书院	2021	取自"坚定信仰、拼搏进取、团结奋斗、勇于担当、无私奉献"的新时期二七精神。二七精神起源于1923年的京汉铁路大罢工。	价值理念
	天使书院	2021	以"天使"命名，寓意"真诚、善良、美好"精神品质，旨在通过优秀文化浸润心灵，营造文化育人的良好氛围。	育人愿景
	丝路书院	2021	取自"一带一路"倡议，指"丝绸之路"。	价值理念
	京汉书院	2021	取自京汉铁路，传承京汉铁路工人革命精神红色基因。	地域地理
	陇海书院	2021	取自陇海铁路，简称陇海线，始建于1904年。	地域地理
河南工程学院	力行书院	2021	《朱子语录》："论先后，当以致知为先；论轻重，当以力行为重。"	国学典籍
	知行书院	2021	《尚书·说命中》："非知之艰，行之惟艰。"明代哲学家王阳明《传习录》"知行合一"的核心思想。	国学典籍
新乡医学院三全学院	崇德书院	2014	《论语·颜渊》："主忠信，徙义，崇德也。"	国学典籍
	仁智书院	2014	《孟子·公孙丑章句上》："学不厌，智也；教不倦，仁也。仁且智，夫子既圣矣！"	国学典籍
	羲和书院	2014	《山海经》："东海之外，甘泉之间，有羲和之国。有女子名羲和，为帝俊之妻，是生十日，常浴日于甘渊。"	国学典籍
	精诚书院	2014	取自唐朝孙思邈所著《备急千金要方》之《大医精诚》。	国学典籍
	德馨书院	2014	《国语·周语》："其德足以昭其馨香。"	国学典籍
	智行书院	2019	《尚书·说命中》："非知之艰，行之惟艰。"明代哲学家王阳明《传习录》"知行合一"的核心思想。	国学典籍
河南开放大学	润心书院	2021	秉持"培根铸魂、启智润心"的理念，培养终身学习者、终身运动者、问题解决者、责任担当者、优雅生活者。	育人愿景

续表

学校名称	书院名称	成立时间（年份）	书院名称分析	命名类型
河南开放大学	文心书院	2021	秉持"明德尚礼、文心至善"的理念，培养拥有文化自觉、文化自信和文化担当的青年人才。	育人愿景
	匠心书院	2021	围绕"匠心独运、追求卓越"的工匠文化，培养师生执着专注、精益求精、一丝不苟、追求卓越的工匠精神。	育人愿景
武汉大学	弘毅书院	2016	《论语·泰伯》："士不可以不弘毅，任重而道远。"	国学典籍
华中科技大学	启明学院	2020	秉持"启发智慧、启迪心灵"的理念，象征着新的起点和希望。	育人愿景
武汉理工大学	厚德书院	2022	《周易·坤·象》："天行健，君子以自强不息；地势坤，君子以厚德载物。"	国学典籍
	启航书院	2022	"起航"取"整装待发"之意，象征着新生在这里开始大学生活，开启新的人生航程。	育人愿景
华中农业大学	智慧农业书院	2022	未来农业的基本业态是"智慧＋农业"，培养具有创新性、引领性的智慧农业领域人才。	育人愿景
湖北医药学院	精勤书院	2021	《进学解》："业精于勤，荒于嬉；行成于思，毁于随。"	国学典籍
	精诚书院	2021	《大医精诚》："大医精诚，止于至善。"	国学典籍
	精术书院	2021	《大医精诚》：强调医者需医术精湛、品德高尚，体现了"精益求精"的医术追求和"仁心仁术"的医德精神。	国学典籍
湘潭大学	碧泉书院	2018	取自南宋初年创建于湘潭碧泉的"碧泉书院"。	历史文化
湖南大学	岳麓书院	2005	取自中国古代"四大书院"之一的"岳麓书院"。	历史文化
湖南科技大学	昭潭书院	2022	取自康熙五十九年（公元1720年）的"昭潭书院"。	历史文化
湖南师范大学	世承书院	2021	以湖南师范大学首任校长廖世承的名字命名。	人物纪念

学校名称	书院名称	成立时间（年份）	书院名称分析	命名类型
中山大学	博雅学院	2009	推行博雅教育理念，构建师生学习共同体的住宿书院制。	价值理念
暨南大学	四海书院	2010	《尚书·禹贡》："东渐于海，西被于流沙，朔南暨，声教讫于四海。"培养港澳台侨学生。	国学典籍
汕头大学	至诚书院	2008	《中庸》："唯天下至诚，为能尽其性。"	国学典籍
	知行书院	2016	《尚书·说命中》："非知之艰，行之惟艰。"明代哲学家王阳明《传习录》"知行合一"的核心思想。	国学典籍
	思源书院	2016	《征调曲》："落其实者思其树；饮其流者怀其源。"	国学典籍
	弘毅书院	2016	《论语·泰伯》："士不可以不弘毅，任重而道远。"	国学典籍
	修远书院	2017	《离骚》："路漫漫其修远兮，吾将上下而求索。"	国学典籍
	明德书院	2017	《礼记·大学》："大学之道，在明明德，在亲民，在止于至善。"	国学典籍
	敬一书院	2017	来源于儒道二家的重要理念"敬"与"一"的结合。	价值理念
	德馨书院	2017	《国语·周语》："其德足以昭其馨香。"	国学典籍
	淑德书院	2018	取自1873年成立的、汕头地区开办的、具有本土特色的第一家女校"淑德女校"。	历史文化
	行川书院	2023	《九愍·修身》："背夏首以窘逝兮，泝行川而永叹。"《撰征赋》："陶逸豫於京甸，违险难於行川。"	国学典籍
	格致书院	2023	《礼记·大学》："致知在格物，物格而后知至。"	国学典籍
华南理工大学	峻德书院	2019	《尚书》："克明峻德。"意即"能够发扬大德"。	国学典籍
	铭诚书院	2021	《中庸》："自诚明，谓之性；自明诚，谓之教。"	国学典籍

学校名称	书院名称	成立时间（年份）	书院名称分析	命名类型
华南农业大学	卢永根书院	2023	以华南农业大学原校长卢永根的名字命名。	人物纪念
广东医科大学	立德书院	2020	取自校训"求真求精、立志立德"。	价值理念
	立仁书院	2020	秉持"立德立人、仁者爱人"的理念，培养阳光乐观、睿智尚礼，富有仁爱之心的新时代医务工作者。	育人愿景
	立志书院	2020	取自校训"求真求精、立志立德"。	价值理念
	求精书院	2020	取自校训"求真求精、立志立德"。	价值理念
	求新书院	2020	秉持"匠心志德、新益求新"的理念，培养具有开拓创新思维、与时俱进精神和笃行致远能力的新时代医学人才。	育人愿景
	求实书院	2021	秉持"崇德、增信、求实、创新"的理念，培养具有良好品德、良好习惯和高信息素养的全面发展人才。	育人愿景
	求真书院	2021	取自校训"求真求精、立志立德"。	价值理念
广州中医药大学	大德书院	2018	取自校训"厚德博学、精诚济世"。坚持"以德育德"，以高尚师德引领中医药血脉传承，把淬炼道德品格、树立家国情怀和坚定中医药文化自信融入人才培养全过程。	价值理念
	复兴书院	2018	培养中医药科研创新能力，推动中医药事业复兴与发展。	育人愿景
广东药科大学	远志书院	2018	一方面取其志存高远之意；另一方面，"远志"与中药"远志"同名，意为秉承"药学中西、医道济世"的校训，为国家、社会、人民的健康事业贡献力量。	育人愿景
	岐黄书院	2018	取自中医学奠基之作《黄帝内经》，岐黄为医家之祖岐伯与黄帝二人的合称。	国学典籍
	建德书院	2018	《两都赋》序："道有夷隆，学有粗密，因时而建德者，不以远近易则。"	国学典籍
	守正书院	2021	《汉书·刘向传》："君子独处守正，不桡众枉。"	国学典籍

续表

学校名称	书院名称	成立时间（年份）	书院名称分析	命名类型
华南师范大学	行知书院	2022	取自"知行合一"工作要求，传承陶行知先生的教育热忱与教育初心。	价值理念
肇庆学院	力行书院	2009	取自校训"厚德 明智 博学 力行"。	价值理念
	厚德书院	2010	取自校训"厚德 明智 博学 力行"。	价值理念
	明智书院	2010	取自校训"厚德 明智 博学 力行"。	价值理念
	博学书院	2012	取自校训"厚德 明智 博学 力行"。	价值理念
	兰蕙书院	2017	书院坐落于兰蕙湖畔。	地域地理
	紫荆书院	2021	取自紫荆花。	景观花木
	榕华书院	2022	取自榕江。	地域地理
深圳大学	正义书院	2019	《荀子》："不学问，无正义，以富利为隆，是俗人者也。"	国学典籍
广东财经大学	有为书院	2020	以政治家康有为的名字命名。	人物纪念
深圳职业技术大学	杏林书院	2012	取自三国时吴国名医董奉"董仙杏林"典故，由医学技术与护理学院建设。	历史文化
	崇理书院	2014	秉持"崇尚真理、追求卓越"的理念，培养复合式、创新型、高素质技术技能的人才。	育人愿景
	三尚书院	2015	秉持"尚德、尚业、尚进"的理念，培养崇尚真理、追求卓越的优秀人才。	育人愿景
	博达书院	2016	《礼记·学记》："一年视离经辨志，三年视敬业乐群，五年视博习亲师，七年视论学取友，谓之小成。九年知类通达，强立而不反，谓之大成。"	国学典籍
	日新书院	2020	意指"日省日新"，着力引导学生在道德情操上做到"日省"，在专业技能上秉承"日新"。	育人愿景
	芸莘书院	2020	"芸"谐音"云南"的"云"，"莘"谐音"深圳"的"深"，寓意来自云南与深圳的莘莘学子芸窗奋志，履践致远。	育人愿景

续表

学校名称	书院名称	成立时间（年份）	书院名称分析	命名类型
深圳职业技术大学	水木书院	2020	"水木"象征着自然和生命力，依托建筑与环境工程学院，培养具有活力和创新精神的人才。	育人愿景
	鸿鹄书院	2020	取自"要励志，立鸿鹄志，做奋斗者"。激励学生树立远大理想、立下鸿鹄之志、做努力奋斗者。	育人愿景
	官龙书院	2020	书院位于官龙山校区。	地域地理
	立达书院	2020	《论语》："夫仁者，己欲立而立人，己欲达而达人。"秉持"立己达人，修身济世"的理念，希望学生能够自我完善、帮助他人，同时修养个人品德，为社会作出贡献。	国学典籍
东莞理工学院	南峰书院	2022	取自捐赠方"广东南峰集团有限公司"。	人物纪念
广东外语外贸大学	明德书院	2019	取自校训"明德尚行，学贯中西"，意为"育人为本，德育为先"。	价值理念
佛山大学	明德书院	2020	《礼记·大学》："大学之道，在明明德，在亲民，在止于至善。"	国学典籍
南方医科大学	博雅书院	2016	取自校训"博学笃行，尚德济世"。	价值理念
	尚进书院	2016	取自校训"博学笃行，尚德济世"。	价值理念
	知行书院	2016	取自校训"博学笃行，尚德济世"。	价值理念
	德风书院	2016	取自校训"博学笃行，尚德济世"。	价值理念
南方科技大学	致仁书院	2011	《礼记·大学》："致知在格物，物格而后知至。"	国学典籍
	树仁书院	2013	《管子·权修》："十年树木，百年树人。""树"代表长期培养，"仁"音同"人"，寓意百年树人，任重道远。	国学典籍
	致诚书院	2015	《荀子·不苟》："君子养心莫善于诚。"	国学典籍
	树德书院	2015	《晋书·谢安传》："譬如芝兰玉树，欲使其生于庭阶耳。"《左传》："立德，立功，立言。"	国学典籍

续表

学校名称	书院名称	成立时间（年份）	书院名称分析	命名类型
南方科技大学	致新书院	2016	《礼记·大学》："苟日新，日日新，又日新。"	国学典籍
	树礼书院	2016	《论语·季氏》："不学礼，无以立。"	国学典籍
香港中文大学（深圳）	学勤书院	2016	以捐资方正中投资集团创始人邓学勤的名字命名。	人物纪念
	逸夫书院	2016	以企业家邵逸夫的名字命名。	人物纪念
	思廷书院	2016	以捐资方鸿荣源集团副董事长陈思廷的名字命名。	人物纪念
	祥波书院	2018	以捐资方厚蒙岁宝集团创始人杨祥波的名字命名。	人物纪念
	道扬书院	2022	以香港中文大学创办人之一凌道扬的名字命名。	人物纪念
	厚含书院	2022	寓意"忠厚、包容、仁义、宽厚"，培养具有仁厚大爱、社会责任感、能应对瞬息万变社会及挑战的时代青年。	育人愿景
	第七书院	2023	香港中文大学（深圳）的第七所书院，致力于建立有爱书院，培养有使命、品格和服务精神的青年领袖。	育人愿景
广西师范大学	田家炳教育书院	2015	以企业家、田家炳基金会创办人田家炳的名字命名。	人物纪念
海南大学	椰风书院	2022	海南岛别名椰岛，独有椰风椰韵。	地域地理
	乘风书院	2022	意为"顺风，凭借风力"，培养具有红色引领、绿色筑基、蓝色逐梦"三色育人"理念的新时代高素质人才。	育人愿景
	丹心书院	2022	取自海南大学原校长何康的题词"丹心耀南疆"，意喻赤诚之心。	价值理念
	青云书院	2022	《史记·范雎蔡泽列传》："须贾顿首言死罪，曰：'贾不意君能自致于青云之上，贾不敢复读天下之书，不敢复与天下之事。'"	国学典籍
	中和书院	2022	《中庸》："中者天下之大本，和者天下之达道。"	国学典籍

续表

学校名称	书院名称	成立时间(年份)	书院名称分析	命名类型
海南大学	凤翔书院	2022	《文选·傅咸〈赠何劭王济〉》："吾兄既凤翔，王子亦龙飞。"比喻君子得用。	国学典籍
	海德书院	2022	大海之德，胸怀宽广纳百川，大道无垠容世界。	育人愿景
	朴诚书院	2022	"朴"取质朴、朴实义，"诚"取真诚、诚实义。"质朴为人，至诚为学"，培养学生老老实实做人、踏踏实实做学问的优秀品格。	育人愿景
	淳明书院	2022	《与郑叔度书》："足下淳明慈良，有君子之器，又笃学不倦，其至於古人也。"	国学典籍
	今朝书院	2022	《沁园春·雪》："数风流人物，还看今朝。"	国学典籍
	南海书院	2022	海南岛地处南海海域。	地域地理
	檀雅书院	2022	取自海南黄檀木。以热带农林学院的学生为主，涵盖与农业、林业、生态等相关的专业与方向。	景观花木
	子衿书院	2022	"衿"，在古时指服装下连到前襟的衣领，古人常用"青衿"代称秀才，又把学子称为"子衿"。象征学校对学子学富五车、朝气逢勃、清正不俗、守正创新的美好希冀。	育人愿景
	天工书院	2022	"天"正基于"工"之上，"以天为则、以人为本"；"工"沉淀于根基之下，"道技合一、匠工蕴道"。鼓励学生自信自立，胸怀天下，脚踏实地，守正创新，弘扬精益求精的工匠精神。	育人愿景
	晨曦书院	2022	意为"清晨的阳光"，象征温暖光明，培养个性化发展和高质量拔尖创新人才。	育人愿景
	崖州书院	2022	取自三亚的古称之一"崖州"。	地域地理
重庆大学	博雅学院	2012	秉持"整全、会通、卓越、担当"的理念，采取"书院制"和融汇中西的课程体系，实施博雅教育理念，培养基础文科复合型拔尖人才。	价值理念

续表

学校名称	书院名称	成立时间（年份）	书院名称分析	命名类型
重庆大学	弘深书院	2022	取自1929年《国立重庆大学筹备会成立宣言》"当有完备弘深之大学一所"，寓意弘深学子"弘德博学，深思笃行，报效国家"。	历史文化
四川外国语大学	歌乐书院	2023	取自拥有"渝西第一峰，山城绿宝石"美誉的歌乐山。	地域地理
重庆工商大学	南山书院	2012	取自始建于明朝嘉靖年间的古代书院"南山书院"。	历史文化
四川大学	玉章书院	2019	以"国立成都高等师范学校"（四川大学前身）原校长吴玉章的名字命名。	人物纪念
西南交通大学	唐臣书院	2016	以西南交通大学原校长茅以升（字唐臣）的名字命名。	人物纪念
	竺可桢书院	2016	以西南交通大学校友竺可桢的名字命名。	人物纪念
西南石油大学	临溪书院	2020	《荀子·劝学》："不登高山，不知天之高也；不临深溪，不知地之厚也"。	国学典籍
成都中医药大学	国医书院	2018	传承和发展中医药学科建设，培养兼具传统文化素养和创新实践能力的新时代中医药一流人才。	育人愿景
	敝昔书院	2021	以战国时期名医扁鹊（别称"敝昔"）的名字命名。	人物纪念
	中辩书院	2021	来自学校最具影响力的学生社团组织"中医学与辩证法研究组"及《中医学与辩证法》杂志。	育人愿景
四川师范大学	博雅书院	2022	取自校训"重德、博学、务实、尚美"。	价值理念
成都工业学院	晏济元书院	2018	以成都工业学院校友晏济元的名字命名。	人物纪念
贵州大学	中国文化书院	2002	取自清代贵州三大书院之一、贵州大学前身的"贵山书院"。书院正门题有"中国文化书院"六字。	历史文化
云南大学	东陆书院	2013	取自1923年正式办学的"私立东陆大学"（云南大学前身）。创办者唐继尧被称为"东大陆主人"，提出"东陆大学者，东亚人之大学，非滇一省之大学"的办学理念。	历史文化

续表

学校名称	书院名称	成立时间（年份）	书院名称分析	命名类型
昆明学院	正心书院	2014	《礼记·大学》："欲修其身者，先正其心；欲正其心者，先诚其意。"	国学典籍
滇西应用技术大学	苍山书院	2020	取自云南大理苍山。	地域地理
	洱海书院	2020	取自云南大理洱海。	地域地理
	四塔五蕴书院	2020	取自云南傣医学的核心理论"四塔五蕴"。	价值理念
	雨林书院	2020	取自云南西双版纳热带雨林生态系统。学生主要来自傣医药学院。	景观花木
	拿云书院	2020	《致酒行》："少年心事当拿云，谁念幽寒坐呜呃。"号召学生努力学习，志向远大，有上揽云霄之本领。	国学典籍
	茶逸书院	2020	面向普洱茶学院学生，培养具有扎实的专业理论知识、良好的职业素养和创新能力的高层次应用型技术技能人才。	景观花木
	勤敏书院	2020	面向珠宝学院学生，鼓励学生勤奋苦练，敏而好学。	育人愿景
	毓秀书院	2020	取自大理别称"苍洱毓秀"。学校位于大理。	地域地理
西安交通大学	彭康书院	2006	以西安交通大学原校长彭康的名字命名。	人物纪念
	文治书院	2007	以交通大学原校长唐文治的名字命名。	人物纪念
	宗濂书院	2007	以"西安医科大学"（西安交通大学医学部前身）名誉校长侯宗濂的名字命名。	人物纪念
	仲英书院	2008	以企业家、唐氏工业集团董事长唐仲英的名字命名。	人物纪念
	南洋书院	2008	取自1896年成立的"南洋公学"（交通大学前身）。	历史文化
	崇实书院	2008	取自1921年交通大学首次定名时的老校训"崇德尚实、重文健身、勤俭敬信、完全之人"。	价值理念
	励志书院	2008	以"励精明志"为指引，培养"志向高远、意志坚定、博学容智、体魄强健"的创新型人才。	育人愿景

续表

学校名称	书院名称	成立时间（年份）	书院名称分析	命名类型
西安交通大学	启德书院	2008	寓意"启迪智慧，德行天下"，培养有知识、有文化、接地气、有家国情怀的新一代大学生。	育人愿景
	钱学森书院	2016	以"两弹一星"功勋奖章获得者、交通大学校友钱学森的名字命名。	人物纪念
西安电子科技大学	海棠7号书院	2018	取自海棠花。	景观花木
	海棠8号书院	2018		景观花木
	海棠9号书院	2018		景观花木
	丁香1号书院	2019	取自紫丁香。	景观花木
	丁香2号书院	2019		景观花木
西安工业大学	知行书院	2023	取自校训"敦德励学，知行相长"。	价值理念
西安建筑科技大学	南山书院	2012	书院位于秦岭山麓终南山（简称南山）附近。	地域地理
	紫阁书院	2012	取自秦岭紫阁峪，位于西安市鄠邑区，古时是终南山之首。	地域地理
西北农林科技大学	右任书院	2014	以"国立西北农林专科学校"（西北农林科技大学前身）首任校长于右任的名字命名。	人物纪念
陕西师范大学	哲学书院	2019	以哲学学科命名，以"哲学+"的跨学科人才培养方式，注重精神实验和思想实验，培养兼具全球视野、家国情怀和人文素养的复合型人才。	育人愿景
	立诚书院	2023	《易传·文言·乾卦》："子曰：君子进德修业。忠信所以进德也；修辞立其诚，所以居业也。"	国学典籍
宝鸡文理学院	横渠书院	2011	取自北宋思想家、"横渠先生"张载名言："为天地立心，为生民立命，为往圣继绝学，为万世开太平。"	国学典籍
西安美术学院	弘美书院	2014	校训"弘美厚德，借古开今"。	价值理念

续表

学校名称	书院名称	成立时间（年份）	书院名称分析	命名类型
西安外事学院	正蒙一院	2014	源自张载《正蒙》。通过"学院＋书院"制改革，构建属地化管理的"一站式"学生社区。	国学典籍
	正蒙二院	2014		国学典籍
	正蒙三院	2014		国学典籍
	正蒙四院	2014		国学典籍
	正蒙五院	2014		国学典籍
	正蒙六院	2014		国学典籍
兰州大学	萃英书院	2010	致力于萃取英才，建立拔尖人才重点培养机制，吸引最优秀的学生投身基础科学研究。	育人愿景
天水师范学院	伏羲书院	2021	以华夏民族人文先始、三皇之一伏羲的名字命名。	人物纪念
甘肃民族师范学院	莲峰书院	2013	取自"所育人才如莲洁，志比峰高"，培养具有多元文化背景、专业互补、个性拓展和社会适应能力的人才。	育人愿景
	亭林书院	2014	以明末清初思想家顾炎武（字亭林）的名字命名。	人物纪念
	香巴拉书院	2014	取自藏语音译"香巴拉""香格里拉"，意为"极乐园"。	历史文化
青海师范大学	有源书院	2017	《观书有感》："问渠哪得清如许，为有源头活水来。"	国学典籍
宁夏大学	博雅书院	2022	以"默博雅有才辨，以气自豪"为愿景，培养知识渊博、品行端正的优秀人才。	育人愿景
	励行书院	2023	《归田琐记·谢古梅先生》："先生敦品励学，实为儒宗。"《礼记·表记》"慎始而敬终，行稳致远。"	国学典籍
	守正书院	2023	《汉书·刘向传》："君子独处守正，不桡众枉。"	国学典籍
	勤学书院	2023	《韩诗外传》"孟子惧，旦夕勤学不息。"	国学典籍
	求是书院	2023	取自校训"尚德　勤学　求是　创新"。	价值理念
	尚德书院	2023	取自校训"尚德　勤学　求是　创新"。	价值理念

学校名称	书院名称	成立时间（年份）	书院名称分析	命名类型
宁夏大学	鼎新书院	2023	秉持"革故鼎新、至真至善"的理念，培养具有创新精神和实践能力的高素质人才。	育人愿景
	润泽书院	2023	秉持"润德、润智、润心、润行、润物"的理念，打造学科交叉、专业互补，满足学生个性化成长的育人空间。	育人愿景

注：①根据"全国普通高等学校名单"（https://hudong.moe.gov.cn/qggxmd/）及书院成立时间顺序排列；②命名类型按书院名称的主要词源进行界定，划分不一定完全精准；③以上数据为截至 2024 年 9 月的不完全统计，民办高校样本仅列举入选 2025 年度全国高校示范"一站式"学生社区公示名单者。

后　记

　　本书通过系统梳理高校书院的发展历史、现状与类型，深入剖析其育人功能与未来方向，并结合"一站式"学生社区的建设实践，为高校教育改革与学生社区建设提供有益支持。书中涉及内容来源于笔者在工作实践中的经验提炼与思考，在撰写过程中也深入调研了不同类型高校的书院制和"一站式"学生社区改革实践，收集了大量一手资料。尤其是在担任高校"一站式"学生社区综合管理模式建设工作研究咨询组召集人的过程中，对学生社区建设有了更为系统的认知，为本书的理论建构和案例分析提供了更为明晰的思路和丰富的素材。

　　从构思到成稿，离不开众多学者、同仁以及教育实践者的支持与帮助。其间几易其稿，不仅完善了逻辑结构与内容细节，更深刻体会到学术研究的艰辛与意义。在成书过程中，得到了苏玉波、张振、顾蓉、刘晗梦、石介沛、包凯、冯帆、康楠、王梦茹、陆天舒、代成军、刘梦婷、张博、王雅婷、周维国、郝星宇、何欣怡、刘嘉森、张玺晗、段雪琴、王若宜、杨丹婷、王珂心、马良、丁江等同志的鼎力相助，在此深表感谢。

　　每一次与同行的对话，每一场与师生的交流，都让笔者深切感受到高校书院与"一站式"学生社区建设的现实复杂性与实现可能性。教育是一项永无止境的事业，不仅关乎知识的传授，更在于心灵的塑造与社会责任的培育，高校书院探索与学生社区建设亦然。本书通过辨析高校书院与"一站式"学生社区建设的内在逻辑与互动关系，为高校管理者、教育工作者、相关研究人员及读者呈现一幅全面而生动的发展图景。同时，由于笔者研究水平以及时间精力等方面的局限，书中难免存在不足之处，未来还有诸多值得深化的议题，亟待后续研究进一步推进，恳请学界专家、同仁以及广大读者批评指正。

最后，特别感谢教育部思政司、人民出版社等为本书的出版所提供的支持与帮助，感谢责编的辛勤付出与耐心指导，使得本书能够顺利面世。国家社会科学基金成果"新时代高校'精准思政'的理论构建与实践探索研究"为本书提供了坚实的研究基础与前提，西安交通大学马克思主义学院学术著作出版基金给予了部分资助。希望本书的出版能够为高校书院发展与学生社区建设贡献绵薄之力，激发更多关于高校书院与"一站式"学生社区建设的研究与实践探索，推动高校思想政治教育工作不断取得创新与进步。

周　远

2024 年 12 月

责任编辑：刘海静
封面设计：林芝玉
封面制作：胡欣欣
版式设计：王欢欢

图书在版编目（CIP）数据

高校书院发展与学生社区建设 / 周远著. -- 北京 ：
人民出版社，2025. 6. -- ISBN 978－7－01－027384－6

Ⅰ．G649.2；G647.4

中国国家版本馆 CIP 数据核字第 2025Y6Y418 号

高校书院发展与学生社区建设
GAOXIAO SHUYUAN FAZHAN YU XUESHENG SHEQU JIANSHE

周 远 著

人民出版社 出版发行
（100706 北京市东城区隆福寺街 99 号）

中煤（北京）印务有限公司印刷 新华书店经销

2025 年 6 月第 1 版 2025 年 6 月北京第 1 次印刷
开本：710 毫米×1000 毫米 1/16 印张：21.5
字数：335 千字

ISBN 978－7－01－027384－6 定价：99.00 元

邮购地址 100706 北京市东城区隆福寺街 99 号
人民东方图书销售中心 电话 （010）65250042 65289539